세상을 보여주는
포토 영단어,
어원 이야기

보카
콘서트
2

세상을 보여주는 포토 영단어, 어원 이야기
보카 콘서트 2

1판 1쇄 인쇄 2015년 3월 5일
1판 1쇄 발행 2015년 3월 12일

지은이 김정균
발행인 양원석
본부장 박철주
편집장 오수민
디자인/전산편집 디자인클립
해외저작권 황지현, 지소연
제작 문태일, 김수진
영업마케팅 김경만, 정재만, 곽희은, 임충진, 양근모, 이영인, 장현기, 김민수,
임우열, 윤기봉, 윤면규, 송기현, 우지연, 정미진, 이선미, 최경민
도움 주신 분 유정윤, 정아름, 이종수, 최민호, 박예슬

펴낸 곳 ㈜알에이치코리아
주소 서울시 금천구 가산디지털2로 53, 20층 (가산동, 한라시그마밸리)
편집문의 02.6443.8800(편집) 02.6443.8838(구입)
홈페이지 www.dobedobe.com
등록 2004년 1월 15일 제2-3726호

© 김정균, 2015
ISBN 978-89-255-5564-5 (13740)

- 두앤비컨텐츠는 ㈜알에이치코리아의 어학 전문 브랜드입니다.
- 이 책은 ㈜알에이치코리아가 저작권자와의 계약에 따라 발행한 것이므로 본사의 서면 허락 없이는 어떠한 형태나 수단으로도 이 책의 내용을 이용하지 못합니다.
- 잘못된 책은 구입하신 서점에서 바꾸어 드립니다.
- 책값은 뒤표지에 있습니다.

RHK 는 랜덤하우스코리아의 새 이름입니다.

세상을 보여주는
포토 영단어,
어원 이야기

보카
콘서트
2

김정균 지음

머리말

'1만 시간의 법칙'이란 어떤 분야에서든 최고 전문가로 인정받으려면 1만 시간은 쏟아 부어야 한다는 이론입니다. 1만 시간은 매일매일 하루도 빼놓지 않고 3시간씩 연습한다고 했을 때, 10년을 채워야 하는 어마어마한 시간입니다. 1만 시간의 법칙은 말콤 글래드웰의 베스트셀러 '아웃라이어(outlier)'의 부제로 유명해진 법칙입니다. '아웃라이어'는 '본체(本體)를 떠난 물건, 분리물'이란 뜻인데, '보통 사람들의 범주를 뛰어넘어 한 분야에서 탁월한 경지에 이른 뛰어난 인재'를 뜻하기도 합니다. '모차르트와 비틀스 그리고 빌 게이츠'가 대표적인 아웃라이어라고 할 수 있는데, 이들이 정상에 올라설 수 있었던 저력은 무엇일까요? 저자는 세계 수준의 전문가가 되기 위해서는 '매직넘버' 1만 시간의 연습이 필요하다는 연구결과를 이야기하고 있습니다. 천재성과 타고난 재능보다도 부단한 노력만이 성공할 수 있었던 결정적 요인이라고 설명합니다.

2014년 소치올림픽 스피드 스케이팅 여자 500m에서 금메달을 딴 이상화 선수의 발이 공개되어 화제가 된 적이 있습니다. 굳은살로 가득한 발바닥은 그녀가 살면서 꿈을 성취하기 위해 쏟아 부은 노력과 열정을 소리 없이 웅변하고 있습니다. 박지성 선수와 발레리나 강수진의 발도 '세상에서 가장 아름다운 발'이라는 표현으로 자주 소개되고 있습니다. 발가락 마디마다 변형이 올 정도로 열정을 가지고 고된 훈련을 견뎌낸 모습에 저절로 숙연해지곤 합니다.

영어를 가르쳐 주는 비법이라고 하면서 "10분에 수백 단어를 외운다"든가, "1초 만에 무엇이 된다"든가 하는 광고 문구를 자주 접하게 됩니다. 영어라는 괴물 때문에 어려움을 겪어온 우리에게 정말 환상적일 정도로 유혹적인

문구입니다. 이런 속도라면 하루 만에도 초등단어 전부를, 적어도 일주일이면 중등단어나 고등단어를 다 외울 수 있을 것입니다. 하지만 1000조각 짜리 퍼즐을 10초 만에 완성할 수 있다고 주장하는 사람이 있다면 그것은 마술에서나 가능한 일일 것입니다. 마술은 재빠른 손놀림이나 속임수를 써서 불가능한 일이 마치 되는 것처럼 보이게 하는 구경거리일 뿐입니다. 마술은 진짜같이 보이지만 사실은 속임수이며 가짜입니다. 사람들은 누구나 현실적으로 실현 불가능한 속임수에 한순간을 혹할 수 있습니다. 하지만 속임수에 자기 자신을 내맡겨두면 나중에는 '역시 나는 해도 안 되는구나!' 하는 자괴감만 느끼게 됩니다.

'새로운 지식을 가진다'는 것, '무엇을 안다'라는 것은 어떤 의미일까요?

우리가 어떤 대상을 지각하거나 경험한다는 것은 감각에 나타난 것을 날 것 그대로 감지하는 데 그치는 것이 아닙니다. 새롭게 입력되는 감각적 지각을 이미 자신이 가진 과거의 경험이라는 매트릭스(matrix)에 비추어서 대상을 이해하며 해석하게 됩니다. 새로운 지식을 갖는다든가 무엇을 안다는 것은 그 무엇이 이미 자기가 가지고 있는 지식과 판단의 체계로 설명할 수 있게 됨을 의미합니다. 아무것도 없는 백지 상태로부터 독창적인 사고를 이끌어 내는 사람은 아무도 없습니다. 그것은 이미 과거로부터 존재했던 사고나 타자와의 대화들의 조합에 의해 창조된 것입니다. 사실 발명이란 것도 핵심은 그때까지 따로 떨어져 있던 아이디어를 결합시키는 것이라고 볼 수 있습니다. 아무런 연관성이 없이 보이던 것들을 분석하고, 새롭게 종합함으로써 지금까지 예상하지 못했던 새로운 이론들을 만들어 낼 수 있게 됩니다.

퍼즐 조각을 많이 쌓아둔다고 해서 그림이 완성되지 않습니다. 조각조각 나 있는 퍼즐의 조각을 맞추어 내는 과정을 통해서만 한 폭의 그림을 완성해 낼 수 있습니다. '10분에 수백 단어'식의 학습은 애초에 불가능하기도 하지만, 단편적으로 떼어져 있는 지식이 되어 큰 의미가 없습니다. 서로 다른 지식들과 어우러졌을 때에만 비로소 조금씩 의미가 찾아지게 되고 점점 더 많은 지식들과 페어 맞추어질수록 더욱 많은 의미를 지니게 됩니다.

단어 하나를 안다는 것은 세상에 대한 관점이 하나 생기는 것입니다. 동시대를 살아가는 많은 사람들이 함께 참여해서 단어 하나에 어떤 의미를 담아냅니다. 또 그 단어는 우리의 선배들이 경험했던 지식이나 느꼈던 감정이 켜켜이 쌓여서 만들어진 결정체이기도 합니다. 하나의 단어는 역사적, 사회적, 문화적 배경을 가지고 있기에 단순히 사전적 의미만을 외운다고 알 수 있는 것이 아닙니다. 더군다나 영어 단어는 우리의 것이 아니라 외국 사람의 것이기 때문에 더욱더 어려운 것입니다. 단어학습은 단순하게 주입식으로 암기하는 것이 아니라 이해와 납득, 그리고 공감이라는 과정을 통해 느끼는 방식으로 해야 합니다. 조각 하나하나를 맞추어가듯이 새로운 지식을 스스로 깨우쳐가는 재미를 절대로 놓치지 마시기 바랍니다.

저는 공과대학을 입학한 시점부터 따져서 햇수로 24년을 IT업계에 몸담았던 사람입니다. 제 아들을 제대로 가르쳐 주고 싶다는 생각에서 IT 업계의 경력을 마감하고, 교육사업을 시작하게 되었습니다. 제가 몸담고 있는 주식회사 지식에서는 리도보카(www.leedovoca.com)라는 영단어 학습 서비스를 제공하고 있습니다. 이 책도 출간을 목적으로 시작했던 것이 아니라, 리도보카 서비스의 일부분이었습니다. 물론 제 아들에게 들려주고 싶은 이야기를 하나둘 적어간다는 생각으로 만들어지게 되었습니다. '리도보카'라는 이름은 세종 대왕의 본명인 이도에서 따왔습니다. 세종대왕께서 세상에서 가장 아름다운 발명품 한글을 창제하셨듯이, 저도 나중에 외국인들에게 우리 한글을 가르쳐주는 시스템을 만들겠다는 포부로 이름을 지었습니다.

여러분, '10분에 수백 단어'를 버리시고 '1만 시간의 법칙'을 믿으셔야 합니다. 물론 영어 단어를 공부하는데 꼭 1만 시간이 필요한 것은 아니므로 걱정하시지 마시기 바랍니다. 현란한 광고문구에 혹하지 마시고 자신을 믿으면서 조금씩 자기 내부에 지식을 쌓아간다면 어느 순간에 달라져 있는 모습을 느낄 수 있으실 겁니다. 제가 미력하나마 제가 살아왔던 경험과 노하우를 여러분과 함께 나누면서 길잡이가 되어드리겠습니다.

제가 사업을 할 수 있도록 길을 열어준 NXC 김정주 회장, 김종현 본부장과 YJM 엔터테인먼트 민용재 대표, 강학수 본부장, 박홍서 이사에게 감사를 드립니다. 항상 용기와 위안을 주시는 이창호 대표님, 이동진 대표님, 이광세 국장님, 김성윤 대표, 신준호 대표에게 감사를 드립니다. 저와 함께 꿈을 이뤄가고 있는 이종수 이사, 최민호씨, 박예슬씨, 특히 이 책이 나오기까지 헌신적인 노력을 기울여준 정아름씨와 RHK의 오수민 차장님에게 감사를 드립니다.

세상에서 저라는 존재를 만들어주신 부모님과 저에게 무한한 영감과 감동을 주고 있는 제 가족 남혜란, 김서준, 김서진에게 이 글을 통해 감사의 마음을 전합니다.

목차

1 SECTION

01 대한항공 땅콩 회항 사건이란? • 14
02 Miss me or diss me!에서 diss의 뜻은? • 19
03 세월호 참사의 원인 • 23
04 자전거(bicycle)를 발명한 사람은 레오나르도 다 빈치(?) • 25
05 건빵에 구멍이 2개 뚫린 이유 • 27
06 빠르게 먹을 수 있는 패스트푸드 • 30
07 순식간에 먹을 수 있는 인스턴트 푸드 • 33
08 슬라이드(slide)에 이렇게 많은 뜻이? • 35
09 Pink Slip은 해고 통지서 • 40
10 주방장 '셰프(chef)'는 우두머리(chief)라는 뜻 • 43
11 요리사가 쓰는 길쭉한 모자 • 45
12 데자부(Deja vu)는 일종의 지각 장애 • 47
13 원시시대에도 TV가 있었다. • 50
14 튤립(tulip)은 네덜란드가 원조(?) • 54
15 이슬람 여성들이 머리에 쓰는 두건 • 56
16 친구(company)는 친구(friend)와 다르다. • 58
17 동양에서 말하는 '친구'란? • 61
18 '친구'는 사랑하는 사람들 • 63
19 1천 년 인류 최대의 사건 • 67
20 Press의 친구들 • 70
21 '플라멩코(flamenco)'와 '플라밍고(flamingo)' • 74
22 '집시'와 '보헤미안' • 77
23 '메이데이'와 'SOS' • 80
24 '안전벨트를 매다'와 '아침 식사' • 82
25 아버지와 단골손님과 애국자의 공통점 • 84

2 SECTION

- 01 인디언 보호구역(Indian Reservation) • 90
- 02 '프로테스탄트 윤리'와 '자본주의 정신' • 94
- 03 미국의 뿌리는 청교도 신념 • 96
- 04 플리머스 바위(Plymouth Rock)란? • 98
- 05 블랙 프라이데이 세일, 그런데 왜 블랙이죠? • 100
- 06 터키는 뜻이 세 가지 • 102
- 07 '추수감사절'과 '칠면조(turkey)' • 104
- 08 영지주의(gnosis)란? • 107
- 09 귀족(noble)은 많이 아는 사람 • 109
- 10 아는 게 병 • 111
- 11 나는 생각한다. 고로 존재한다. • 113
- 12 베니스의 상인 • 116
- 13 모기지(mortgage)는 '죽음의 서약' • 119
- 14 '포스터'와 '브로마이드' • 122
- 15 축구에서 '리베로'란 포지션은? • 125
- 16 '작곡가(composer)'와 '분해자(decomposer)' • 128
- 17 '엑스포(Expo)'와 '전시회(exhibition)' • 131
- 18 미국에도 전세제도가 있나요? • 133
- 19 대포폰과 데포(depot) 그리고 무데뽀(無鐵砲) • 136
- 20 다 빈치, 고흐, 베토벤, 밴쿠버, 드골의 공통점 • 139
- 21 알프스를 넘어간 북유럽의 르네상스 • 142
- 22 여러 가지 포즈(-pose)에 대해 알아봅시다. • 144
- 23 화산은 대장장이 신 불카누스의 작업장 • 148
- 24 시간이 멈춰버린 폼페이 • 152
- 25 뷔페는 바이킹이 즐겼던 식사법 • 154

3 SECTION

01 '공(ball)'과 '풍선(balloon)' • 160
02 곤충이 죽으면 배를 뒤집는 이유 • 163
03 학교 종이 땡! 땡! 땡! • 165
04 미국 최고 인기 스포츠 축제 '슈퍼볼(Super Bowl)' • 169
05 Super Ball이 아니라 Super Bowl이라고 하는 이유 • 171
06 '월요일 아침 쿼터백'이란? • 174
07 볼링을 영어로 하면 balling? No! • 176
08 '총알(bullet)'과 '게시판(bulletin board)' • 177
09 ballot은 '투표할 때 던진 작은 공' • 179
10 '볼룸댄스(ballroom dance)'와 '발라드(ballad)' • 181
11 루이 14세에게 '태양왕' 별명이 붙여진 이유 • 183
12 '휘핑크림'과 '채찍질' • 185
13 흑인 노예들을 괴롭히던 불도저 • 188
14 불도그의 역사 • 190
15 '황소(bull)'와 그의 친구들 • 192
16 '빵셔틀'을 영어로 하면? • 194
17 달걀 완숙과 하드보일드(hard-boiled) • 197
18 '오믈렛(omelet)'과 '오므라이스' • 199
19 포말로 부서지는 파도와 우유 거품 • 202
20 '풍선껌'을 영어로 하면? • 204
21 '아폴로'와 '월계관' • 206
22 월계수와 계수나무의 관계는? • 209
23 토르(Thor)에서 나온 목요일(Thursday) • 211
24 명왕성이 태양계 행성에서 탈락한 이유 • 213
25 천하무적 탱크는 애벌레(caterpillar)에서 나왔다. • 216

4

01 시각과 시간의 차이 • 222
02 시간의 단위인 시(hour), 분(minute), 초(second) • 224
03 자오선(meridian)은 경도와 시각의 기준 • 226
04 바다의 왕자, 마린보이(Marine Boy) • 230
05 Aqua는 '물'이라는 뜻 • 234
06 '공수병'과 '광견병' • 237
07 '360도와 365일'이라는 숫자의 비밀 • 240
08 '자전거'와 '재활용' • 243
09 돌고 도는 인생(Circle of Life) • 246
10 '전기회로(circuit)'와 '서커스(circus)' • 249
11 원주율이란? • 252
12 여름은 참으로 위대했습니다. • 256
13 가을의 전설(Legends of the Fall)은 틀린 번역이다. • 259
14 '가을(autumn)'과 '취임식' • 262
15 '가을(autumn)'과 '작가' • 264
16 민주주의(democracy)란? • 266
17 민주주의의 반대말은 공산주의(communism)? No! • 269
18 전염병(epidemic) • 272
19 땅과 습기로부터 만들어진 인간 • 274
20 피에로(Pierrot)의 유머(humor) • 276
21 카노사의 굴욕 • 279
22 1월은 야누스(Janus)의 달 • 282
23 Master의 어원은 5월(May) • 285
24 보스(boss)는 미국에서 만들어졌다. • 289
25 '깡패'는 원래 영어에서 온 말? • 292

효과적인 영단어 암기법 • 296

INDEX • 310

SECTION 1

01 대한항공 땅콩 회항 사건이란?
02 Miss me or diss me!에서 diss의 뜻은?
03 세월호 참사의 원인
04 자전거(bicycle)를 발명한 사람은 레오나르도 다 빈치(?)
05 건빵에 구멍이 2개 뚫린 이유
06 빠르게 먹을 수 있는 패스트푸드
07 순식간에 먹을 수 있는 인스턴트 푸드
08 슬라이드(slide)에 이렇게 많은 뜻이?
09 Pink Slip은 해고 통지서
10 주방장 '셰프(chef)'는 우두머리(chief)라는 뜻
11 요리사가 쓰는 길쭉한 모자
12 데자부(Deja vu)는 일종의 지각 장애
13 원시시대에도 TV가 있었다.
14 튤립(tulip)은 네덜란드가 원조(?)
15 이슬람 여성들이 머리에 쓰는 두건
16 친구(company)는 친구(friend)와 다르다.
17 동양에서 말하는 '친구'란?
18 '친구'는 사랑하는 사람들
19 1천 년 인류 최대의 사건
20 Press의 친구들
21 '플라멩코(flamenco)'와 '플라밍고(flamingo)'
22 '집시'와 '보헤미안'
23 '메이데이'와 'SOS'
24 '안전벨트를 매다'와 아침 식사'
25 아버지와 단골손님과 애국자의 공통점

01 대한항공 땅콩 회항 사건이란?

미국 현지시각으로 2014년 12월 5일 0시 37분 뉴욕발 인천행 대한항공 KE086편 비행기가 **탑승구(gate)**를 떠나 활주로로 가다가 **램프리턴(Ramp Return)**이 발생하였습니다. 당시 일등석에 탑승 중이던 대한항공 임원에게 한 승무원이 봉지를 까지 않은 상태로 마카다미아 넛(macadamia nut)을 서빙(serving)했습니다. 규정에 어긋난다고 판단해서 화가 나버린 임원에게 비행기 사무장은 서비스 매뉴얼(manual)을 제시하면서 규정에 따른 것임을 설명했습니다. 그 임원은 출발 중인 비행기를 리턴(return)시켜서 사무장을 내리게 해버렸습니다. 당시 이 사건은 불합리한 권력남용으로 비춰지면서, 대한민국을 '갑질 논란'에 휩싸이게 했습니다.

- **A Korean Air executive ejected a crew member over how macadamia nuts were served.** 대한항공 중역이 마카다미아 넛이 제공된 방식을 문제 삼아 승무원을 쫓아냈다.

램프리턴(Ramp Return)이란 이륙하기 위해 활주로로 가던 비행기가 **탑승구(gate)**로 다시 되돌아오는 행위를 의미합니다. 램프리턴은 단순한 해프닝(happening)이 아니라 하나의 심각한 사건으로 간주됩니다. **램프리턴(Ramp Return)**은 • 항공기 정비를 해야 하는 경우 • 주인이 없는 짐이 실리는 경우 • 기내에 응급환자가 발생한 경우 등 매우 예외적인 상황에서 일어난다고 합니다. 즉, 램프리턴은 항공기 안전에 큰 문제점이나 테러가 예상되는 등 극히 급박한 상황에서 기장의 지시에 따라 예외적으로 진행되는 것입니다. 램프리턴으로 되돌아오면 승객들이 심한 불안감을 느끼게 되고 항공기 출발 시각이 지연되는 등 문제가 발생할 수 있습니다. 9/11 테러 이후 강화된 항공보안 규정의 적용을 받을 경우 기내 폭발물 설치 등을 우려해서 항공기 내 수하물 및 기내 재검사를 진행하는 경우도 있습니다.

항공안전 및 보안에 관한 법률인 항공법에는 다음과 같은 관련 규정이 있습니다.
제2조 제1호: 항공기는 문을 닫으면 그때부터 운항 중으로 본다.
제42조(항공기 항로 변경죄): 의계 또는 위력으로써 운항 중인 항공기의 항로를 변경하게 하여 정상 운항을 방해한 사람은 1년 이상 10년 이하의 징역에 처한다.
제43조(직무집행방해죄): 폭행 협박 또는 위계로써 기장 등의 정당한 직무집행을 방해하여 항공기와 승객의 안전을 해친 사람은 10년 이하의 징역에 처한다.

교통방송이나 신문기사에 다음과 같은 표현이 나옵니다. '서울시는 출입로가 없어 먼 거리를 주행하거나 상습정체가 발생하는 문제를 개선하기 위해 2016년까지 도시고속도로 6곳에 진출입 램프를 설치한다고 9일 밝혔다.' 램프(ramp)를 사전에서 찾아보면 '(경사, 비탈) 진입로, 나들목, (승마)비탈길, (연극)비탈 마루'라는 설명이 나옵니다. 램프(ramp) 또는 램프웨이(ramp way)는 입체 교차로 등에서 높이가 다른 두 도로를 연결해주는 경사로를 말합니다. 고속도로 상 인터체인지의 진입로는 보통 둥그렇게 구부러지면서 경사지어 있는데, 대표적인 램프라고 할 수 있습니다.

항공업계에서 램프(ramp)는 항공기 탑승이나 화물적재를 위한 계단(탑승교)이나 경사면을 뜻합니다. 즉, 공항에서 말하는 램프(boarding ramp)는 약간 경사진 상태에서 탑승구와 비행기를 연결시키는 통로를 의미하게 됩니다. 한편, 비행기에서 직접 지면과 연결시키는 사다리를 의미하기도 합니다. 뉴스를 보면 공항에 도착한 외국 대통령 등 귀빈이 손을 흔들면서 내려오는 장면을 종종 볼 수 있는데, 이때 사용하는 계단이 램프입니다.

자동차는 가솔린이나 경유와 같은 연료를 폭발시켜 동력을 발생시키는 내연기관(內燃機關, internal combustion engine)에 의해 움직입니다. 내연기관에서 피스톤을 움직여서 발생된 직선 운동을 회전 운동으로 바꿔 자동차의 바퀴를 굴리는 방식입니다. 동력이 전달되는 중간에 변속기(變速機, transmission)가 있는데, 속도에 따라 필요한 회전력으로 바꾸는 장치를 말합니다. 변속기를 통하면 회전 방향도 바꿀 수 있는데, 주차를 할 때 유용하게 이용되는 후진기능이 가능해지는 것입니다.

비행기를 땅 위에서 움직일 때, 자동차처럼 바퀴를 굴려서 움직일 거 같지만, 비행기는 엔진의 힘을 바퀴로 전달하는 장치가 없습니다. 비행기 바퀴로 전달되는 동력은 없기 때문에, 바퀴는 비행기 동체의 움직임에 따라서 그저 굴러갈 뿐입니다. 물론 자동차처럼 후진기어를 넣어 스스로 진행방향을 바꿀 수도 없습니다. 비행기가 하늘에서는 맘껏 자유롭지만, 지상에서는 움직임이 제한되어 있습니다.

바퀴로 움직이는 자동차와 달리 비행기는 빠른 속도로 비행해야 하기 때문에 강한 추진력이 필요합니다. 비행기에는 자동차의 내연기관이 아니라 제트엔진(jet engine)이 장착됩니다. 제트엔진은 압축 공기를 통해 분사시킨 연료를 태우면서 발생시킨 고온 고압 가스를 분출(jet)시켜 추진력을 얻는 엔진을 말합니다. 비행기는 엔진 뒤편으로 고압가스를 강하게 뿜어내면서 발생하는 추진력에 의해 움직이기 때문에 앞으로 나아갈 수밖에 없습니다.

제트엔진에서 발생되는 강력한 추진력을 추력(推力, thrust)이라고 합니다. thrust는 '(거칠게) 밀다, 밀치다, 찌르다'라는 뜻을 가지며, thrusting은 '자기주장이 강한, 공격적인, 몹시 뽐내는'의 뜻으로 쓰입니다. thrust은 '내리누름(push, press)'이란 뜻을 가진 인도-유럽어근 'trud-'에서 유래하는데, 'threat(협박, 위협)'과 같은 어원을 가집니다.

추진력(推進力)을 국어사전에서 찾아보면 '물체를 밀어 앞으로 내보내는 힘'이라고 나오는데, 물리학적으로 뉴턴의 제3운동법칙과 동일한 개념을 전달합니다. 특별히 제3운동법칙은 작용(作用), 반작용(反作用)의 법칙(the law of action and reaction)이라고도 합니다. '내가 벽을 밀면(작용), 벽은 나를 반대방향으로 밀어낸다(반작용)'는 누구나 한번쯤은 경험해본 사실일 것입니다. 작용과 반작용의 법칙은 '한 물체가 다른 물체에 힘을 가하면, 힘을 받은 물체는 힘을 가한 물체에 힘의 크기는 같고 방향은 반대인 힘을 동시에 가한다'라는 내용입니다. 비행기는 제트엔진에서 내뿜는 배기가스 반작용의 추진력으로 전진하는 것입니다.

비행기를 격납고에서 꺼내거나 이륙을 위해 활주로로 이동할 때는 비행기를 후진시켜야 합니다. 전진밖에는 모르는 제트엔진에다가 바퀴로 연결되는 동력도 없는 비행기를 후진시키는 방법은 무엇일까요? 사고가 난 자동차나 불법 주차된 차량을 끌고 가는 견인차량과 같은 방식으로 비행기를 이동시킵니다. 승객이 도두 탑승을 마치고 나면 납작하게 생긴 견인차량이 비행기를 뒤로 밀거나 앞으로 이동시켜서 활주로까지 이동시킵니다. 이후 활주로에서부터는 비행기 자체 동력인 제트엔진으로 이륙하게 됩니다. 견인차량을 영어로는 토잉 트랙터(towing tractor)나 토잉 카(towing car) 또는 토잉 트럭(towing truck)이라고 합니다. 몸체가 비교적 작고 가벼운 전투기의 경우는 사람이 직접 밀어서 후진시키기도 한답니다.

비행기의 자체 동력으로 후진하는 게 완전히 불가능한 것은 아닙니다. 엔진 뒤편으로 분출되는 배기가스 방향을 반대로 바꿔주면 역추진이 되어 후진을 할 수도 있습니다. 이런 방법을 '엔진 역추진, 엔진 리버스(engine reverse)'라고 한답니다. 역추진은 비행기 속도를 줄여서 착륙한 후에 활주거리를 줄이기 위한 브레이크 용도로 유용하게 쓰입니다. 착륙할 때 엔진 쪽에서 강한 바람소리가 나는데, 바로 이 역추진 때문에 생기는 소리입니다.

지상에서 수백 톤에 달하는 비행기를 역추진을 통한 자력만으로 후진할 경우 휘발유도 많이 들어가는 것은 물론 엔진에 엄청난 무리를 줍니다. 더군다나 터미널 건물 등이 접해있는 상태에서 엔진을 작동시키는 것은 엔진 후폭풍으로 인해 대단히 위험해질 수 있습니다. 이 때문에 공항 내 계류장이나 주기장에서의 역추진은 항공법상 금지하고 있습니다.

WORDS

gate 탑승구   Ramp Return 램프리턴   ramp 램프(나들목, 진입로)   thrust 밀다, 추진력   jet 내뿜다, 분출하다, 제트기

Miss me or diss me!에서 diss의 뜻은?

respect는 '다시(re=again) 돌아 보다(spect=see)'라는 의미에서 '신중하게 보다, 우러러보다, 존경하다'라는 뜻을 만들어 냅니다. 헤어지고 나서 뒤로 돌아보고 싶게 하거나 다시 찾아가서 보고 싶게 만드는 사람은 좋아하고 존경할 만한 사람입니다.

- **Respect** offers tolerance, civility, acceptance, and even reverence. 존경심은 인내, 정중함, 받아들임, 경외심을 제공한다. _ 《Why Good Things Happen to Good People? (왜 좋은 일들은 좋은 사람들에게만 생길까?)》에서

dis는 distant(먼, 멀리 떨어져 있는)이란 단어에서 보듯이 'away(떨어져)'의 뜻을 가집니다. dis가 어떤 단어의 앞부분에 붙어서 접두사로 사용될 때에는 'disagree(일치하지 않다), disorder(무질서), dishonor(불명예)'에서 보듯이 '반대, 부정'의 의미를 나타냅니다. disrespect는 존경하는 것과 반대로 '불경, 무례, 결례, 경시, 경멸하다'라는 의미들을 만들어 냅니다.

- I don't like it when you **disrespect** the rights of others. 난 네가 다른 사람의 권리를 무시할 때 맘에 안 들어.

요즘 심심찮게 쓰는 말인 '디스'는 disrespect에서 접두어 dis 만 잘라서 만든 단어입니다. disrespect는 남을 무시하거나 험담을 늘어놓는 말이나 행동을 가리킵니다. dis는 '유명한 사람이나 자신이 아는 사람에 대해 공개적으로 비난한다' 는 뜻으로 사용되고 있습니다. 흑인들이 dis라는 표현을 자주 사용하는데, 본래의 뉘앙스를 살려 우리말로는 '엿먹이다, 깐다'라고 옮기면 딱 맞습니다. 이제는 아예 diss라고 표기하여 독립적인 동사로 사용되고 dissing, dissed와 같이 활용되기도 합니다.

- Are you **dissing** me? 너 나 무시하니?

미국 흑인 젊은이들은 대화 중에 'no disrespect' 혹은 'with all my respect'라는 말을 자주 사용합니다. 흑인들 사이에서 가장 사용빈도가 높은 단어 중에 하나가 바로 respect와 disrespect(diss)입니다. 서로 간에 불필요한 오해를 줄이고 상대의 의견을 존중한다는 뜻을 표시하기 위해서입니다. 아이러니하게도 흑인들이 이와 같은 말을 자주 사용하는 이유는 자신들이 백인들로부터 또는 흑인들 서로 간에 존중받지 못한다는 피해의식을 가지고 있기 때문이라고 합니다. 미리 존경의 의미를 밝힘으로써, 혹시 발생할지 모를 오해와 불상사를 없애기 위한 의식이 흑인들 사이에 강하게 깔렸기 때문이라고 할 수 있습니다.

- I'll **respect** whatever decision you make. 네가 어떤 결정을 내리든 난 존중할 것이다.

- No **disrespect** intended, sir. It was just a joke. 무례가 됐다면 용서하십시오. 그냥 농담이었습니다.

- I didn't mean no **disrespect**. 무시하려는 건 아니었어요.

Many people receive too little respect because of the relatively low rung they occupy on the ladder of power. That's why the expression 'dis' arose on the street in the early 1990s among inner-city youth. For a class that had already suffered searing disrespect in every aspect of their lives, "Don't dis me, man," was a demand for respect.

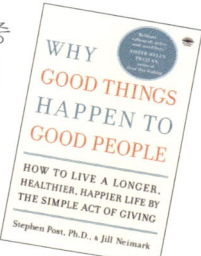

많은 사람이 권력의 위계질서에서 상대적으로 낮은 단계 때문에 존중이라는 것을 거의 받지 못한다. 그것이 1990년대 초에 도심 길거리의 젊은이들 사이에서 'dis'라는 말이 발생한 이유이다. 그들 삶의 모든 면에서 혹독한 멸시를 당해왔던 계층에게는 "날 디스하지 마"라는 말은 날 존중해 달라는 요구였다. _ 〈Why Good Things Happen to Good People? (왜 좋은 일들은 좋은 사람들에게만 생길까?)〉에서

미국의 흑인 중에는 대도시의 게토(ghetto) 지역에서 가난하고 힘들게 살아가는 사람들이 많습니다. 그들이 사용하는 영어는 한국인들이 골치 아파하는 각종 문법 규칙들을 지키지 않는 경우가 많습니다. 자연스럽게 흑인들만 사용하는 말이 생겨나고 때로는 백인사회로도 전파되어 영어를 더욱더 역동적으로 만들고 있습니다. 흑인들은 south를 souf와 비슷하게 발음하는 등 th발음을 중산층 백인들처럼 하지 않습니다. 앞서 말했듯이 흑인들은 disrespect라는 긴말을 간단히 줄여 dis라고 사용하고 있습니다.

- **Don't be dissing me!** 나 우습게 보지 마!
  〈don't + 동사원형〉는 '~하지 마라'라는 뜻으로 부정명령을 표현하는 어법입니다. 틀린 어법이지만 흑인들은 〈don't + be + 현재분사형(ing)〉이란 형식을 더 선호하고 습관적으로 그렇게 쓰고 있습니다.

- **Why you always dissing my outfit?**
  너 항상 왜 내 외모를 깔보냐?
  이 문장은 be동사마저 생략된 형태로 흑인 식 영어라고 할 수 있습니다.

The code of the street is 'dis.' If you dis them—disrespect them—it can lead to death.
거리의 코드는 '디스'이다. 당신이 그들을 디스한다면 죽음으로 이어질 수도 있다. _ 〈Why Good Things Happen to Good People? (왜 좋은 일들은 좋은 사람들에게만 생길까?)〉에서

힙합(hip hop) 장르의 아티스트들은 랩을 통해 서로를 비난하는 행위를 하기도 합니다. 흑인 래퍼들이 서로를 헐뜯는 곡을 발표하면서 대결하는 경우를 '디스전(diss war)'이라고 표현합니다. 이러한 디스전을 통해 의도적으로 서로의 인지도를 올리는 홍보 효과를 노리기도 하는데, 90년대에는 미국의 한 유명한 래퍼가 라이벌 래퍼를 랩으로 디스했다가 살해당한 사건이 발생하기도 했습니다.

1994년 미국의 서부(West Coast)를 대표하는 래퍼 '투팍(2Pac)'을 향해 다섯 발의 총알이 발사됩니다. 투팍은 기적적으로 살아났는데, 동부(East Coast)를 대표했던 그의 라이벌 '비기(Biggie)'의 소행이라고 간주됩니다. 투팍은 동부를 향한 디스곡을 발표하는데 이때 비기도 지지 않고 서부를 향해 맞받아쳐서 디스곡을 발표합니다. 1996년, 투팍은 라스베이거스에서 타이슨의 권투 경기를 관람하고 나오다 또 다시 의문의 총격을 받아 사망합니다. 투팍의 죽음으로 디스전은 끝이 났지만, 몇 개월 뒤 비기도 2집 홍보를 위해 LA를 방문했다가 네 발의 총을 맞고 사망하게 됩니다. 투팍과 비기의 절친이었던 프로듀서인 퍼프대디(Puff Daddy)는 이들의 죽음을 추모하며 'I'll be missing you'라는 노래를 만들었습니다.

- I'll be missing you when you're gone.
  당신이 가버리면 보고 싶을 거예요.

WORDS

respect 존경하다   disrespect 무례하다   dis (비격식) 경멸하다

03 세월호 참사의 원인

2014년 4월 16일 오전 8시 48분경 대한민국 전라남도 진도군 조도면 부근 황해상에서 인천발 제주행 여객선인 세월호가 침몰하는 사고가 발생했습니다. 이 사고로 총 304명의 실종자가 발생하였습니다. 해양 전문가들은 세월호가 전복된 원인으로 밸러스트 탱크(ballast tank)에 저장된 물을 배출했다가 균형을 잃었을 가능성이 크다고 지적했습니다.

운행 중인 배가 안전 항해를 하기 위해서는 기울어져도 오뚝이처럼 중심을 잡을 수 있게 하는 복원력이 생명입니다. 밸러스트 탱크를 만들 수 없었던 20세기 중반 이전의 작은 목선(木船)에서는 바닥에 모래주머니 또는 자갈을 깔아서 배의 평형을 유지했습니다. 충분한 복원력과 추진력을 확보하기 위해서 바닥에 까는 모래주머니 또는 자갈을 '바닥짐'이라 하는데, 영어로는 '밸러스트(ballast)'라고 합니다.

- **ballast**: a load carried by a ship simply for the sake of its weight, and without any commercial value ballast의 어원은 'bare(벌거벗은, 맨, 가장 기본적인, 최소한의) load(짐)'이란 뜻을 가집니다. 밸러스트(ballast)는 상업적인 가치는 전혀 없더라도 안전을 위하여 배나 열기구에 싣는 짐을 말합니다. 이외에도 철도나 도로 바닥을 다지기 위해 까는 자갈과 형광등에서 전력이 일정하게 흐르도록 해주는 '안정기(安定器)'라는 뜻이 있습니다. 'have ballast'는 '마음이 안정돼 있다'는 뜻이고, 'lack ballast'는 '마음이 불안하다'라는 뜻입니다.

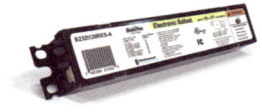

- The rail beds well on the **ballast**. 철도의 레일은 자갈 위에 잘 고정되어 있다.
- I bought nine fluorescent light fixtures-bulbs, **ballast**, and wire.
  나는 9개의 형광등 전구, 밸러스트, 전선을 구입했다.

옛날에는 바닥짐으로 돌과 모래를 썼지만, 요즘은 선박이 커지고 기술이 발달하면서 돌 대신에 탱크에 물을 채워 쓰면서 사용하고 있습니다. 선체 밑바닥과 좌우에 물을 담은 '밸러스트 탱크(ballast tank)'를 설치하는데, 탱크 속의 물을 '평형수(平衡水, ballast water)'라고 합니다. 탱크에 평형수를 많이 채우면 배가 무거워져서 바다에 깊이 잠기고 안정적인 대신 속도가 느려지는 단점이 있습니다. 반대로 탱크에서 평형수를 배출하면 배가 가벼워지고 부력이 커져 바다에 얕게 잠기고 물에 대한 저항이 적어져서 빠른 속도를 낼 수 있습니다. 이같이 탱크 내 평형수의 양을 조절함으로써 선장은 배의 속도, 안정성, 연료 효율 등을 조절할 수 있게 됩니다.

- The ship is leaving the harbor in **ballast**.
  그 배는 바닥짐을 싣고 항구를 떠나고 있다.

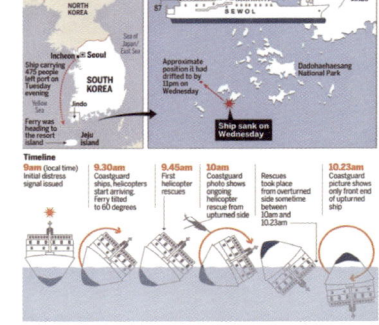

세월호 침몰의 치명적 원인 가운데 하나는 필요한 평형수의 기준보다 1,300t 줄인 680t만 실었다는 사실입니다. 세월호는 화물 적재량을 늘리고 항해시간을 단축하기 위해서 탱크에서 무리하게 평형수를 빼버렸습니다. 이것은 무게중심이 위쪽에 있어 배의 복원력에 심각한 손상을 가져왔고, 높은 파도와 급회전으로 인해 선체가 전복되어 버린 것입니다. 승객의 생명과 안정은 아랑곳하지 않고 돈벌이에만 급급했던 선박회사 때문에 대형 참사가 벌어진 것입니다.

WORDS

ballast 밸러스트, 바닥짐

04 자전거(bicycle)를 발명한 사람은 레오나르도 다 빈치(?)

다음 단어들의 공통점을 찾아보세요. biennale(비엔날레), binocular(쌍안경), binary system(2진법), bicycle(자전거), bilingual(이중언어를 할 줄 아는)
영어에서 'bi'는 숫자 2를 뜻하는 걸 알 수 있습니다. 한 개는 mono, 두 개는 bi, 세 개는 tri, 여러 개는 poly가 붙습니다.

- Computers use the **binary** code for machine language. 컴퓨터는 기계어로 2진수 코드를 사용한다.

twi는 쌍둥이(twin)이나 가지(twig), 새벽녘과 황혼 빛(twilight)에서 볼 수 있듯이 'two'를 의미합니다. twi에서 t가 생략되고 독일어의 발음은 w가 영어의 같은 음가의 b로 바뀌어 만들어진 말입니다. Weber를 영어를 쓰는 사람은 '웨버'라고 읽겠지만, 독일 사람은 '베버'라고 읽습니다. 접두사 'bi-'는 명사나 형용사 앞에 붙어서 '둘(two)'이라는 의미가 있습니다.

비엔날레(biennale)는 2년에 한 번씩 개최되는 국제 미술전 행사를 말합니다. 우리나라에서는 전라남도 광주광역시에서 개최하고 있으며, 전 세계적으로는 베니스 비엔날레, 상파울루 비엔날레, 휘트니 비엔날레가 유명합니다. 먼 곳을 바라볼 수 있는 쌍안경(binocular)의 렌즈도 항상 2개입니다. 컴퓨터 내부에서는 0과 1의 값으로 모든 숫자나 문자 데이터를 표현하는 2진법(binary system)을 사용합니다. 2개 국어를 말하는 사람을 bilingual(=spoken in two languages)이라고 합니다.

bicycle을 보면 'bi'와 원(circle)을 나타내는 단어 'cycle'로 구성된 것을 알 수 있습니다. 자전거(bicycle)는 2개의 동그란 바퀴가 있는 것이라는 뜻입니다. bicycle을 축약(clipping, abbreviation)해서 bike로 부르기도 합니다.

- A **bicycle** comprises two wheels and a frame. 자전거는 2개의 바퀴와 프레임으로 구성된다.

자전거(自轉車)는 사람의 힘에 따라 스스로 굴러가는 차(車)라는 뜻입니다. 자전거는 기원전 이집트와 중국의 벽화에서 자전거와 유사한 것으로 보이는 그림이 발견되기도 합니다. 하지만 더 구체적인 자전거의 형태로 보이는 것은 르네상스 시대의 천재 발명가 레오나르도 다 빈치의 구상입니다. 〈코덱스 아틀란티쿠스(Codex Atlanticus)〉는 레오나르도 다 빈치가 직접 그린 스케치와 글 모음집입니다. 그는 천재적인 아이디어를 빼곡히 기록한 작품집 〈코덱스 아틀란티쿠스〉에 체인과 페달까지 완벽하게 갖춘 자전거 스케치와 설계도를 남겼습니다. 그런데 자전거 그림은 1960년대에 행해진 필사본의 복원 과정에서 한 장난꾼이 그려 넣은 것에 불과하다는 설도 있습니다.

지형의 기복이 심한 오르막길과 내리막길이 많은 비포장도로나 산길을 달리는 자전거를 산악자전거(MTB)라고 합니다. MTB은 마운틴 바이크(mountain bike)의 약자입니다. MTB는 1996년 미국 애틀랜타 올림픽 정식경기 종목으로 채택될 정도로 스포츠의 한 종목으로 자리매김하고 있습니다.

WORDS

mono 한 개 bi- 두 개, 이중 tri- 세 개 poly- 여러 개 binary (system) 2진법 biennale 격년 행사, 회화·조각 전람회 binocular 쌍안경 bilingual 이중 언어 사용자의 bicycle (=bike) 자전거 MTB (=mountain bike) 산악자전거

05 건빵에 구멍이 2개 뚫린 이유

cook은 '굽다, 요리하다, 요리사'라는 뜻입니다. 프랑스 말인 cuisine은 요리법이나 보통 비싼 식당의 요리를 뜻하는데, cook과 같은 어원입니다. '부엌, 주방'을 뜻하는 kitchen은 cuisine에서 두음 c가 k로 변형되어 만들어진 말입니다.

비스킷(biscuit)은 라틴어로 '두 번'이란 뜻의 bis와 '요리된 것'이란 뜻의 cuit가 합쳐져서 만들어진 말입니다. 밀가루에 설탕, 버터, 우유 따위를 섞어서 오븐에서 한 번 구우면 빵이 되고, 두 번 구우면 비스킷이 됩니다. 빵이나 케이크는 부드럽지만 휴대하기가 불편합니다. 반면 비스킷은 일그러지지 않을뿐더러 더욱 작게 만들어 휴대하기 편하다는 장점이 있습니다.

- My friend's mother served us **biscuits** with hot tea.
  내 친구의 어머니는 우리에게 뜨거운 차와 함께 비스킷을 차려주었다.

비스킷은 두 번 바싹 구워서 딱딱하지만, 방부제가 없었던 당시에 장기 보관이 가능했습니다. 여행, 항해, 등산할 때의 보존식으로 특히 전쟁할 때 군인들이 휴대식량으로 편리하게 사용하였습니다. 만약 비스킷이 없었더라면 콜럼버스의 아메리카 대륙 발견이나 마젤란의 세계 일주가 쉽지 않았을 수도 있었습니다.

서양에서는 비스킷을 커피에 적셔 먹는 습관이 있는데 딱딱한 비스킷을 부드럽게 먹기 위해서입니다. 영국의 티타임 때 차와 함께 비스킷을 먹는 습관에서 비롯되었다고 합니다. 다이제스티브(digestive)라는 과자는 티타임 때 먹으면 소화하기 좋은 비스킷이라는 뜻에서 유래한 상표입니다. 보통 비스킷을 보면 작은 구멍이 송송 뚫려 있습니다. 오븐에 구울 때 부풀어 오르는 것을 방지하고 골고루 열이 가게 해서 표면이 균일하게 하기 위해서입니다.

우리나라에서 비스킷은 과자를 대표하는 명사이지만 미국과 영국에서 의미가 다소 다릅니다. KFC나 파파이스(POPEYES) 등에서는 베이킹파우더를 넣어 구운 빵을 비스킷이라고 부르는데, 보통 과자는 cookie, cracker라는 단어를 더 많이 씁니다. 영국에서 편편하고 얇은 딱딱한 과자를 비스킷, 초코칩 쿠키처럼 부드러운 과자를 쿠키(cookie)라고 합니다.

크래커(cracker)는 얇고 딱딱하게 구운 과자입니다. crack는 원래는 무언가 깨지면서 나는 의성어인데, '갈라지다, 깨지다, 날카로운 소리가 나다'라는 뜻을 갖습니다. 크래커는 과자를 먹었을 때 '와삭'하고 부서지는 소리가 마치 폭죽을 터트리는 것처럼 크다 하여 붙여진 이름입니다.

건빵(hard tack)은 휴대용 전투식량으로 만들어진 식품으로, 수분이 거의 없어서 장기간 보관이 가능하다는 장점이 있습니다. 건빵에서 건(乾)은 '건조(乾燥), 건어물(乾魚物), 건전지(乾電池)'에서 보듯이 '습기가 없이 마른(dry) 상태'를 나타내는 한자입니다. 건빵은 '마른 빵'이라는 뜻이 되는데, '건'자는 한자이고, '빵'은 포르투갈에서 일본을 거쳐 들어온 외래어이므로, 유래가 매우 특이한 단어입니다. 건빵은 수분 함량이 5~6% 정도이고 맛을 부드럽게 하는 기름 함량도 거의 없어서 이름만 빵이지 실제로는 과자에 속한다고 할 수 있습니다. 건빵만을 먹을 경우 목이 메서 1분 안에 7개를 못 먹는다고 합니다.

건빵을 만드는 제조사와는 상관없이 거의 모든 건빵에는 한결같이 구멍이 2개 나 있습니다. 건빵은 발효시킨 밀가루 반죽을 3mm 정도 두께로 구워서 만드는데, 구울 때 반죽 안의 수분이 수증기로 변하면서 압력이 발생합니다. 이 압력이 지나치게 높아지면 건빵이 터지므로, 적당히 구멍을 뚫어 미리 수증기를 빼내는 것입니다. 구멍이 하필 2개인 이유는 하나밖에 없으면 배가 볼록해지고, 3개를 뚫으면 일반 비스킷(biscuit)처럼 너무 납작해져 버리기 때문입니다.

앞에서 설명했듯이 건빵은 수분이 적을 뿐만 아니라 기름 함량도 매우 적어서 건빵만 먹으면 삼키기가 매우 힘듭니다. 그렇다고 건빵 먹을 때마다 물을 같이 마시면 금방 헛배만 불리기 때문에 비상식량의 역할을 할 수 없게 됩니다. 군대에서 군인들에게 제공하는 건빵에는 별사탕이 함께 들어있습니다. 별사탕을 곁들여 먹으면 단맛을 제공하는 동시에 입안에서 침을 돌게 하여 건빵을 먹기 쉽게 하기 위한 것입니다.

WORDS

cook 요리하다, 요리사   cuisine 요리법   kitchen 부엌   biscuit 비스킷   cookie 쿠키   cracker 크래커
crack 갈라지다, 깨지다, 날카로운 소리가 나다   hard tack 건빵, 딱딱한 비스킷

06 빠르게 먹을 수 있는 패스트푸드

fast는 '움직임이 빠른'이란 뜻도 있지만 '짧은 시간에, 일을 빨리 하는'이라는 뜻도 있습니다. 패스트푸드(fast food)는 주문하면 곧바로 나와서 먹을 수 있는 식품을 말합니다. 미국에서는 1960년대부터 보급되기 시작하였는데, 맥도날드와 KFC, 코카콜라 등도 바로 이 시절 생겨난 것입니다. 체인점 형태가 많고 서서 먹거나 직접 가져다 먹는 형식이 일반적입니다.

종류로는 햄버거, 샌드위치, 도넛, 닭튀김 등이 있는데, 가게에서 간단한 조리를 거쳐 제공되는 음식들입니다. 종이 용기에 담겨 있어 설거지할 필요도 없으며, 식으면 오븐에 데워서 먹는 정도로 간편하여 '푸드 혁명'이라 일컬어질 정도로 환영을 받았습니다. 패스트푸드는 자극적인 맛과 빠르고 간편하다는 장점, 젊은 층의 양식화 경향에 따라 폭발적으로 성장했습니다.

미국 패스트푸드점에서 주문 순서는 우리 나라와 거의 같습니다. 줄지어 기다리다가 점원이 "Next, please." (다음 분) 하면 계산 대로 가서 주문합니다. 먹고 싶은 세트 메 뉴를 가리키면서 "This one and this one." 이라고 말하면 쉽습니다. 물론 바로 "I'd like a cheeseburger." (치즈버거 주세요.) 라고 해도 됩니다.

점원은 "Anything else? Any fries? Anything to drink?" 등 과 같은 질문을 합니다. 그러면 필요에 따라 "French fries" 나 "Fried potato," "Coke(Pepsi), please."라고 대답하면 됩니다. 감자튀김이나 음료수 는 "Regular or large?"라고 하면서 크기를 물어옵니다. 사이즈는 이 밖에도 'medium, extra large, jumbo king-size(특대)' 등이 있는데, 미국은 양이 크기 때문에 regular를 시켜도 충분합니다.

마지막으로 점원이 "Anything else?" (다른 것은 요?)나 "That's it?" (됐습니까?)하고 묻습니다. 'That's all, That's it, That's enough' 중 하나로 대 답하면 됩니다. 주문을 확인한 점원은 마지막으로 "For here, or to go?"하고 묻습니다. "여기서 드시 겠습니까, 아니면 가져 가시겠습니까?"라는 질문입 니다. "For here, please." (여기서 먹겠습니다.)라 든가, "To go, please." (가져 갈 거에요.)라고 대답 하면 됩니다.

레스토랑이나 패스트푸드점에서 앞에 사람이 주문 한 것과 똑같은 것을 주문하는 것이 편할 수 있습 니다. 이때 "I'll have the same." 또는 "Make that two."라고 표현하면 됩니다. 주문하기가 귀찮을 때 나 영어를 사용하기가 두려운 경우 유용하게 쓸 수 있는 표현입니다.

웰빙(well being) 트렌드(trend)가 본격화되면서 트랜스 지방이 가득한 패스트푸드가 공격을 받고 있습니다. 패스트푸드는 높은 열량(calorie)에 비해 영양소(nutrient)가 턱없이 부족한 음식이란 인식이 확산되었습니다. junk는 '쓰레기'라는 뜻인데, 패스트푸드는 정크 푸드(junk food)라 불리고 있습니다. 미국 사회는 '전염병'이라고 말할 만큼 비만(obesity)이 심각한 사회문제가 되고 있는데, 패스트푸드가 대표적 원인으로 꼽히고 있습니다.

- Television advertisements make **junk food** look so mouth-watering.
  TV 광고는 정크 푸드를 매우 맛있어 보이게 만든다.

패스트푸드의 문제점을 폭로한 다큐멘터리(documentary)가 〈Super Size Me〉입니다. 한 달 동안 패스트푸드만을 먹고 생기는 몸의 변화와 문제점을 촬영한 영화입니다. 이 영화는 여러 소송에서 증거자료로 쓰일 만큼 현실성을 띠고 있어 주목을 받았습니다.

WORDS

fast 빠른, 짧은 시간에   fast food 패스트푸드   well being 건강, 행복   calorie 열량   nutrient 영양소
junk (=junk food) 정크 푸드, 군것질거리   obesity 비만

07 순식간에 먹을 수 있는 인스턴트 푸드

인스턴트 식품(instant food)은 전자레인지에 데우거나 뜨거운 물에 넣는 등의 간편한 조리방법을 거쳐 손쉽게 먹을 수 있는 식품을 말합니다. 예를 들면 햇반, 3분 카레, 커피믹스, 차, 분말 주스, 라면, 즉석 된장국과 같은 식품입니다. 인스턴트 식품은 저장이나 보존도 간단하며 즉시 먹을 수 있는 장점이 있지만, 자칫 음식 고유의 풍미를 잃어버릴 수 있다는 결점이 있습니다. 인스턴트(instant)는 '안에(in) 서 있어서(stand) 바로 잡을 수 있는'이라는 의미에서 '즉각적인, 아주 짧은 동안, 순간, 찰나'라는 뜻을 가집니다.

- I think that **instant** noodle would be cheapest and most delicious to cook at home.
  나는 집에서 요리하는 것 중에서 인스턴트 라면이 가장 저렴하고 맛있다고 생각한다.

인스턴트 커피는 원두에서 추출한 커피 용액을 건조시켜 가루나 알갱이 상태로 만든 식품입니다. 병에 담아서 팔기도 하고, 아예 설탕과 프림을 섞어서 포장하여 커피믹스(coffee mix) 형태로 판매합니다. 뜨거운 물에 잘 녹기 때문에 아주 짧은 시간에 간단하고 쉽게 타서 마실 수 있도록 가공한 즉석 커피입니다.

인스턴트 커피는 원래 전쟁 중에 군인들이 간편하게 커피를 마실 수 있도록 하기 위해 개발되었습니다. 그 전에는 커피는 핸드 드립(hand drip)방식이나 에스프레소 머신(espresso machine)으로 뽑아서 먹었습니다. 볶은 원두(coffee bean)를 잘게 갈아서 커피를 추출하는 것은 전쟁터에서는 상상할 수 없는 번거로운 과정입니다.

인스턴트 커피에서 커피 원액 건조방법으로는 분무건조(spray dry)와 동결건조(freeze dry) 방식이 있습니다. 분무건조는 농축된 커피 액을 스프레이 식으로 분무하고 열풍을 불어 수분을 증발시키는 방법입니다. 분무된 방울은 순간적으로 수분이 증발되어 가루가 되어 떨어지는데, 이때 맛과 향의 손실이 발생하게 됩니다.

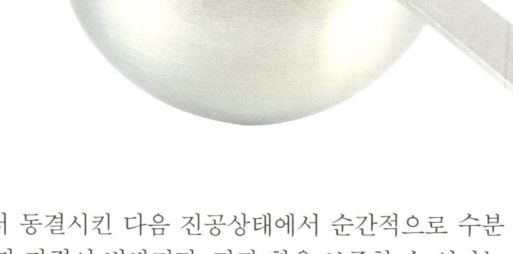

반면 동결건조는 농축된 커피 액을 먼저 동결시킨 다음 진공상태에서 순간적으로 수분을 증발시키는 방법입니다. 분무건조보다 가격이 비싸지만, 맛과 향을 보존할 수 있다는 장점이 있습니다. 최근에는 커피뿐만이 아니라 즉석 된장국, 즉석 라면용 스프, 한약 엑기스 등의 생산에도 적용되고 있습니다.

WORDS

instant food 즉석 식품   instant 즉각적인

08 슬라이드(slide)에 이렇게 많은 뜻이?

스키장에서 slope는 '스키를 탈 수 있도록 눈을 다져놓은 경사진 언덕'을 말합니다. slope는 '산비탈, 경사면' 그리고 수학에서는 '기울기'라는 뜻으로 쓰입니다.

- There are two beginner courses on this ski **slope**.
  이 스키장에는 초급 코스가 2개 있다.

- We slide down the grassy **slope**.
  우리는 풀이 우거진 비탈을 미끄러져 내려갔다.

- Because of the **slope** of the roof, the snow cannot accumulate.
  지붕의 경사 때문에 눈이 쌓일 수가 없다.

스키와 같이 비탈진 곳을 미끄러져 내려가는 것을 활강(滑降, downhill)이라고 합니다. 글라이더(glider)는 엔진이나 프로펠러 같은 동력 추진 장치 없이 바람의 힘이나 중력을 바탕으로 활강 비행하는 항공기를 말합니다. 행글라이더(hang-glider)는 '사람이 날개 밑에 매달려 있는 글라이더'라는 뜻입니다. hang은 '매달리다'라는 뜻이고, glide는 '미끄러지다, 활강하다'라는 뜻입니다.

- They **glided** in the air like a kite. 그들은 마치 연처럼 공중에서 활강했다.

slide는 '미끄러져 이동하다, 활주(滑走)하다'라는 뜻으로, '면과 면이 스치는 정도로 부드럽게 미끄러지다' 정도의 의미입니다. slide는 slip과 glide를 합친 말이라고 생각하면 됩니다. slip은 보통 부주의나 사고 따위로 갑자기 휙 미끄러지는 느낌을 전달합니다. glide는 매우 매끄럽게 소리 없이 흐르듯 미끄러지는 느낌입니다. slide는 짧은 시간 동안 가속적인 느낌으로 이동하는 것을 표시합니다.

- There are many water **slides** at Caribbean Bay.
  캐리비안 베이에는 워터 슬라이드가 많다.

야구경기에서 주자가 도루할 때, 수비수의 볼에 터치 당하는 것을 피해 발끝이나 손, 머리로 다음 베이스에 미끄러져 들어가는 것을 '슬라이딩(sliding)'이라고 합니다. 또한, 타자가 친 공을 수비수가 미끄러지면서 잡아내는 동작은 '슬라이딩 캐치(sliding catch)'라고 합니다. 축구 경기에서 수비수가 미끄러지면서 공격을 막는 동작을 '슬라이드 태클(slide tackle)'이라고 합니다.

장마철의 폭우는 'torrential rain' 또는 'heavy rain'으로 표현하고, 홍수는 'flooding'이라고 합니다. 이러한 폭우로 인해 산에서 돌들이 무너져 내리는 산사태를 바로 landslide라고 합니다. 토사가 마치 진흙처럼 흘러내리는 경우에는 mudslide라고 합니다. 겨울철에 쌓여 있던 눈이 한꺼번에 쏟아지는 눈사태는 avalanche라고 합니다.

- The **landslide** caused heavy casualties. 그 산사태는 많은 사상자를 야기시켰다.
- All the family were buried alive by a **landslide**. 산사태 때문에 온 가족이 묻혔다.

신문에게 선거나 스포츠 경기와 같은 대결 상황을 전달할 때 landslide라는 표현을 자주 사용합니다. 이 경우는 압도적인 승리, 즉 '압승, 대승(a victory by a large margin)'의 의미로 사용되는 것입니다.

- Charles won a **landslide** victory as student council president. 찰스는 학생회장 선거에서 압승을 했다.

- The mayor won a **landslide** victory in the election. 그 시장은 선거에서 압승을 거뒀다.

놀이공원(amusement park)이나 놀이터(playground)의 놀이기구는 영어로 a ride라고 합니다. 놀이터나 수영장에 있는 미끄럼틀은 slide입니다.

- The children climb up the **slide** and slide down.
  아이들은 미끄럼틀을 기어오르고 미끄럼 타며 내려 온다.

이외에 놀이터에서 흔히 보는 놀이기구를 영어로는 다음과 같이 표현합니다.

- 시소(see-saw), 회전목마(merry-go-round), 그네(swing), 정글짐(jungle gym), 철봉(chin-up bars), 미로(mazes)

- I bought a pass for all the **rides**. 나는 자유 이용권을 샀다.

현미경(microscope)은 작은(micro=100만분의 1) 것을 보는(scope) 기구입니다. 표본(sample)에 빛을 비추어 그 표본을 통과한 빛이 대물렌즈(object lens)에 의해 확대된 실상(image)으로 맺혀집니다. 접안렌즈(eyepiece)를 통해 재확대시켜 상을 관찰할 수 있도록 고안된 장치가 현미경 (optical microscope)입니다. 현미경에서 관찰하려는 표본(sample)을 올려놓은 유리판도 slide라고 합니다. 슬라이드를 재물대(stage) 위에 미끄러지듯이 밀어서 올려놓고 관찰을 합니다.

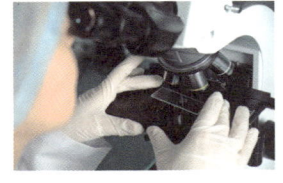

- We observed a cell through an optical **microscope**. 우리는 광학현미경을 통해 세포를 관찰했다.

project는 '미리(pro) 던지다(ject=throw)'라는 의미에서 '입안하다, 계획하다, 설계하다, 발사하다'라는 뜻을 가집니다. 같은 어원에서 나온 프로젝터(projector)는 빛을 이용해 어떤 이미지를 비추어 보이게 하는 '영사기, 환등기'를 말합니다. 업무보고나 신제품을 여러 사람 앞에서 소개할 때나 projector를 비춰가면서 발표(presentation)를 하게 됩니다.

- beam **projector**: 빔 프로젝터, 광선 투사기
- OHP(over-head projector): 오버헤드 프로젝터, 투명 필름 환등기
- watch a slide presentation 슬라이드 상영을 보다

영사기(projector)에 넣고 투영(投影)하는 포지티브(positive) 필름을 '슬라이드(slide)'라고 합니다. 슬라이드는 일반적으로는 한 화면(frame)씩 올려놓고 스크린(screen)으로 확대해서 보는데, 이 때 한 장의 슬라이드를 '컷(cut)'이라고 합니다. 여러 개의 화면을 연속시켜서 만든 필름 스트립(strip)도 슬라이드라고 하는데, 이때 슬라이드는 '롤(roll)'이라 하여 구별하기도 합니다. '롤(roll)'은 종이, 옷감, 필름 등을 둥글게 말아 놓은 '통'이나 '두루마리'를 가리키는 말입니다.

- He presented an elaborate **slide** detailing how to make a quick visit to the moon. 그는 달에 빠르게 가는 방법이 상세히 설명된 정교한 슬라이드를 주었다.
- We don't have a screen but we can **project** the slides onto the back wall. 우리는 스크린이 없지만, 뒷벽에 슬라이드를 투영할 수 있다.

파워포인트(PowerPoint)는 마이크로소프트(Microsoft)에서 만든 발표용 소프트웨어(presentation software)입니다. 파워포인트에서 화면에 표시되는 단위를 슬라이드라고 하고, 모든 슬라이드를 화면에 차례로 나타내는 것을 슬라이드 쇼(slide show)라고 합니다. PC에서 돌아가는 소프트웨어 프로그램이지만, 다분히 영사기(projector)에서 유래한 용어를 그대로 사용하고 있는 것입니다.

- In this **PowerPoint** session, we are going to try making a slide show.
  이번 파워포인트 시간에는 슬라이드 쇼 꾸미기를 할 것이다.

WORDS

slope 경사지, 스키장   downhill 활강   hang 매달리다   glide (매끄럽게) 미끄러지다   glider 글라이더   hang-glider 행글라이더   slide 활주하다, 미끄럼틀   slip (휙) 미끄러지다   landslide 산사태, 압도적 승리   ride 놀이 기구   microscope 현미경   project 입안(계획, 설계, 발사)하다   projector 영사기   PowerPoint MS에서 만든 발표용 SW   slide show 슬라이드 쇼

09 Pink Slip은 해고 통지서

권투에서 슬립다운(slip down)이라고 하면 발이 미끄러져서 무릎을 꿇거나 신체 일부가 매트에 닿는 것을 말합니다. 슬립다운은 상대방의 가격에 의한 것이 아니므로 점수를 잃지는 않습니다. 이때 slip은 미끄러운 곳에서 넘어지거나 거의 넘어질 뻔하게 잠깐 미끄러지는 것을 나타냅니다.

- He **slipped** and almost fell.
  그는 미끄러져 하마터면 넘어질 뻔했다.

한편 상대방에게 말실수 했을 때는 다음 표현을 써서 사과할 수 있습니다.

- It was a **slip** of the tongue. 내가 말실수를 했어. (그건 혀가 미끄러진 거야.)

사투리로 '쓰레빠'라고 하면 뒤가 트인 실내화, 즉 슬리퍼(slipper)를 가리킵니다. 우리보다 영어를 먼저 받아들인 일본인들이 slippers를 スリッパ(쓰릿파)라고 하면서 일본식 영어의 잔재로 '쓰레빠'라는 표현이 퍼지게 된 것입니다. slippers는 발이 '안으로 미끄러져 들어가는, 쉽게 신고 벗을 수 있는' 신발이라는 뜻을 지닙니다. slippery는 '미끄러운, 잘 풀리는'을 뜻합니다.

- It's so humid that this floor is **slippery**. 너무 습해 이 바닥이 미끄럽다.

slip(슬립)을 사전에서 찾아보면 '(옷 등을) 재빨리 입고 벗다'라는 뜻이 나옵니다. 드레스를 쉽게 입고 벗게 해 줄 수 있는 여성용 속옷을 '슬립'이라고 말합니다. 몸의 실루엣을 아름답게 교정하여 겉옷의 스타일을 살릴 수 있도록 잡아주는 민소매 원피스가 바로 슬립입니다.

미국의 직장에서는 직원에게 해고를 통지할 때 분홍색 종이로 된 pink slip을 전달합니다. 'I have got a pink slip.'이라고 하면 '해고를 당했어요.'라는 의미입니다. 축구 경기장에서 'red card'라고 하면 퇴장을 명령하듯이, 'pink slip'은 완곡하게 해고를 명령하는 통지서를 말합니다. slip은 '조각, 동강, 가늘고 긴 조각'이란 뜻도 있는데, 여기서는 '메모가 적힌 작은 종이'를 의미합니다.

- The **pink slip** is the official notice that you have been fired from your job. 핑크 슬립은 직장에서 해고되었다는 공식적인 통지이다.

공장 노동자의 경우 출근을 기록하는 입구에 핑크색 종이가 끼워져 있으면 그대로 집으로 돌아가야 합니다. 미국에서는 실직에 대비할 틈도 주지 않고 오로지 회사 필요에 따라 아무 때나 일방적으로 일자리를 박탈하곤 합니다. 사무실 노동자의 경우는 해당 직원이 자리에 없는 동안 책상 위에 올려 둡니다. 이것을 받은 직원은 상자에 개인 물품을 담아서 즉시 직장을 떠나야 합니다.

- The boss gave him a **pink slip**. 사장은 그에게 해고통지서를 주었다.
- He **pink-slipped** 10 employees yesterday. 그는 어제 10명의 직원을 해고했다.

sleeve는 '소매, 소맷자락' 등의 뜻을 가진 단어입니다. sleeve는 '미끄러지다'의 뜻과 함께 '끼우다, 슬며시 넣다' 등의 뜻이 있는 slip에서 유래했습니다. 7부 소매는 어깨에서 소매까지의 길이가 팔 길이의 70%라는 뜻입니다. 우리말 7부 소매의 옷을 영어로 표현하면 three-quarter sleeve shirt라고 할 수 있습니다. quarter는 25%라는 뜻이므로 three-quarter는 4분의 3에 해당합니다.

- Choose short or three-quarter **sleeves** for summer. 여름에는 짧은 소매 또는 7부 소매를 고르세요.

여름에 여성들이 즐겨 있는 '소매가 없는 윗옷'을 가리켜 '소데나시(そでなし)' 또는 줄여서 '나시'라고 합니다. 이 말은 일본어이므로 '민소매'라고 순화시켜서 사용해야 합니다. 영어로는 sleeveless라고 하는데, 여기서 less는 '~이 없는'이라는 뜻입니다.

- The boy is walking, wearing **sleeveless** shirts and shorts. 한 소년이 민소매 셔츠와 반바지를 입은 채 걸어가고 있다.

WORDS

slip down 슬립다운 (권투에서) 넘어져 무릎이 바닥에 닿는 일   slipper 슬리퍼   slippery 미끄러운, 잘 풀리는
slip 여성용 속옷   pink slip 해고 통지서   sleeve 소매   sleeveless 민소매

⑩ 주방장 '셰프(chef)'는 우두머리(chief)라는 뜻

레스토랑의 주방장을 셰프(chef)라고 합니다. 원래는 chef de cuisine(chief of the kitchen)이라는 프랑스어 표현에서 앞 단어만 남은 것입니다. 요리를 사랑하는 프랑스 민족답게 '주방의 우두머리'에 대한 별도의 표현이 사용되고 있습니다. 주방용품(kitchen utensils)을 만드는 회사의 브랜드 중에 '셰프라인(chef line)'이라는 유명한 상표가 있습니다.

- The **chef** chopped up the vegetables and then fried them. 그 주방장은 야채를 썰고 볶았다.

조직의 우두머리, 장, 보스를 chief라고 하는데 '주방장'을 뜻하는 불어의 chef에서 i가 첨가되어 나온 말입니다. 사실은 chef도 '머리'를 뜻하는 cap에서 c가 ch로 변형되고, 모음 변화에 p가 f까지 변형되어 나온 말입니다. 실제로 chieftain과 captain은 '지도자, 두목(頭目)'이란 뜻으로 사용됩니다. CEO는 기업체의 최고경영책임자를 말하는데, 'Chief Executive Officer'의 약자입니다. Chief는 '우두머리, 최고의'라는 뜻이고, Executive는 '실행하는, 집행하는, 경영하는'의 뜻이며, Officer는 '직원, 임원'이라는 뜻입니다. 이 밖에도 Commander-in-Chief(총사령관), Police Chief(경찰서장) 등에서 볼 수 있으며 최고위치를 표현합니다.

- The police **chief** posted a guard at the hospital door. 경찰 총수는 병원문에 감시원을 배치했다.

chief에 접두어 mis가 붙은 mischief는 '잘못 오른 못된 상사'의 뜻에서, '손해, 피해' 등의 부정적인 뜻이 된 말입니다. mischief의 형용사는 mischievous인데, '해를 끼치는, 유해한' 등의 뜻과 '짓궂은' 등의 뜻입니다.

- The heavy rains did much **mischief** to the rice crop.
  폭우가 쌀 수확에 큰 피해를 입혔다.

achieve는 '정상에 도달하다, 달성하다, 성취하다'의 뜻을 가집니다. '정상(chieve=chief)의 목표를 설정하고 그곳을 향하여 (a=ad=forward) 매진하다'라는 의미에서 만들어진 말입니다. 성취감(a sense of achievement)은 자신이 좋아하는 것에 대한 '열정', 어느 한 목표를 향해 최고가 되고자 할 때 얻어지는 '내면적 기쁨, 희열'을 말합니다.

- We are proud of our ancestor's honorable **achievements**. 우리는 우리 조상의 훌륭한 성과들이 자랑스럽다.

007 제임스 본드 하면 빼놓을 수 없는 것 중 하나가 왁스 바른 머리와 양복에 꽂혀있는 손수건(handkerchief)입니다. 손수건이란 말은 고유한 우리말 '손'과 한자어 '수건(手巾)'이 합쳐진 재미있는 말로 '손이나 머리를 닦는 천'이란 뜻입니다.

- His pocket was stuffed full of dirty **handkerchiefs**.
  그의 주머니에는 더러운 손수건들이 가득 들어있었다.

머리를 싸매는 천을 중세에는 영어로 kerchief, 또는 cover chef라고 했습니다. 이 말의 구조를 분리해보면 cover(덮다)와 chef(머리)로써 문자 그대로 '머리에 덮는 덮개'를 의미하며, 우리의 두건과 비슷한 것이라고 보면 됩니다. 차츰 kerchief에서 '머리(chief)'의 의미는 퇴색되었고 단순히 '천조각'을 의미하는 것으로 변해갔습니다. 손(hand)에 들고 다니는 천 조각을 가리키는 말이 되면서 handkerchief라고 말하게 되었습니다. 이와 함께 목에 두르는 천은 neckerchief라고 말하게 되었습니다.

WORDS

chef 셰프, 주방장   chief 우두머리   chieftain 족장   captain 지도자   CEO (=Chief Executive Officer) 기업 최고경영책임자   mischief 손해, 나쁜 짓   mischievous 유해한   achieve 도달하다   achievement 업적   a sense of achievement 성취감   handkerchief 손수건   neckerchief 목에 두르는 천

요리사가 쓰는 길쭉한 모자

주방에서 일하는 요리사들은 모두 높은 하얀 모자를 쓰고 있습니다. 이런 모자 때문에 프랑스에서는 요리사를 '그랑보네(커다란 모자)'라는 애칭으로 부르기도 합니다. 요리사 모자의 유래에 관해서는 몇 가지 전해오는 이야기가 있습니다.

첫 번째는 18세기 프랑스의 정치가 타레란의 수석 요리사가 머리카락을 단속하려는 위생상의 이유로 흰 모자를 썼다고 합니다. 당시 모자의 모양은 머리에 달라붙는 납작한 형태였습니다. 그런데 음식을 익히는 열로 더운 데다 납작한 모자 때문에 요리사들은 땀을 많이 흘려야 했습니다. 바람이 잘 통하는 모자를 만들다 보니 모자의 키가 조금씩 높아진 것이라고 설명합니다.

두 번째는 프랑스 요리를 체계화하고 '요리왕'이라는 칭호를 받았던 '어거스트 에스코피어'가 처음 썼다는 설입니다. 그는 작은 키가 고민이었는데, 자신은 아주 높은 모자를 쓰고 다른 요리사들에게는 솜씨에 따라 높이가 다른 모자를 쓰도록 했다고 합니다. 실력과 경력이 높은 사람은 점점 더 높은 모자를 쓰게 되었고, 급기야 최고 35cm나 되는 것도 있었다고 합니다. 오늘날에도 요리사의 솜씨와 지위에 따라 모자의 높이를 다르게 하는 식당이 있다고 합니다.

요리사 목에 둘러진 스카프(scarf)에 대해서도 여러 가지 설이 있습니다. 요리사들의 목에 감는 하얀 스카프는 원래 최고 요리사 만이 할 수 있었다고 합니다. 옛날에는 고참 요리사만 냉장고에 들어갈 수 있었다는데, 추위를 피하기 위해서 스카프로 목을 감싼 것에서 유래되었다고 합니다. 다른 설은 요리 도중에 상처를 입었을 경우 지혈과 피를 닦기 위한 목적으로 착용했다는 것입니다. 모자 키 높이와 같이 요리사의 등급에 따라 스카프의 색상을 다르게 하는 레스토랑도 있다고 합니다.

WORDS

scarf 스카프

데자부(Deja vu)는 일종의 지각 장애

'보다'라는 뜻의 어근 'vid(vis)'의 변형된 형태로는 'view, vey, vy' 등이 있습니다. view는 '전망, 조망, 관람, 견해, 시찰하다, 검시하다'라는 뜻이고, viewer는 '구경꾼, 검사관, 시청자'의 뜻을 가집니다. viewpoint는 어떤 주제에 대한 '견해, 관점'의 뜻을 가집니다. 카메라에서 대상물을 들여다보는 창을 뷰파인더(viewfinder)라고 합니다.

해수욕장에 있는 호텔에 가서 방을 정할 때, 오션 뷰(ocean view)가 있는 방을 권유받습니다. 오션 뷰(ocean view)는 '바닷가 경치가 보이는 방'이란 뜻입니다. 산이 보이는 풍경은 마운틴 뷰(mountain view)라고 합니다.

- We were delighted to get a room with an **ocean view**. 우리는 바다가 내려다보이는 방에 투숙하게 되어 기뻤다.

미국의 지명을 살펴보면 view로 끝나는 곳이 많습니다. 공원이 보이는 곳은 Parkview, 호수가 보이는 곳이면 Lakeview, 소나무가 많은 곳은 Pineview, 장미가 많이 보이는 곳은 Roseview라고 합니다. 심지어 시장 장터가 보이는 곳이면 Fairview라고 합니다. fair는 페어플레이(fair play)와 같이 '공정한'이란 뜻으로 많이 쓰이지만, 도서박람회를 뜻하는 '북 페어(book fair)'와 같이 '박람회, 시장'이란 뜻도 있습니다.

처음 가본 곳인데 이전에 와본 적이 있다고 느끼신 적이 있나요? 사람들은 최초의 경험임에도 불구하고, 이미 본 적 있다거나, 경험해본 적이 있는 느낌 때문에 간혹 당황스러워합니다. 실제로는 체험한 일이 없는 풍경이나 상황을 전에 체험한 것처럼 똑똑히 느끼는 현상을 '데자부(déjà vu)'라고 합니다. 데자부(déjà vu)는 프랑스어로 '이미 보았다'란 뜻인데, 우리 말로는 기시감(旣視感)이라고 합니다. 기(旣)는 기득권(旣得權)에서 같이 '이미(already)'라는 뜻이고, 시(視)는 '보다(see)'의 뜻입니다. 불어의 vu(vue)는 영어로 건너가 view가 되었습니다. 일부 사람들은 데자부를 전생의 기억이나 예지력 같은 초월적인 현상으로 설명하기도 합니다. 하지만 현대 의학에서는 실제로 경험했으나 까맣게 잊고 있었던 것이 재생되는 일종의 '지각 장애'라고 파악하고 있습니다.

evidence는 '밖(e)으로 들어나 보이다(vid)'라는 의미에서 '증거, 흔적, 명백함' 등의 뜻이 된 말입니다. 형용사형 evident는 '증거가 될 수 있는, 분명한, 명백한'을 뜻합니다.

- The fact that the driver was drunk is **evident**. 그 운전자가 술에 취해 있었다는 것은 명백한 사실이다.

survey는 '위에서(sur) 브다(vey)'의 의미에서 '조사하다, 둘러보다, 개관하다, 측량하다' 등의 뜻이 된 말입니다.

- He **surveyed** me from head to foot.
  그는 나를 샅샅이 조사했다.

- A market **survey** was taken to learn the consumer's opinion. 소비자들의 의견을 알아보기 위한 시장 조사가 이루어졌다.

envy는 '(무엇인가를) 보게(vy) 하다(en)'라는 의미에서 '질투, 부러움, 시기, 선망' 등의 뜻이 된 말입니다. 누군가가 잘하는 행위를 자꾸 보면 내색은 못 하지만 그것이 샘나고 질투하게 되는데 바로 그런 느낌의 단어입니다.

- I was **envious** of his success. 나는 그의 성공이 부러웠다.

- **Envy** and wrath shorten the life. 질투와 분노는 수명을 단축시킨다.

voyeur는 'view'에서 변화되어 '보는 사람'이라는 뜻인데, '남을 몰래 엿보는 사람'을 말합니다. 몰래카메라(hidden camera)를 들고 다니면서 남의 사생활을 엿보는 행위를 관음증(voyeurism)이라고 합니다. 이러한 짓을 잘하거나 필요 이상으로 남의 일을 캐기 좋아하는 사람을 'Peeping Tom(엿보기 좋아하는 톰)'이라고 합니다.

WORDS

view 전망, 조망, 관람, 견해, 시찰하다, 검시하다　viewer 구경꾼　viewpoint 견해　viewfinder 뷰파인더, 카메라 창　fair 공정한, 시장(품평회)　deja vu 데자부, 기시감　evidence 증거　evident 명백한　survey 조사하다　envy 질투　envious 부러워하는　voyeur 몰래 보는 사람　voyeurism 관음증

49

13 원시시대에도 TV가 있었다.

율리우스 카이사르(Julius Caesar)는 로마 공화정 말기 유명한 정치인이자 장군이었습니다. 기원전 47년에 소아시아(Asia Minor) 흑해 연안에 있던 폰토스의 왕 파르나케스가 반란을 일으킵니다. 카이사르는 불과 닷새 만에 전쟁에서 승리하고 소아시아까지 정복하게 됩니다. 카이사르는 이 승리를 로마시민과 원로원에게 편지로 알렸는데, 그 승전보에는 단지 세 마디만 적혀있었습니다.
'Veni, Vidi, Vici.' (왔노라, 보았노라, 이겼노라. I came, I saw, I conquered.)
이 말은 그의 카리스마와 정예부대가 얼마나 막강했는가를 잘 보여주는 표현으로 널리 인용되고 있습니다.

'보았노라'라는 뜻의 라틴어 'vidi'는 생소한 말이 아니라 이미 우리가 잘 알고 있는 단어입니다. video(비디오)는 TV를 통해 영화와 같은 동영상을 볼 수 있는 매체를 말하며, DVD는 Digital Video Disc의 약자입니다. television(텔레비전)은 멀리 떨어진 방송국에서 보낸 신호를 수신하여 볼 수 있는 기계입니다. tele는 telephone(전화)에서 보듯이 '멀리 떨어진(away)'이라는 뜻이고, vision은 vid의 변화형입니다.

비디오 아티스트(video artist) 백남준은 '원시시대 사람들도 TV를 볼 수 있었다'고 말했습니다. 우리 선조들은 달 표면의 무늬를 보고 계수나무 옆에서 토끼가 방아를 찧고 있다고 상상했습니다. 한밤중에 나와서 멀리 떨어진(tele) 달을 쳐다보았으니 (vision) 요즘의 TV를 보는 모습과 같다는 설명입니다.

'vis'라는 어근을 가지면서 가장 흔히 쓰이는 단어는 visit라는 단어입니다. visit는 '보러(vis) 가다(it)' 의미에서 '찾아가다, 방문하다, 문안하다' 등의 뜻이 되었습니다. 라틴어 어근 it는 '가다(go)'라는 뜻으로 쓰입니다. exit는 '밖으로(ex) 가다(it)'에서 '비상구, 출구'란 뜻이 되었습니다. edit는 '밖으로(e) (생각을) 내주어(d) 가게 하다(it)'에서 '편집하다, 손질하다'라는 뜻으로 쓰입니다. circuit는 '둥근 원(circle)으로 가다(it)'라는 의미에서 '순환하다, 순회하다, 회로'의 뜻으로 쓰입니다. 전기회로(電氣回路, electrical circuit)에서 (+)극에서 나간 전류는 전기소자를 순환하여 (-)극으로 되돌아와야 합니다.

외국을 방문하기 위해서는 미리 해당 국가로부터 비자(visa)라는 입국 승인을 받아야 합니다. 비자(visa)는 우리말로 '입국 사증'이라고 하는데, 'vis(보여주다)'라는 어근에서 온 말입니다. visa는 '외국에 들어가거나 나갈 때 출입국 관리관(immigration officer)에게 보여주는 것'이라는 뜻입니다.

- A **visa** is a prerequisite for travel in many countries. 비자는 여러 나라를 여행하는 데 꼭 필요한 것이다.

차 유리에 햇빛을 막기 위해 가리는 것을 '선바이저(sun visor)'라고 합니다. visor는 '보는 것'이라는 의미에서 '(헬멧의) 얼굴 가리개, (모자의) 챙, (자동차 유리창에 대는) 차양'을 의미합니다.

- A **visor** is a movable part of a helmet, which can be pulled down to protect a person's eyes or face. 바이저는 헬멧의 움직이는 부분으로, 아래로 당겨 사람의 눈과 얼굴을 보호해준다.

- She shaded her face with a sun **visor**. 그녀는 선 바이저로 얼굴을 가렸다.

vista는 '경치, 전망, 조망'이란 뜻입니다. 비스타 포인트(Vista Point)는 멀리 내다 볼 수 있는 '경치(prospect)가 좋은 장소'를 말합니다. 윈도우비스타(Windows Vista)는 마이크로소프트에서 윈도우 XP 다음으로 나온 PC용 운영체제입니다.

- The balcony commanded a **vista** of the harbour. 그 발코니는 항구의 전경을 보여준다.

신문 기사에 '소녀시대 멤버들 비주얼이 환상적이다, 미래비전 위한 정책과제 발표' 등과 같은 표현이 나옵니다. visual은 '시각의, 선명한, 눈에 보여질 수 있는'의 뜻이며, 시각 디자인은 visual design이라고 합니다. vision은 '시력, 상상, 선견, 통찰력'의 의미를 갖습니다.

- What's your corrected **vision**? 교정시력이 어떻게 되세요?

가시광선(可視光線, visible light)은 인간의 맨눈으로 볼 수 있는 광선을 뜻합니다. 가시광선의 영역은 '빨주노초파남보'의 무지개 색깔입니다. 가시광선의 영역 바깥은 인간의 눈으로 볼 수 없습니다. 빨간색보다 파장이 큰 빛을 적외선(infrared rays), 보라색보다 파장이 짧은 빛을 자외선(ultraviolet rays)이라고 합니다.

- If you are exposed to too many ultraviolet rays, your skin may age prematurely. 자외선에 너무 많이 노출되면 당신의 피부는 너무 이르게 노화될 것이다.

영국의 애덤 스미스(Adam Smith, 1723~1790)는 인류 최초로 '경제학(economics)'이란 학문을 정립하였습니다. 그는 〈국부론〉이란 저서에서 '보이지 않는 손(invisible hand)'이란 개념을 설명합니다.

- dam Smith said that money is the 'invisible hand.' 애덤 스미스는 돈이 '보이지 않는 손'이라고 말했습니다.

물건의 가격은 누가 정하면 좋을까요? 애덤 스미스는 어느 누구도 간섭하지 않고 시장에 맡겨두면 재화의 공급과 수요에 의해 자동적으로 가격이 결정된다고 주장했습니다. 이윤을 추구하는 수백만 명의 소비자와 생산자는 국가의 간섭 없이도 이성적인 결정을 하게 되는데, 그 결과가 바로 '보이지 않는 손'입니다. 즉, 모든 것을 시장에 맡기면 시장은 가장 효율적인 길을 스스로 찾아간다는 것을 설명하면서 도입한 개념입니다.

- Price is a function of supply and demand. 가격은 수요와 공급과의 함수이다.

이와는 반대로 모든 것을 시장에 맡기게 되면 위험하므로 국가가 경제정책을 통해 시장을 간섭해야 한다는 주장이 생겨났습니다. 마르크스가 주장한 공산주의(communism)나 케인즈(1883~1946)의 수정자본주의(modified capitalism) 정책이 대표적입니다.

- We know that Marx's ideas gave birth to communism. 우리는 마르크스의 생각이 공산주의를 태동시켰다는 것을 알고 있다.

다시 이에 대한 반발로 '큰 정부'의 위험성을 지적하면서 등장한 것이 국가에 의한 설계주의를 배척하는 움직임인 신자유주의(neoliberalism)입니다. 대표적으로 폰 하이에크, 밀턴 프리드먼 등에 의해 주장되고 있는 사상입니다. 신자유주의는 2008년 미국에서 발생한 금융위기로 또 다시 많은 비판을 받기도 하였습니다.

WORDS

video 비디오   DVD (=Digital Video Disc) 디브이디   television 텔레비전   visit 방문하다   exit 비상구, 출구   edit 편집하다   circuit 회로, 순회하다   visa 비자, 입국 사증   visor 얼굴 가리개, (모자) 챙   vista 전망   visual 시각의   vision 시력, 환상, 예지력   visible light 가시광선

14 튤립(tulip)은 네덜란드가 원조(?)

'암스테르담(Amsterdam)'은 북해와 독일의 라인 강을 연결하는 네덜란드(Netherlands)의 수도이자 최대의 항구 도시입니다. 70여 개의 섬 사이로 크고 작은 운하와 500개의 다리로 연결됐으며 도로와 철도 그리고 공항 등 유럽대륙 육상교통의 거점입니다.

Amsterdam은 13세기 어민이 암스테르(Amstel) 강 늪지대에 댐(dam)을 쌓고, 습지를 메워 만들었다는 의미에서 유래했습니다. 댐(dam)은 '소양강 댐'과 같이 제방을 쌓아 물을 가두는 곳을 말합니다. 네덜란드의 다른 도시 로테르담(Rotterdam)이나 독일 베를린 근교의 포츠담(Potsdam)도 제방을 쌓아 만든 도시임을 알 수 있습니다. 암스테르담의 상당 부분이 해수면보다 3m 정도 낮은데, 자연히 '물의 도시'로도 유명해서 북유럽의 '베네치아'로 불리기도 합니다.

암스테르담은 세계적인 무역 및 물류도시이면서 동시에 시골 같은 분위기를 연출하는 관광도시입니다. 네덜란드는 튤립(tulip)과 풍차(windmill)의 나라답게 아름다운 튤립이 사방에 피어있고 거대한 풍차가 옛 정취를 떠오르게 합니다. 당연히 튤립은 네덜란드가 원산지일 거라고 착각하기 쉬운데 사실은 터키에서 온 꽃입니다.

터키(Turkey)는 아시아와 유럽을 연결하는 접점에 위치하는데, 여러 민족이 모여 살며, 많은 나라가 흥망을 거듭했던 곳입니다. 터키라는 이름은 13세기 말엽 중앙아시아로부터 이주해 온 기마민족이 세운 오스만 투르크(Turk) 제국에서 유래합니다. 터키인들은 히아신스, 카네이션, 장미 등 많은 꽃을 사랑했지만, 튤립에 대한 애정은 예로부터 각별했습니다. 튤립(tulip)은 터키의 국화(國花)인데, 매년 4월이면 터키에서는 국제적인 튤립 축제가 열립니다. 16세기 들어 네덜란드로 전해지게 된 튤립은 매우 큰 인기를 끌었고 많은 사람이 튤립을 네덜란드 꽃이라고 오해를 하고 있습니다.

튤립(tulip)과 중앙아시아의 이슬람교도들이 썼던 터번(turban)은 완전히 같은 말에서 유래되었습니다. 튤립의 꽃송이 모양이 터번과 같이 생겼기 때문입니다. 터번은 아랍권의 전통복장으로 남성들이 천을 둘둘 말아 머리에 쓰는 천을 말합니다. 페르시아어(dulband), 터키어(tuliband), 프랑스어(tulipan), 이탈리아어(tulipano)를 거쳐 '튤립(tulip)'으로 변화되어 정착되었습니다.

WORDS

Netherlands 네덜란드 tulip 튤립 windmill 풍차 Turkey 터키 turban 터번

15 이슬람 여성들이 머리에 쓰는 두건

이슬람 여성들은 천이나 베일(veil)로 신체를 가리고 다닙니다. '남성을 유혹할 만한 어떤 것도 드러내선 안 된다'라는 코란의 가르침에 따라 신체를 감싸는 문화가 생겨났습니다. 여성의 신체를 가리기 위한 의상은 나라마다 종교적 성향과 계층, 연령, 취향에 따라 종류가 다양합니다.

이슬람 여성들의 상징처럼 언급되는 '히잡(hijab)'은 알라가 명령한 것으로 꾸란에 언급된 의상입니다. 얼굴 정면만 나오고 상체를 모두 가리는 두건 형태로 시리아 등에서 주로 착용합니다. 히잡에 코 아래 얼굴 가리개가 덧붙여진 '니캅'은 주로 파키스탄과 모로코의 여성들이 씁니다.

- She observes the hijab and does not wear tight clothing.
  그녀는 히잡 쓰기를 준수했고, 타이트한 옷을 입지 않았다.

'차도르(chador)'는 검은색의 헐렁한 망토를 머리부터 둘러쓰는 형태로 이란 여성들이 착용합니다. '부르카(burqah)'는 망사로 처리된 눈 부분을 제외하고 머리에서 발끝까지 걸치게 돼 있습니다. 이슬람 원리주의를 바탕으로 하는 아프가니스탄 탈레반이 강요하는 복장으로 가장 보수적입니다.

이슬람권 내에서도 페미니즘(feminism) 운동이 활발해짐에 따라 전통의상의 착용을 거부하는 여성들이 늘어나고 있습니다. 이집트에서는 미니스커트 차림의 여성이 거리를 활보하고 있기도 합니다. 이슬람 국가이면서도 서구적인 세속주의를 지향하고 있는 터키에서는 공공장소에서 히잡 착용이 불법입니다. 터키 여성들은 오히려 '히잡을 쓸 자유'를 달라며 시위를 벌이는 등 이슬람 부흥운동이 일어나고 있기도 합니다. 일부 부유한 집안에서는 히잡을 쓴 채 학교생활을 할 수 있다는 이유로 미국이나 유럽으로 딸들을 유학시키기도 합니다.

2004년 프랑스는 학교에서 히잡 착용을 금지하는 법률을 통과시켰습니다. 헌법에 명시된 정치와 종교를 분리한다는 원칙 아래, 유대교의 모자, 대형 십자가 등 종교적 상징물의 착용을 금지한 것입니다. 이 법안에 반대하는 이슬람교도들의 항의 시위가 전 세계에서 진행되었습니다.

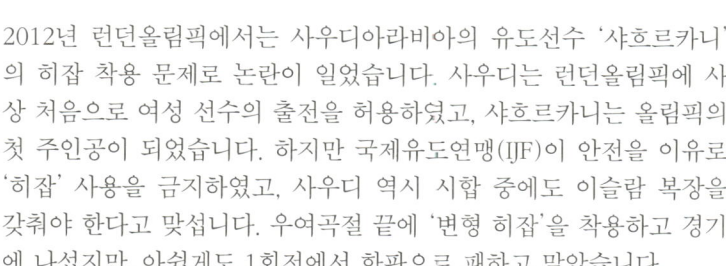

2012년 런던올림픽에서는 사우디아라비아의 유도선수 '샤흐르카니'의 히잡 착용 문제로 논란이 일었습니다. 사우디는 런던올림픽에 사상 처음으로 여성 선수의 출전을 허용하였고, 샤흐르카니는 올림픽의 첫 주인공이 되었습니다. 하지만 국제유도연맹(IJF)이 안전을 이유로 '히잡' 사용을 금지하였고, 사우디 역시 시합 중에도 이슬람 복장을 갖춰야 한다고 맞섰습니다. 우여곡절 끝에 '변형 히잡'을 착용하고 경기에 나섰지만, 아쉽게도 1회전에서 한판으로 패하고 말았습니다.

WORDS

feminism 페미니즘

16 친구(company)는 친구(friend)와 다르다

'꼼빠니아(compagna)'라는 유명 여성용 정장 브랜드가 있습니다. 영어로는 company에 해당하는데, 일차적으로 'companion' 즉, 동료, 친구, 친구, 짝 등의 뜻입니다. 여기에서 '일행, 모임' 등의 뜻이 되었고, 여기에서 확장되어 '회사' 등의 뜻이 된 말입니다. '동반하다'라는 뜻인 accompany와 '음악의 반주'를 뜻하는 accompaniment라는 말도 여기에서 파생한 단어들입니다.

- I enjoyed your **company**. 당신과 함께해서 즐거웠어.

컴퍼니(company)는 '함께(together)'라는 뜻의 접두사 com과 '빵'을 의미하는 라틴어의 panis가 합해져서 만들어진 말입니다. '함께 빵을 먹는 사람'이란 뜻에서 나온 말로, 우리말로는 '한솥밥 먹는 사람'과 같은 표현이라고 볼 수 있습니다. 한 식구인 부모나 형제자매 또는 친한 친구와 같이 흉허물없는 다정한 관계를 뜻합니다.

- A man is known by the **company** he keeps.
  그의 친구를 보면 그 사람을 안다.

company에는 살면 같이 살고, 망하면 같이 망한다는 동고동락(同苦同樂)의 뉘앙스가 들어있습니다. 군대 용어에서 company는 '중대'를 말하는데, 수십 명에서 백 명 사이의 인원으로 비교적 소규모 전투를 하는 조직을 말합니다. 따라서 company(친구)

는 단순한 친구(friend)를 넘어서, 어떤 목적에 동참하여 행동을 같이하는 사람, 즉 동지 (同志)를 지칭하는 말입니다. 철을 생산하는 철강회사 포스코(POSCO)는 'Pohang Iron & Steel Company Ltd.'의 약자입니다.

- a publishing **company** 출판 회사

지구가 둥글다는 사실을 알게 된 후, 유럽에서는 15세기 초부터 나침반과 항해술을 이용하여 세계 곳곳의 바다를 누비며 대륙 간 항로를 개척하였습니다. 세계탐험과 무역을 시작한 대항해 시대에 가장 선봉에 섰던 나라가 포르투갈입니다. 포르투갈인들은 16세기부터 포교의 목적으로 일본에 갔습니다. 이때 여러 가지 문물을 일본에 가져왔는데, 그 중의 하나가 'pao(빵이란 뜻)'입니다. 이 말은 다시 한국으로 전해졌는데, 오늘날 우리가 '빵'이란 발음으로 사용하고 있는 외래어입니다.

'빵'은 라틴어로 panis라고 하는데, 그리스 신화에 등장하는 목양신 pan과 관계가 있습니다. 목양신 (牧羊神)은 양을 치는 것을 관장하는 신으로, 유목민들에게 양은 '일용할 양식'이었습니다. 목양신 판 (Pan)은 머리에 양 같은 뿔이 나 있고, 상반신은 인간, 하반신은 산양의 꼴을 하고 있습니다. 극심한 공포를 의미하는 패닉(panic)이란 말도 목양신 pan에서 파생된 단어입니다. 영어로 pantry는 '식료품 저장실'를 뜻하는데, 원래 '빵을 넣어 두는 곳'이란 뜻에서 나온 말입니다.

- Looking in the **pantry**, we admired the plenitude of fruits and pickles we had preserved during the summer. 식품창고를 둘러보면서 우리는 여름내 저장했던 많은 양의 피클과 과일에 감탄했다.

영어로 빵을 bread라 하고, 독일말로는 brot(브로트)라고 합니다. 빵을 '굽다'는 bake인데, 프랑스인들이 즐겨 먹는 빵 '바게트(baguette)'와 같은 어원입니다. 영어이름 중에 baker라고 있는데 그들의 조상이 '빵 굽는 사람'이었음을 나타냅니다. '빵집'은 베이커리(bakery)라고 하는데, '크라운 베이커리(Crown Bakery)'라는 브랜드는 '왕관 빵집'이란 뜻이 됩니다.

- The smell of freshly baked bread tempts people to enter the **bakery**.
  갓 구운 빵 냄새는 우리를 유혹하여 제과점에 들어가게 한다.

밀가루에 설탕, 달걀, 버터 따위를 섞어서 반죽하여 표면을 오톨도톨하게 구워낸 빵을 소보로빵이라고 합니다. 일본음식 소보로(そぼろ)는 생선이나 고기 등을 으깨어 양념한 다음 지져 낸 식품을 말합니다. 소보로빵은 '곰보 빵'이라고 순화시켜 사용하는데, 정작 일본에서는 소보로빵이 한국만큼 대중화되어 있지 않다고 합니다.

WORDS

company 동료, 회사 accompany 동반하다 accompaniment 반주 panic 공포 pantry 식료품 저장실 bread 빵 bake 빵을 굽다 bakery 빵집

17 동양에서 말하는 '친구'란?

〈논어(論語)〉는 동양철학의 가장 위대한 고전 중 하나로 손꼽힙니다. 〈논어(論語)〉에서 가장 먼저 나오는 學而篇(학이편)의 세 문장은 다소 평범해 보일지 모릅니다. 그러나 공자(Confucius)의 철학과 인생을 짧고 가장 효과적으로 표현하였다고 이야기됩니다.

有朋自遠方來不亦樂乎 (유붕자원방래불역락호)
'뜻을 같이하는 자가 멀리서라도 찾아오니 또한 즐겁지 아니한가?'

朋(벗 붕)은 친구로서 뜻을 같이하는 사람으로 同志(동지)라고 할 수 있을 것입니다. 自(스스로 자)는 스스로라는 뜻 외에도 '~부터'라는 뜻이 있습니다. 自初至終(자초지종)이라고 하면 처음부터 끝까지라는 뜻입니다. 樂(즐길 락)은 바깥의 영향을 받아 바깥으로 발산하니 외면에 있는 것으로 즐거워진다는 뜻입니다.

도올 김용옥 교수님의 해설을 인용해보겠습니다.

"여기서 말하는 '朋'이란 우리말의 단순한 '친구'가 아니라 '朋黨(붕당)'이요, '同門(동문)'이요, '同志(동지)'다. 그것은 개인적 친구가 아니라, 학(學)을 위하여 뜻을 같이하는 사람들이란 뜻이다. '遠方(원방)'이란 지리적으로 먼 나라 사람들까지 찾아온다는 뜻만이 아니라 더 중요한 의미는 선비 이외에도 평범한 사람들(서인(庶人), 야인(野人))의 세계까지 포함해서 말한 것이다. 정치적 실현을 위하여 배움을 같이하는 붕당이 형성되었다는 것. 공자의 인생을 회고할 때, 가장 큰 즐거움이었을 것이다."

有朋自遠方來不亦樂乎 (유붕자원방래불역락호) 라는 말은 친구를 사귀는 관계가 돈독하여, 친한 친구가 찾아와서 함께 어울리는 즐거움을 표현한 것이라 오해할 수 있습니다. 여기서 말하는 친구 붕(朋)은 외롭거나 심심할 때 같이 수다를 떨고 술잔을 기울이는 친구(friend)를 의미하는 것이 아닙니다. 학(學)을 위하여 뜻을 같이하는 동지(同志, company)를 뜻하는 말입니다.

18 '친구'는 사랑하는 사람들

언뜻 우리 고유어일 것 같은 '친구'라는 말은 '가깝게 오래 사귄 사람'이라는 뜻의 한자어 '親舊'입니다. '가깝게 어울리는 사람'을 가리키는 말인 '친구(friend)는 사랑이란 뜻을 가집니다. 친구(friend)는 '사랑'의 뜻인 산스크리트어의 priya에서 나온 말입니다. 원래 'friend'를 글자 그대로 해석하면 '애정이 있는 사람', 'lover'의 의미입니다.

'친구'를 뜻하는 프랑스어의 ami, 스페인어의 amigo, 그리고 이탈리아어의 amico는 모두 라틴어의 '친구' amicus에서 나왔습니다. 친구(amicus)는 '사랑'을 뜻하는 amo에서 발전한 것입니다. '애인' 등의 뜻으로 쓰이는 amie는 프랑스어에서 건너온 말입니다. 인도와 유럽어에서 공통으로 '친구'란 단어가 '사랑하다'에서 나온 것을 알 수 있습니다.

한편 그리스어에서 친구를 뜻하는 philos도 사랑한다는 뜻의 phileo에서 발전한 것입니다. 철학을 의미하는 philosophy란 말은 '지혜에 대한 사랑'이란 뜻입니다. 박애라는 말 philanthropy는 '인류에 대한 사랑(love of mankind)'이란 뜻입니다. 즉, 라틴어의 amo-amicus와 그리스어의 phileo-philos의 관계에서 보듯 사랑과 친구는 그 뿌리가 같습니다.

아마추어(amateur)는 실력에 상관없이 어떤 분야를 즐기는 비전문가를 뜻합니다. 아마추어는 라틴어 '아마토르(Amator)'가 어원인데, lover라는 개념입니다. 직업으로 삼지 않고 순수한 즐거움을 목적으로 문학, 예술, 스포츠 등에 열중하는 애호가를 말합니다. 이탈리아어로 'Amore mio'는 '내 사랑'이란 뜻입니다.

프랑스어 모나미(mon ami)는 '내 친구'라는 뜻으로, 영어에서는 '자네, 당신' 등의 뜻으로도 쓰이는 말입니다. 모나미(mon ami)는 '나의'의 뜻을 가진 mon에 '친구'를 뜻하는 ami가 붙은 말입니다. 1963년 5월 1일, 시장에 처음 선을 보인 이후 현재까지 볼펜을 대표하는 모나미 볼펜의 정식 브랜드명은 '모나미 153 볼펜'입니다. 뒤에 153이란 숫자는 성경에서 예수님이 베드로에게 지시하여 그물에 잡혔던 물고기의 숫자인 153에 착안하여 붙인 숫자라고 합니다.

bon ami는 '좋은(bon, bene) 친구(ami)'의 뜻에서 '애인, 연인' 등의 뜻으로 쓰이고 있는 말입니다. 프랑스 사람들은 아침 인사로 '봉쥬르(bonjour)'라고 하는데, 영어로는 'Good day!'라는 뜻입니다. 월급 외에 나오는 수당인 보너스(bonus)도 같은 어원을 가진 단어입니다.

- The company gave each worker a vacation **bonus**. 회사는 근로자에게 휴가 상여금을 주었다.

enemy는 '친구, 연인' 등의 뜻으로 쓰이는 emy(=ami)에 부정을 뜻하는 접두사 en이 붙어서 '좋아하지 않다'라는 의미를 전달합니다. '적, 원수, 악마, 장애물, 유해물'와 같이 여러 가지로 해석할 수 있는데, 모두 '사랑하지 않는 존재'라는 공통점이 있습니다.

- He gave his **enemy** a deadly blow. 그는 원수에게 치명타를 입혔다.

- A fighter is a fast airplane that has weapons for destroying **enemy** aircraft. 전투기는 적기를 파괴하기 위한 무기를 장착한 고속 비행기이다.

친구 사이에는 우정(friendship)이라는 이름의 사랑이 존재하는데 인디언들은 그것을 '나의 슬픔을 자기 등에 짊어지고 가는 자'라고 해석합니다. 나를 응원해주고 격려해주며 때로는 나의 잘못을 꾸짖어 줄 수 있는 친구, 더 큰 사랑으로 삶을 함께 사는 친구가 언제나 소중하다는 것을 이 어원을 통해 알 수 있습니다. 우리는 같은 나이라야 친구가 될 수 있다고 생각하지만, 미국인들은 나이 차이가 많이 나더라도 서로 뜻이 통하면 친구가 될 수 있습니다. 젊은이와 나이든 할아버지가 'We are good friends.'라고 얼마든지 말할 수 있습니다.

- A **friend** in need is a **friend** indeed. 어려울 때 돕는 친구가 진정한 친구이다.

'자유로운' 등의 뜻인 free도 산스크리트어의 priya에서 나온 말입니다. 구속이 없이 자유로운 영혼, 내 마음에 자연스럽게 들어오는 사람이란 뜻에서 자유와 친구가 연결되었습니다. free와 friend는 철자도 비슷하게 생겼는데, 같은 어원이었습니다.

bosom friend라는 표현이 있는데 마음속으로 깊이 가장 사랑하는 친구라는 뜻입니다. 만났을 때는 흉금을 털어놓을 수 있는 사람이며, 떨어져 있을 때도 가슴 속 깊이 간직해 놓은 사람입니다. 마음 또는 영혼이 통하는 친구를 soulmate, soul brother(sister)라고 합니다.

- Good chemistry helps make a good relationship.
  마음이 맞는 사람과는 친한 사이가 되는 법이다. (좋은 화학반응은 좋은 관계를 맺도록 돕는다.)

lifelong friend는 '평생을 같이하는 친구'라는 뜻입니다. 친구(親舊)라는 한자 표현에 옛 구(舊)자가 들어가는 것처럼 동서양을 막론하고 친구는 오랫동안 함께 하는 사이인 것 같습니다.

영어에서는 이성 친구든 동성 친구든 굳이 성별을 표시하지 않고 그냥 friend로 말합니다. 이성이라 할지라도 연인 관계가 아닌 그냥 친하게 지내는 친구일 경우 boyfriend, girlfriend가 아닌 friend라고 하면 됩니다. 만약 여성이 my boyfriend라고 하면 단순한 친구 사이가 아니라, 우리가 흔히 말하는 애인, 자기의 연인이라는 뜻이 되니 주의해야 합니다. 굳이 성을 구분해서 '남자친구, 여자친구'라고 말하고 싶으면 'female friend'나 'male friend'로 하시길 바랍니다.

WORDS

friend 친구   philosophy 철학   philanthropy 박애주의   amateur 아마추어   mon ami (프) 내 친구, 당신   bon ami (프) 애인   bonus 보너스   enemy 원수   friendship 우정   free 자유   bosom friend 마음속으로 가장 사랑하는 친구   lifelong friend 평생을 같이하는 친구

19 1천 년 인류 최대의 사건

press는 '누르다, 밀어붙이다, 압박하다'이고, 명사형 pressure는 '압력, 압착, 압박'의 뜻으로 쓰입니다. 옛날에는 종이에 활자판을 눌러서 인쇄했습니다. 자연히 press는 '눌러 찍다, 인쇄'라는 의미로 쓰이게 되었는데, 더 나아가서 '신문, 언론, 보도기관'이란 뜻도 있습니다. 프레스 센터(press center)는 기자들이 상주하는 곳을 말합니다.

- atmospheric **pressure** 기압
- I have high blood **pressure**. 저는 고혈압입니다.
- the freedom of the **press** 언론의 자유

2002년 당시 한일 월드컵을 취재 온 코스타리카 기자의 티셔츠에 'Prensa de Costa Rica'라는 표시가 있었습니다. 이 말은 '코스타리카 기자단'이란 뜻으로 영어로 하면 'Press of Costa Rica'입니다. 그런데 press를 '기자단' 대신에 '압박'으로 오역하면서 '코스타리카의 압박'이라고 표현하는 큰 실수를 저지릅니다. press에는 '언론, 보도자, 압박, 출판' 등 다양한 의미가 있는데, 압박이라고 잘못 번역한 것이었습니다. 일본어 번역도 '코스타리카의 출판물'이라고 되어있는데 이것도 마찬가지로 오역이었습니다. '코스타리카 기자단'이나 '코스타리카 보도진'이 정확한 번역입니다. 이 사진이 DCinside 등에 널리 퍼지자 한 때 사람들은 '이해할 수 없거나 어쩔 수 없어 괴로운'이란 말뜻으로 '압박'이란 유행어를 쓰기 시작했습니다. 당시 '압박'이란 용어는 히딩크 감독의 압박축구 전술과 맞물려 신드롬을 일으킬 정도로 유행어가 되었습니다.

20세기 말 미국의 유명 시사잡지인 〈라이프〉에서는 지난 1천 년 동안 인류에게 가장 큰 영향력을 행사한 100대 사건을 조사했습니다. 그 조사에서 산업혁명이니, 세계대전이니 하는 엄청난 사건들을 제치고 1위를 한 사건이 바로 구텐베르크의 금속활자 발명이었습니다. 1455년 구텐베르크(Gutenberg)는 금속활자로 14행 성서를 인쇄합니다. 그전까지는 일일이 손으로 베껴서(transcript) 책을 만들었습니다.

- Gutenberg's reproduction of holy texts was far more efficient.
  구텐베르크의 성경 재출판은 무척이나 효율적이었다.

구텐베르크의 인쇄술의 위대한 점은 단지 금속활자를 만들어 낸 것이 아니라 활자조판 인쇄술에 있습니다. 구텐베르크는 금속으로 주조한 활자를 한 글자씩 떼어 옮겨 놓으면서 판을 짤 수 있는 기술을 개발했습니다. 두 번째로 천재적인 아이디어는 과즙을 짜내는 압착기를 응용하여 인쇄기(press)를 개발해낸 것입니다. 인쇄기를 사용하면서 선명한 책의 대량생산이 가능해졌습니다.

우리나라는 세계 최초로 목판인쇄와 금속활자를 발명하였습니다. 세계 최초의 목판 인쇄물은 704~706년의 신라 성왕 때 제작된 것으로 추정되는 〈무구정광대다라니경〉입니다. 1234년에 〈고금상정예문〉이란 세계 최초의 금속활자본을 찍어냈다는 기록이 있지만 현존하지는 않습니다. 1377년 고려인들은 충청북도 청주에 있는 흥덕사에서 세계최초로 금속활자로 〈직지심체요절〉을 찍었습니다. 당시 50~100부 정도 인쇄되었을 것으로 추측하는데, 현재는 하권 한 책만 프랑스 국립 도서관에 소장되어 있습니다. 프랑스 국립 도서관은 이 책을 아주 귀한 책으로 생각하여 단독 금고에 소중하게 보관하고 있다고 합니다.

"금속활자는 한국이 세계 최초로 발명하고 사용했지만, 인류 문화사에 영향력을 미친 것은 독일의 금속활자이다." 이 말은 미국의 부통령이었던 고어(Gore)가 1997년 베를린에서 열린 G7 회담에서 말한 내용입니다. 우리나라의 인쇄술은 나무에 글자를 판각하던 것을 금속으로 주조한 것일 뿐 대량출판이 가능한 인쇄기의 발명은 미흡했습니다. 대장경 등의 인쇄물은 여전히 일부 지식인들만이 독점하였고 사회변혁으로 이어지지 못했습니다. 이에 반해 구텐베르크의 성서는 라틴어에서 독일어로 번역, 출판되어 유럽의 사상, 지식의 세계를 송두리째 변화시켜 버립니다. 소수의 성직자와 사제만 독점해오던 성경을 일반 대중들이 읽기 시작했습니다. 활자 인쇄술은 종교개혁의 시발점이 되었으며, 중세에서 근대로 전환하게 하는 매개역할을 수행했습니다.

WORDS

press 누르다   pressure 압력   transcript 글로 옮긴 기록(인쇄)

20 Press의 친구들

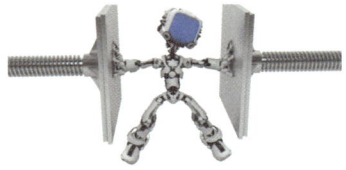

compress는 '양쪽에서 서로(com) 누르다(press)'라는 의미에서 '서로 밀다, 압축하다, 눌러 작게 하다' 등의 뜻이 된 말입니다. 공사장에서 사용하는 기계 컴프레서(compressor)는 '압축기'란 뜻입니다.

express는 '밖으로(ex=out) 밀어내다(press)'라는 의미에서 '표현, 표정, 인상을 나타내다' 등의 뜻이 되었습니다. 표정은 영어로 facial expression이라고 하면 됩니다.

- The President hesitated to **express** his opinion.
  대통령은 자신의 의견을 표현하기를 망설였다.

express에는 '속달로 보내다, 급송하다' 등의 뜻도 있는데, '밖으로 밀어붙이다'의 의미에서 나온 말입니다. express mail은 속달우편이며, EMS는 'Express Mail Service'의 약자로 우체국에서 취급하는 '국제 특급 우편'입니다. 급한 편지, 서류나 소포 등을 가장 빠르고 안전하게 외국으로 배달해 주는 국제우편서비스입니다. 요금은 일반 항공우편 요금보다는 비싸지만, 민간 특송 업체의 요금보다는 싼 편입니다. 세계 최대의 택배 회사 Fedex는 Federal Express의 줄인 말입니다.

express train은 급행열차를 말합니다. KTX는 Korea Train eXpress의 약자로 한국의 고속철도를 의미합니다.

2004년 개통된 KTX(고속철도)는 열차가 주요 구간을 시속 200km 이상으로 주행하는 철도입니다. expressway는 highway, free way와 함께 '고속도로'란 뜻을 가집니다.

- **The traffic jam stretched from the expressway entrance ramp this morning.** 오늘 아침에는 고속도로 진입로부터 교통정체가 펼쳐졌다.

에스프레소(espresso)는 잘게 간 원두 가루에 뜨거운 물을 큰 압력으로 통과시켜 빠르게 추출한 커피입니다. 에스프레소 커피를 뽑는 데 걸리는 시간은 12~14초에 불과합니다. 이탈리아어 espresso는 '급행'이란 뜻의 express에 해당하는데, 이탈리아어 표준 알파벳에는 x가 없습니다. 이 커피는 진하므로 피자같이 기름진 음식과 어울리며 기름기 많은 식사 후 마시면 입안이 개운합니다.

impress는 '안으로(im=in) 누르다(press)'라는 의미에서 '인상을 주다, 감명을 주다'라는 뜻입니다. impressive는 'Wow'라는 감탄사가 절로 나오는 상황, 감격스러운 상황, 말보다 먼저 내 마음 안에 새겨지는 상황을 가리키는 말입니다. 정말 멋진 공연을 'impressive performance'라고 합니다. 감동적인 풍경이나 멋진 경관을 말할 때 'impressive landscape'라고 하면 됩니다.

- **First impressions are most lasting.** 첫인상은 가장 오래 지속된다.

어떤 사람에 대한 평가는 그 사람의 첫인상(first impression)에서 결정되기가 쉽습니다. 첫 인상이 좋으면 그 사람은 다른 모든 것들이 좋을 것 같다는 평가를 받습니다. 심리학자들은 이것을 후광효과(halo effect)라고 부릅니다. 쉽게 말해서 얼굴이 잘생긴 사람은 일도 잘할 것이라는 인식을 갖는다는 것입니다.

- **People tend to stick to their first impressions, even if they are wrong.** 사람들은 설사 틀릴지라도 첫인상을 고수하는 경향이 있다.

인상주의(印象主義, impressionism)는 19세기 후반에서 20세기 초 프랑스를 중심으로 일어난 미술 사조입니다. 빛에 의해 시시각각 변화하는 사물의 인상을 그림으로 표현하고자 하였습니다. 대표 화가로는 모네, 마네, 르누아르, 고갱, 고흐 등이 있습니다.

- The art museum has a wonderful **impressionism** exhibit.
    그 미술관은 놀라운 인상주의 전시물을 보유하고 있다.

depress는 '내리(de) 누르다(press)'라는 의미에서 '낙담시키다, 우울하게 하다, 저하시키다' 등의 뜻이 된 말입니다. 경제 용어 depression은 '경기 저하, 불경기, 불황'의 뜻이 됩니다.

- The bad news may **depress** your mood for a while.
    나쁜 소식은 잠시 너의 기분을 망칠 수 있다.

대공황(大恐慌, the Great Depression)은 1929년 10월 24일 뉴욕 주식시장이 붕괴되면서 2차 세계대전 전까지 10년 이상 계속되었던 미국의 경기침체 현상을 말합니다. 1차 세계대전 후, 미국은 농업뿐만이 아니라 제조업과 금융업에 있어서도 세계의 지도국이 되어 경제적 호황을 누렸습니다. 이런 호황을 틈타 기업들은 일제히 투자를 증대시켰고, 그 결과로 과잉생산과 더불어 주식시장에서 거대한 신용팽창이라는 거품현상에 빠져들고 말았습니다. 설상가상으로 유럽이 전후 피해를 회복하면서 미국 상품에 대한 수요가 수직적으로 급락했습니다. 이로 인해 10월의 주가 대폭락과 함께 연쇄적으로 물가 폭락, 생산 축소, 기업파산, 조업 단축, 실업자 급증 등의 경제활동이 마비상태에 이르게 되었습니다.

- The current economic crisis is analogous to what happened during **the Great Depression**. 현재의 경제 위기는 대공황 중 일어났던 것과 유사하다.

미국 제32대 루스벨트 대통령이 1930년대 대공황 극복을 위하여 뉴딜(New Deal) 정책을 추진합니다. 뉴딜은 트럼프의 카드를 새로 나누어 준다는 뜻에서 나온 말입니다. 케인스가 주장한 뉴딜정책은 20세기 경제정책의 역사에서 하나의 전환점이 되었습니다. 애덤 스미스의 자유 방임주의를 일정 부분 포기하고, 정부의 통제 등 사회주의의 요소를 가미한 수정자본주의를 가리킵니다. 수정자본주의는 원칙적으로는 자본주의 체제를 유지하면서 자본주의로 인해 발생한 모순을 극복하기 위한 보완책입니다.

- Roosevelt's **New Deal** was to help remedy the Great Depression.
  루스벨트의 뉴딜 정책은 대공황을 치유하기 위함이었다.

WORDS

compress 압축하다   compressor 압축기   express (표정을) 나타내다, 신속한   express mail 속달우편   express train 급행열차   expressway 고속도로   impress 감명을 주다   first impression 첫인상   halo effect 후광효과   impressionism 인상주의   depress 우울하게 하다   depression 불경기, 우울증   the Great Depression 대공황   New Deal 뉴딜

'플라멩코(flamenco)'와 '플라밍고(flamingo)'

인류 역사를 불을 발견하기 전과 후로 나눌 수 있을 만큼 불은 인간의 생활에 큰 변화를 가져왔습니다. 불은 인간과 동물을 구분할 수 있도록 해주었고, 새로운 문화를 창조할 수 있도록 이끈 도구였습니다. flame은 '불길, 불꽃, 화염'이란 의미입니다. flame은 '불타는 듯한 빨간색'이나 '격정, 정열, 타오르다'의 뜻도 포함합니다.

- If it gets too hot, the gas could burst into **flames**.
  날씨가 너무 더워지면 가스가 폭발해서 불이 붙을 수 있다.

불꽃은 활활 타오르는 불을 아름답게 보이도록 합니다. 기원전 6세기 중반 페르시아의 예언가 조로아스터(Zoroaster)는 배화교(拜火教, Zoroastrianism)를 창시합니다. 배화교는 불(火)을 숭배(崇拜)하는 종교라는 뜻으로, 제사를 지낼 때 불을 피웠기 때문에 지어진 이름입니다. 조로아스터는 세계를 선신(Ahura Mazda)과 악신(Alriman)과의 대립 투쟁이라는 이원론으로 설명합니다. 종말론과 메시아(구세주) 사상, 천당과 지옥 등 많은 교리는 현대의 모든 종교에 영향을 주었다고 할 수 있습니다.

스페인의 집시들이 기타 음악과 노래를 반주로 격정적으로 추는 춤을 '플라멩코(flamenco)'라고 합니다. 주름 많은 원색 스커트를 뒤집으면서 두 손으로는 캐스터네츠(castanets)를 두드리며 매혹적이면서도 격렬하게 몸을 움직이는 춤입니다. 플라멩코는 '불꽃, 격정'을 의미하는 flame에서 유래되었습니다.

- The **flamenco** dance resembles the form of the elegant bird - **flamingo**.
  플라멩코 춤은 플라밍고라는 우아한 새의 모습을 닮았다.

플라멩코(flamenco)는 15세기 안달루시아(Andalusia) 지방에 정착한 집시(gypsy)들에 의해서 만들어졌습니다. 흔히 스페인을 '정열의 나라'라고 하는데, 스페인 남부 안달루시아 지방의 이미지가 많이 반영된 것이라고 볼 수 있습니다. 안달루시아라는 말은 '반달족(Vandal族)이 사는 곳'이란 뜻의 '알 안달루스(Al Andalus)'에서 유래한 말입니다. 반달족은 409년 스페인과 포르투갈이 위치한 이베리아 반도를 침입한 종족인데, 사납고 급한 성격으로 유명했습니다.

방랑 집단 집시(gypsy)는 특히 음악과 춤에 뛰어난 엔터테이너였습니다. 오랫동안 떠돌아다니며 방랑생활을 하던 집시들은 이곳에 모여 살면서 자신들의 슬픈 처지를 노래와 춤으로 표현하게 되었습니다. 집시의 전통을 이어받은 기타 반주에 맞추어 손뼉을 치거나 발을 구르면서 집시들의 방랑생활과 애환을 표현했습니다. 이것이 차츰 외부 사람들에게 알려지기 시작하면서 오늘날과 같이 강렬하며 비장 어린 춤과 음악의 장르인 플라멩코로 발전하게 되었다고 합니다. 현재 플라멩코는 스페인의 그라나다와 세비야 지방이 2대 중심지이며, 아랍과 인도의 영향을 찾아볼 수 있습니다.

스페인 말 '올레(ole)'는 축구장에서 응원 함성으로 많이 들을 수 있으며, 통신회사 KT의 브랜드 '올레(olleh)'에도 쓰이고 있습니다. 원래는 투우장이나 플라멩코 춤 등의 명연기에 대해서 갈채를 보내거나 격려를 할 때 지르는 감탄사였습니다. Ole의 어원은 '신성한, 거룩한'의 뜻을 가진 holy와 같습니다. 스페인어에서는 두음 h를 잘 발음하지 않습니다. 스페인의 다른 이름인 에스파냐(Espagna)는 라틴어 히스파냐(Hispania)에서 두음 h('ㅎ'소리)가 없어져서 만들어진 말입니다.

플라밍고(flamingo)는 정열적인 붉은 색 깃털을 가진 새인데, flame에서 유래한 이름입니다. flamingo는 흔히 '홍학(紅鶴, red-colored bird)'이라 하고, 우리말로는 따오기라고도 하는데, 천연기념물 제198호로 보호를 받고 있습니다. 플라밍고는 발에 물갈퀴가 있어서 수영할 수 있으며, 엄청난 군집을 이루며 삽니다. 중간쯤에서 구부러진 괴상한 부리에는 빗살 모양의 여과 장치가 달려 진흙 등을 걸러서 미꾸라지 등을 잡아먹습니다.

플라밍고는 가느다란 다리를 가지고 있지만, 어떤 새들보다 오래 서 있을 수 있습니다. 마치 플라멩코 춤을 추는 무희처럼 자태를 뽐내며, 항상 한 발로 서 있는데 심지어 잠도 한 다리로 서서 잡니다. 한 다리로 서 있는 이유는 두 다리로 서 있을 때보다 한 다리로 서 있는 것이 에너지를 덜 소모하기 때문이라고 합니다. 바람이 불면 얼굴을 날개 아래로 쑤셔 박고 바람 쪽으로 몸을 구부린 채, 한쪽 다리로 서 있습니다.

WORDS

flame 불꽃   flamenco 플라멩코 춤   gypsy 집시   flamingo 플라밍고, 홍학

22. '집시'와 '보헤미안'

유럽을 떠돌아다니는 집시(gypsy, gipsy)는 코카서스 인종에 속하는 소수 유랑민족입니다. 집시의 언어는 각지의 언어와 뒤섞여 있어서 언어계통은 명백하지는 않으나, 산스크리트(Sanskrit)계의 언어로 추정하고 있습니다. 집시라는 이름은 16세기 초 영국으로 건너온 이들을 이집트에서 온 것으로 잘못 알고, 이집트인(Egyptian)으로 부른 데서 유래합니다. 프랑스에서는 '보헤미안', 북유럽에서는 '타타르' 또는 '사라센인', 독일에서는 '찌고이네르(Zigeuner)'라고 불립니다.

그들은 황갈색 또는 올리브색 피부과 검은색 머리카락과 날카로운 눈빛, 그리고 쾌활한 성격을 가진 것이 특징입니다. 포장마차에 몸을 싣고 대장장이, 땜장이, 목수, 악사, 점쟁이, 조련사, 가축 중개인 등의 일을 하면서 떠돌이 생활을 했습니다. 그들은 정처 없이 떠돌면서 살았기 때문에 학교를 다닐 수 없었고 자연스럽게 문맹이 많았습니다. 오늘날에는 마차 대신에 자동차나 트럭으로 이동하며 중고 자동차 중개, 자동차 정비, 이동 서커스 단원 등의 일을 하면서 생계를 꾸려갑니다. '집시'의 장기 중에는 손금 보는 것과 트럼프의 점이 있으며 트럼프도 그들에 의하여 유럽에 전해졌다고 합니다.

- The **gypsy** caravan was drawn by two horses.
  집시 마차는 두 마리의 말에 의해 끌려졌다.

이슬람 세력의 영토확장을 피해 인도 북서부 지역 고향을 떠나왔지만, 정체불명의 유랑민에 대한 유럽인들의 박해는 계속되었습니다. 그들은 도둑질을 일삼고, 도벽이 심하고 책임감이 없다는 편견 때문에 도처에서 차별을 당했으며, 나치로부터 집단학살을 당하기도 했습니다. 지금도 혼자 다니는 여성관광객을 노려 소매치기(pickpocket)를 일삼는 집시들이 많다고 하여 평판이 좋지 않습니다. 현재는 중남부 유럽을 중심으로 전 세계에 약 200만~300만 명이 퍼져 있는 것으로 알려졌습니다.

집시들은 특히 스페인의 그라나다(Granada) 지역에 많이 거주하고 있는데, 여기에는 역사적인 배경이 있습니다. 1480년 스페인의 이사벨 여왕과 페르난도 왕은 이슬람의 무어인들에게 빼앗긴 옛 영토를 회복하려 합니다. 집시는 이때 군인들이 쓸 말들을 조달하고, 적진의 정찰 역할을 맡아서 완벽히 수행  해냅니다. 끊임없이 돌아다니는 생활상 덕분에 의심을 받지 않고 적의 동정을 살피기에는 안성맞춤이었습니다.

1492년 드디어 이슬람 세력의 최후 거점인 그라나다 왕국을 함락시킨 후 이사벨 여왕은 집시들의 공을 표창합니다. 그녀는 그라나다 새크라몬테의 언덕에 집시들의 거주권을 인정해주고 세습적인 면세특권을 부여했습니다. 500년 이상 지난 지금도 집시들은 그곳에서 거주하면서 플라멩코(Flamenco) 춤을 보여주거나 손금을 봐주면서 관광객을 끌어 모으고 있습니다.

그들은 바이올린, 아코디언, 기타, 탬버린, 캐스터네츠 등을 기가 막히게 연주하는 천부적인 음악가이자 무용수들입니다. 집시들의 음악은 유랑 생활의 애환을 애절한 멜로디로 표현하지만, 자유분방하고 즉흥적인 요소가 짙으며, 분위기 고조되면 템포가 아주 빨라지며 정열적이 됩니다. 사라사테(Sarasate)가 작곡한 〈찌고이네르바이젠(Zigeunerweisen)〉은 바이올린 곡으로 유명한데, 일명 '집시의 달(the moon of gypsy)'이라고도 합니다. 이외에도 '리스트'의 '헝가리 랩소디', '브람스'의 '헝가리 무곡' 등에는 집시의 감성이 풍부하게 담겨 있습니다. 그들은 한 지역의 민중 문화를 다른 지역으로 전파시키는 데 중요한 역할을 해왔는데, 특히 헝가리나 스페인의 민족음악에 지대한 영향을 끼쳤습니다.

유랑민족 집시는 특이한 생활양식과 정열적인 감성 때문에 예로부터 많은 소설이나 오페라와 같은 음악의 소재가 되어 왔습니다. 프랑스의 대문호 빅토르 위고는 소설 〈파리의 노트르담(Notre-Dame de Paris)〉에서 집시 여인 '에스메랄다'를 창조해냅니다. 프랑스 노틀담 성당 대주교 프롤로는 길을 지나다가 집시여인 에스메랄다를 보고 한 눈에 반합니다. 그는 종지기인 곱추 콰지모도를 시켜 그녀를 유괴하려 합니다. 때마침 근위 경비대장이 그녀를 구출하게 되고 에스메랄다는 그에게 연정을 품습니다. 이에 질투를 느낀 대주교는 경비대장을 찔러 죽이고, 에스메랄다 마저 마녀로 몰아 죽게 합니다. 그녀를 사랑했던 콰지모도는 대주교를 사원의 꼭대기에서 떨어뜨려 죽이고, 자신도 에스메랄다의 시체 위에서 숨을 거둡니다.

보헤미아(Bohemia)는 체코의 서부지방을 일컫는 지명입니다. 15세기경 유랑민족인 집시가 보헤미아 지방에 많이 들어와 살았는데, 프랑스 사람들이 이들을 멸시해 보헤미안(Bohemian)이라고 불렀습니다. 보헤미안은 정처 없이 떠돌아다니며 방탕 생활을 하는 사람을 이르는 말로 곧잘 인용되었습니다. 정작 보헤미아 사람들은 집시처럼 떠돌아다니지 않는다고 합니다. 19세기 후반에 이르러 보헤미안은 사회 관습에 구애되지 않고 자유롭게 살아가는 예술가, 여행가, 지식인들을 가리키는 말로 쓰이게 되었습니다.

- Stories of **Bohemian** life in Paris are full of tales of artists' starving or freezing in their ateliers. 파리에서 살았던 보헤미안들에 대한 이야기는 주로 화실에서 굶주리고, 추위에 떨었던 예술가들의 재능에 관한 것들이다.

WORDS

gypsy (=gipsy) 집시   Bohemian 보헤미안

23 '메이데이'와 'SOS'

• **Mayday**! **Mayday**! We are SINKING! 메이데이! 메이데이! 우리는 가라앉고 있다!

메이데이(Mayday)는 선박이나 항공기에서 돌발적인 사태가 발생하였을 때 무선으로 발신하는 '긴급구조 신호'입니다. 메이데이는 'help me'라는 뜻의 불어 m'aider에서 유래했는데, 뜻과 상관없이 음만 가져온 것입니다. 불어 aider는 동사로 '돕다'라는 의미인데, 영어의 aid(돕다)와 같은 어원을 가집니다.

메이데이는 1923년 런던의 크로이든 공항의 항공 관제사였던 프레드릭 스탠리 먹포드(Frederick Stanley Mockford)라는 사람에 의해 만들어졌습니다. 항공기 위급상황 시 조종사가 지상직원들에게 응급상황임을 알릴 수 있는 용어를 고민하다 생각해 낸 것입니다. 당시 영국 크로이든(Croydon) 공항과 프랑스의 부르제(Le Bourget) 사이에 항공 교통량이 많았습니다. 그는 불어로 도와달라는 의미인 'm'aider'와 발음이 비슷한 Mayday를 제안하였습니다.

중국 사람들이 코카콜라를 가구가락(可口可樂, 커코우컬러)로 표현하였듯이 영어 Mayday는 불어의 m'aider를 음차(音借)한 것입니다. 처음에는 양 공항 구간에서만 사용되었지만, 점차 확대되어 항공뿐만 아니라 선박이나 우주선 등에서도 보편적으로 사용하고 있습니다. 아이러니하지만 프랑스 비행기에서도 메이데이(Mayday)라는 용어를 사용합니다.

SOS라는 신호는 선박이나 항공기가 중대한 위급 상황에 처했을 때 보내는 위급 호출을 말합니다. SOS는 'Save Our Ships(우리 배를 구해주세요)' 또는 'Save Our Souls(사람 살려)'의 약어(abbreviation)가 아닙니다. 지금처럼 통신이 발달하기 이전에 상호 간의 의사전달을 위한 가장 확실한 방법은 모스 부호(Morse code)를 이용하는 것이었습니다.

- We've received an **SOS** from the area asking for food parcels. 우리는 그 지역으로부터 식량 보급품을 보내달라는 긴급 지원 요청을 받았다.

- An **SOS** is a signal which indicates to other people that you are in danger and need help quickly. SOS는 당신이 위험에 빠져있으며 도움이 빠르게 필요할 때 다른 사람에게 알리는 신호입니다.

모스 부호는 점(•)과 선(-)을 조합해서 만들어진 것입니다. 그 부호 중에서 가장 타전하기 쉬우면서도 상대방이 가장 빨리 인식할 수 있는 알파벳은 점 3개의 S(...)와 선 3개의 O(---) 였습니다. 그래서 SOS, 즉 ...---... 를 타전하면 다른 알파벳과 혼동할 염려가 없고 빠르게 구조(rescue) 신호를 보낼 수 있었습니다.

조난신호 SOS는 일종의 고유명사처럼 사용되고 있으므로 항상 대명사로 SOS라고 적어야 합니다.

- An **SOS** is a signal which indicates to other people that you are in danger and need help quickly. SOS는 당신이 위험에 빠져있고, 신속한 도움이 필요함을 다른 사람에게 알리는 신호입니다.

하지만 1999년부터는 인공위성을 이용한 지구 해양구조 안전시스템으로 대체되어서 모스 부호를 사용한 구조 신호는 더 이상 사용하지 않습니다.

WORDS

Mayday 메이데이, 긴급구조 신호   SOS 위급 호출   Morse code 모스 부호   rescue 구조

24 '안전벨트를 매다'와 '아침 식사'

fix는 어떤 물건을 알맞은 곳에 확실히 고정한다는 뜻이고, fixed는 '고정된, 정착한'이라는 뜻입니다. 또한, fix는 고장 나서 틀어진 것을 제자리에 돌려놓는다는 뜻에서 '수리하다'를 뜻하기도 합니다. 물건이 흐트러져 있는 것을 제자리에 맞춰 놓는 상황에서도 사용할 수 있습니다. 구멍 난 타이어는 'flat tire'라고 하고, 타이어를 때우는 것을 'fix a flat tire'라고 합니다.

- If you have a flat tire on your car, can you **fix** it for yourself?
  만약 당신 차에 타이어가 펑크가 난다면, 당신은 스스로 고칠 수 있나요?

fix는 이외에도 '회합 일시나 장소를 정하다, 시선을 한 곳에 집중하다, 몸가짐이나 장소를 정돈하다' 등의 뜻을 지닙니다. 식사 준비를 하는 것은 'fix a meal'이라고 합니다.

- It's five o'clock and time to **fix** supper. 5시가 되었네. 저녁 준비할 시간이다.

비행기를 타면 승무원(flight attendant)이 다음과 같은 안내방송을 합니다.

- Please **fasten** your seat belt.
  안전벨트를 착용해 주십시오.

fasten을 사전에서 찾아보면 '매다, 잠그다, 조이다, 시선을 고정시키다'라고 설명되어 있습니다. fasten은 안전벨트처럼 어떤 것을 임시로 고정시켰다가 다시 풀기 쉽게 묶는 것을 말합니다.

fasten은 fix와 같은 어원으로, x가 st로 변형된 말입니다. fix는 못이나 나사 등을 박는 일, 강력 접착제로 물건을 붙이는 것처럼 오랜 시간 고정시키는 것을 나타냅니다. fix는 영구적으로 고정시키는 것을 뜻하고, fasten은 일시적으로 고정시킬 때 씁니다.

'빠른'이란 뜻의 fast는 원래 '(튼튼하게, 단단하게) 죄다, 묶다'라는 뜻의 fasten에서 나온 말입니다. fast는 원래 가진 뜻인 '단단히 고정된, 튼튼한' 등의 뜻으로도 쓰이고 있습니다. 예를 들면, a fast grip은 '단단히 쥠'을 뜻하며, fast friendship은 '튼튼한 우정'이라고 해석해야 합니다. fast horse는 '날랜 말'이란 뜻이 되는데, '단단하고 튼튼한' 말이 빠른 속도를 낼 수 있어서 나온 말입니다.

breakfast는 아침 식사라는 뜻인 말입니다. fast는 '잠그다, 죄다, 묶다'라는 뜻의 fasten에서 파생되어 '금식, 단식'을 의미하는 말이 되었습니다. 이 단어가 break와 결합하여 저녁에서 아침까지의 단식(fast)을 깨고 (break) '아침 식사를 하다'라는 의미가 된 것입니다.

- Never skip your **breakfast** to lose weight. 살을 빼기 위해 아침을 거르지 마라.

WORDS

fix 고정한다   fixed 고정된   fasten 조이다   fast 빠른, 죄다   fast friendship 튼튼한 우정   breakfast 아침 식사

25 아버지와 단골손님과 애국자의 공통점

아버지(father)는 '자식을 보호하고 후원하는 사람'으로 라틴어의 pater가 변화하여 생긴 말입니다. 라틴어 pater는 현대 영어에도 아직 쓰이고 있습니다. paternal은 '아버지의, 부계의, 온정주의의, 참견하는'이란 뜻으로 부성애를 paternal love라고 표현합니다.

patron은 '아버지(pater)와 같이 도와주다'라는 의미에서 '보호자, 후원자, 단골' 등의 뜻을 가집니다. 아버지는 가족을 보호하고 후원하며, 단골손님은 지속해서 물건을 팔아주는 후원자입니다. patronize는 '보호하다, 지원하다' 등의 뜻이며, 확장되어 '~의 단골손님이 되다'라는 뜻으로도 사용됩니다.

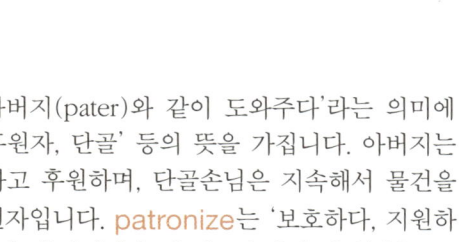

- These spaces are reserved for handicapped **patrons** only. 이곳은 장애가 있는 고객들만을 위한 공간입니다.

- That store is **patronized** by wealthy gentlemen. 그 가게는 부유한 신사들이 애용한다.

단골은 늘 정해 놓고 거래하는 집이나 사람을 가리킵니다. 우리나라의 전통적인 민속신앙은 자연물이나 조상신과 같이 초자연적인 존재를 섬기는 샤머니즘(shamanism)이었습니다. 옛날에는 가족 중에 병이 들거나 집안에 재앙이 있으면 무당을 불러다 굿을 하거나 제사를 지냈습니다. 굿을 할 때마다 늘 정해놓고 불러다 쓰는 무당을 '당골' 또는 '단골'이라 한 데서 유래한 말입니다. 단골손님은 patron 외에 regular customer라는 표현도 있습니다.

- Our store has many **regular customers** who have given us their **patronage**. 우리 가게를 애용하는 단골손님들이 많다.

주기도문(The Lord's Player)은 '하늘에 계신 우리 아버지(Our father that is in heaven...)'로 시작합니다. 라틴어로는 Pater noster(father our)로 시작되는데, Paternoster도 '주기도문'이란 뜻으로 쓰입니다. Pater는 '아버지'의 뜻에서 '하나님'을 의미하는 말이 되었습니다.

pater에서 나온 단어 patter는 '중얼중얼 기도를 외우다'라는 뜻에서 확장되어 '마구 지껄이다, 빨리 말하다'라는 의미로 쓰이게 되었습니다. 기독교인들은 어렵고 힘든 일이 있으면, 주기도문을 외우면서 숨기지 않고 '재빨리 말해서' 위안을 얻고 힘을 냈습니다. 자주 암송하다 보니 익숙해져서 '속사포로 외워대다'라는 뜻이 나오고 '제멋대로 지껄여대다'와 '뜻도 알아들을 수 없는 잽싼 말'이라는 의미까지 생겨났습니다.

- I listened to the rain **patter** on the roof of my hut. 나는 비가 나의 오두막 지붕 위에 후두두 내리는 소리에 귀를 기울였다.

수호성인(patron saint)은 사람, 직업, 토지, 교회 등의 한 분야에서 선행하거나 역사적으로 업적을 남긴 천주교인 또는 성직자를 말합니다. 밸런타인데이로 유명한 발렌티노(Valentine)는 연인들의 수호성인입니다. 산타클로스는 3세기경 소아시아지방 미라의 대주교였던 '세인트 니콜라스'의 이름에서 유래되었습니다. 남몰래 많은 선행을 베풀었던 그는 사후에 아이들과 항해자의 수호성인이 되었습니다.

- St. Nicholas is the **patron saint** of children. 성 니콜라스는 아이들의 수호천사이다.

패턴(pattern)은 '아버지(pater)가 하는 것'이라는 의미에서 '모범, 본보기' 등의 뜻을 가집니다. pattern은 옷 따위를 만드는 데 쓰는 '본, 견본'이나 '모형, 틀'이라는 뜻도 가집니다. 아버지와 조상은 후손들이 닮아가야 하는 본보기이기 때문에 pattern이란 말이 생겨났습니다.

- I studied English sentence **patterns** at school. 나는 학교에서 영어 문형을 공부했다.

애국자(patriot)는 '아버지와 같은 조국을 사랑하는 사람, 나라를 위해 후원하는 사람'이란 말입니다. 유럽에서 근대 민족국가를 먼저 성립시켰던 나라가 영국과 프랑스입니다. 19세기에 맹목적 애국주의, 호전적 국가주의를 표현하는 말이 양 국가에서 모두 생겨났습니다. 프랑스식 맹목적인 애국주의를 '쇼비니즘(chauvinism)'이라고 하면, 영국식 맹목적인 애국주의는 '징고이즘(jingoism)'입니다.

- **The president inspired us all with patriotic speeches.** 대통령은 애국적인 연설로 우리를 고무시켰다.

쇼비니즘(chauvinism)이란 조국에 대한 '맹목적 충성, 광신적 애국주의'를 가리키는 말입니다. 이 말은 프랑스 군인이었던 '니콜라스 쇼뱅(Nicolas Chauvin)'이라는 사람의 이름에서 유래되었습니다. 나폴레옹의 군인이었던 쇼뱅은 무려 17번이나 큰 부상을 입고서 은퇴했지만, 그에 따른 보상은 보잘것없었습니다. 그러나 그는 원망은커녕 나폴레옹을 하느님처럼 숭배하면서 입이 마르도록 칭찬하고 다녔습니다. 쇼비니즘은 조국의 이익과 영광을 위해선 방법과 수단을 가리지 않으며 국제 정의도 고려치 않는 광신적 애국주의를 말합니다.

- **Chauvinism means militant and fanatic patriotism.** 쇼비니즘은 공격적이고 광적인 애국심을 뜻한다.

jingoism의 jingo라는 말은 마법사들이 별 의미 없이 주문을 외울 때 사용했던 일종의 감탄사였습니다. 1877~1878년 러시아·터키 전쟁 때, 러시아의 남하를 막기 위해서 영국이 개입해야 한다고 주장한 강경파들을 가리키는 말로 쓰이기 시작했습니다. 대외 강경론자들 사이에 유행했던 노래의 후렴구에 '징고'라는 감탄사가 들어 있었습니다. 징고이스트(jingoist)는 맹목적으로 자기 나라가 다른 나라보다 우수하다고 믿는 '강경 외교론자, 맹목적 애국자, 주전론자'를 가리킵니다.

- **'Might makes right' is a basic tenet of jingoism.** '힘이 정의다'라는 말은 징고이즘의 기본적인 교리이다.

주피터(Jupiter)는 로마 신화에서 '최고의 신'이자 올림포스의 주신(主神)이며 번개와 비를 다루는 신입니다. Jupiter는 하늘을 뜻하는 'Ju'에 아버지를 뜻하는 pater의 변형인 'piter'가 결합한 말입니다. Jupiter는 태양계에서 다섯 번째 행성으로, 태양계에서 가장 큰 행성인 '목성(木星)'을 가리키기도 합니다.

- **Jupiter** is the largest planet in our solar system. 목성은 태양계에서 가장 큰 행성이다.

WORDS

father 아버지　paternal 부계의　paternal love 부성애　patron 후원자, 단골　patronize 보호하다　shamanism 샤머니즘　regular customers 단골손님　the Lord's Prayer 주기도문　patter 빨리 말하다　patron saint 수호성인　pattern 패턴, 모범　pater 아버지　patriot 애국자　chauvinism 쇼비니즘, 광신적 애국주의　jingoism 징고이즘, 맹목적 애국주의　jingoist 징고이스트, 강경 외교론자　Jupiter 주피터, 목성

SECTION 2

01 인디언 보호구역(Indian Reservation)
02 '프로테스탄트 윤리'와 '자본주의 정신'
03 미국의 뿌리는 청교도 신념
04 플리머스 바위(Plymouth Rock)란?
05 블랙 프라이데이 세일 그런데 왜 블랙이죠?
06 터키는 뜻이 세 가지
07 '추수감사절'과 '칠면조(turkey)'
08 영지주의(gnosis)란?
09 귀족(noble)은 많이 아는 사람
10 아는 게
11 나는 생각한다. 고로 존재한다.
12 베니스의 상인
13 모기지(mortgage)는 '죽음의 서약'
14 '포스터'와 '브로마이드'
15 축구에서 '리베로'란 포지션은?
16 '작곡가(composer)'와 '분해자(decomposer)'
17 '엑스포(Expo)'와 '전시회(exhibition)'
18 미국에도 전세제도가 있나요?
19 대포폰과 데포(depot) 그리고 무데뽀(無鐵砲)
20 다 빈치, 고흐, 베토벤, 밴쿠버, 드골의 공통점
21 알프스를 넘어간 북유럽의 르네상스
22 여러 가지 포즈(-pose)에 대해 알아봅시다.
23 화산은 대장장이 신 불카누스의 작업장
24 시간이 멈춰버린 폼페이
25 뷔페는 바이킹이 즐겼던 식사법

01 인디언 보호구역(Indian Reservation)

15세기, 인도로부터 수입해 온 향신료(spice)는 유럽인들에게 인기가 많았습니다. 하지만 낙타를 타고 산맥이나 사막 등을 가로질러서 물건을 운반해야 했기 때문에 비용이 많이 들었습니다. 당시 사람들은 지구는 평평하고, 대륙(continent)을 둘러싼 바다 끝에는 낭떠러지가 있다고 믿었습니다. 이탈리아 제노바 출신의 콜럼버스(Columbus)가 활동하던 시기는 아직 코페르니쿠스의 지동설이 발표되기 전이었습니다. 하지만 콜럼버스는 마르코 폴로의 책과 토스카넬리에게 받은 지도를 분석하면서 지구가 둥글다는 믿음을 갖게 됩니다. 즉, 대서양 서쪽으로 항해하여도 인도에 닿을 수 있을 것이라는 생각을 하게 되었습니다.

1492년 콜럼버스는 에스파냐 이사벨라 여왕의 후원 아래, 인도로 가는 무역 항로를 찾기 위한 항해를 시작합니다. 69일의 항해 끝에 드디어 콜럼버스 일행은 바하마 제도의 한 섬에 도착하게 됩니다. 그는 당연히 이곳이 인도의 동쪽 섬이라 생각했고, 이곳의 이름을 산살바도르(San Salvador)라고 불렀습니다. San Salvador는 '성스런 구세주'라는 뜻인데, 악전고투의 항해 끝에 발견한 기쁨을 표현한 말입니다. 중앙아메리카 태평양 연안에 엘살바도르(El Salvador)라는 나라가 있는데 '구원의 땅'이란 뜻입니다. Salvador는 save(구조하다), safe(안전한), salvation(구조)과 같은 어원을 가지며, 구세군을 영어로 하면 the Salvation Army입니다.

- In the late 1490s, Columbus thought that he had discovered a terrestrial paradise. 1490년대 후반, 콜럼버스는 자신이 지상낙원을 발견했다고 생각했다.

재미있는 것은 콜럼버스가 죽을 때까지 그곳을 인도 땅이라고 믿었다는 점입니다. 그곳 원주민을 인디오(Indio)라 하고, 지금까지도 이 지역의 섬들을 서인도제도(the West Indies)라 부르는 것도 이런 이유 때문입니다. 유럽인들은 중국과 중동지역 사이에 있는 본래 인도를 서인도와 구분하기 위해 동인도라고 불렀습니다. 콜럼버스가 발견한 신대륙이 인도가 아님을 밝혀낸 것은 이탈리아의 아메리고 베스푸치이며, 그의 이름을 따서 '아메리카(America)'라고 부르게 되었습니다. 16세기 들어 아메리카 대륙의 가치가 확인되면서 서인도 항로를 발견한 콜럼버스의 업적이 역사적 쾌거로 인정받게 됩니다.

콜럼버스의 발견 당시 아파치(Apache)족과 같이 깃털을 꽂고 말을 타고 달리는 모습의 원주민을 인디언(Indian)이라고 하였습니다. 미국의 주(state) 중의 하나인 '인디아나(Indiana)'는 '인디언의 땅(Land of Indian)'이란 뜻입니다. 지금은 미대륙의 원주민은 Indian이라고 부르지 않고, 'Native American 또는 American Indian'이라고 합니다. 인도(India)에 사는 본래 인도 사람은 인디언(Indian)이라고 합니다. 미국에는 인도사람이 워낙 많이 살고 있는데, 물론 이들도 인디언(Indian)이라고 합니다.

• As a matter of fact, many **Indians'** ancestors were nomads. 사실상 많은 인디언들의 조상은 유목민들이었다.

영국인들이 종교적, 정치적 자유 또는 경제적 이익을 얻기 위해서 아메리카의 동부 해안 지역에 정착하기 시작하였습니다. 당시 아메리카는 신분과 계급차별 없이 소신껏 일하며 자유로이 살 수 있는 희망의 땅이었습니다. 초기 정착민들은 강가에서 물고기와 숲 속의 사냥감을 잡기는 했지만, 굶주림에 허덕이며 혹독한 겨울을 보내야 했습니다. 인디언들은 그들에게 옥수수를 키우는 법, 물고기를 낚는 법, 그리고 사냥하는 법 등을 가르쳐 주었습니다. 그들은 토착민인 인디언들 덕분에 천신만고 끝에 삶의 기반을 마련하고, '개척정신'으로 식민지를 건설할 수 있었습니다.

그러나 인디언과 백인 사이의 우호적인 상생과 화해는 헛된 꿈이었습니다. 옥수수를 먹고 힘을 내기 시작한 백인들은 인디언들을 몰아내기 시작했습니다. 유럽인의 눈에 아메리카 대륙은 정복의 대상이었고, 인디언들은 성가신 미개인(savage)일 뿐이었습니다. 백인은 인디언들의 영토권 주장을 완전히 부정하며 막강한 화력을 바탕으로 저항할 수 없을 때까지 학살(massacre)을 반복했습니다. 이러한 백인들의 서부 개척 과정에서 수많은 인디언들이 거주지를 잃고 변방으로 쫓겨가기 시작했습니다.

게다가 유럽인들이 옮겨온 천연두와 결핵은 면역력이 없는 수백만의 인디언들을 죽음으로 내몰았습니다. 아메리카 원주민의 인구 수는 질병, 기아, 전쟁 등으로 인해 500년 동안 5분의 1 수준으로 급격히 줄어들었습니다.

- The western movement of settlers brought conflict with the **Indians**. 정착민들의 서부 이동은 인디언들과의 충돌을 초래했다.

서부 영화에서 인디언들은 백인 가족들의 마차를 향해 말을 타고 괴성을 지르며 공격해오는 악당으로 그려집니다. 인디언들은 백인들을 포로로 잡아서 머리가죽을 벗기고, 나중에 백인 기병대(cavalry regiment)가 나타나 인디언을 전멸시킵니다. 잔인한 살인마 인디언에게 보복함으로써 정의를 수호한다고 설명하는 것이 할리우드 영화의 전형(cliche)입니다. 하지만 머리가죽을 벗긴 것은 인디언이 아니라 백인들이 저지른 짓이라고 합니다. 백인과 인디언의 싸움에서 백인이 승리하면 전쟁, 인디언이 승리하면 대량 학살이라는 이중 잣대로 역사는 서술되어 왔습니다.

미국인들은 살아남은 인디언들을 인디언 보호구역(Indian Reservation)에서만 거주하도록 지정해버립니다. 그곳에서 조용히 정착해서 살면 해를 입히지도 처벌하지도 않겠다는 의미입니다. 엄밀히 말해서 보호 조치가 아니라 원주민들을 쓸모 없는 오지로 억류시킨 인디언 분리 정책입니다. 인디언을 가둬놓고 마약과 알코올 중독자로 만들고 있습니다. 기초적인 의식주를  제공해주면서 밥은 먹고 살게는 해주겠는데 더 이상은 안 된다는 것입니다. 지금은 인디언들이 거의 사라졌다고 할 만큼 그들의 문화가 점점 사라지고 있습니다.

- Many American **Indian reservations** in the United States have autonomous governments. 미국에 있는 많은 아메리칸 인디언 보호구역에는 자율적인 정부가 있다.

미국에는 주법이 있고, 상위법인 연방법이 있습니다. 인디언들이 사는 보호구역은 주법이 미치지 않는 치외법권 지역으로 연방에서 관리합니다. 엄밀히 말하면 그들은 미국 시민권(citizenship)자도 아니그, 특별히 보호받는 사람들, 그냥 Native American일 뿐입니다. 우리나라에서는 이 땅을 인디언 보호구역이라고 하고 있으나 일종의 유형지일 뿐입니다. 이것은 청교도들이 미국에 처음 도착하여 무사히 정착할 수 있도록 도운 인디언  들의 은혜를 원수로 갚은 격입니다. 자가당착(自家撞着)은 '자기의 말과 행동이 앞뒤가 모순되어 일치하지 않음'을 뜻합니다. 인디언들에 대한 태도는 미국의 모순(contradiction)이자 자가당착입니다.

WORDS

spice 향신료   Indian 인디언   Indian Reservation 인디언 보호구역

'프로테스탄트 윤리'와 '자본주의 정신'

독일의 사회학자 막스 베버(Max Weber, 1864~1920)는 서양인들에게 큰 우월감과 자부심을 안겨준 이론가입니다. 막스 베버는 인간사회가 고대 노예제-중세 봉건주의-자본주의 단계로 진화한다고 말했습니다. 민주주의와 자본주의, 과학기술로 대표되는 진보와 근대화가 왜 유럽에서만 가능했는지를 설명하고자 하였습니다.

그는 〈프로테스탄트 윤리와 자본주의 정신〉이라는 저서를 통해 그 원인이 프로테스탄트 윤리(Protestantism), 특히 청교도 정신에 있다고 주장합니다. 청교도들은 부를 죄악시하지 않고, 신이 부여하신 특정한 직업(vocation)에서 성공하여 부를 축적하는 것이 천국으로 가는 길이라고 믿었습니다. vocation은 보컬(vocal)이란 말에서 알 수 있듯이, 목소리와 관계된 말로 '신의 목소리, 신의 부르심'이란 의미에서 나온 말입니다. vocation은 '남을 위해 종사하는 일'이라는 의미가 함축되어 신이 내린 '소명'이요 '천직'으로서의 직업관을 표현합니다.

- The Protestant Reformation diminished the power of the Roman Catholic Pope. 종교개혁은 로마 가톨릭 교황의 권력을 약화시켰다.

베버는 청교도적인 교리와 관념이 근대 자본주의를 만들어냈다고 설명하고 있습니다. 신앙에 대한 박해를 피하기 위해 이주한 개척민들은 영국 정부의 간섭을 받지 않고 독립적인 생활을 하려는 경향이 강했습니다. 이들은 엄격한 교리, 절제된 생활, 투철한 직업관을 바탕으로 부지런히 생업에 종사하면서 오늘날의 미국을 건설합니다. 열심히 일하고 검소하게 살면서 이윤을 추구하는 것을 정당한 것으로 보았기 때문에 자본 축적이 가능했습니다. 축적한 부를 소비하기보다 건전하고 윤리적인 사업에 재투자함으로써 자본주의를 발전시킬 수 있었다는 것입니다. 자본주의의 발전은 유럽인들만의 창의성, 합리적인 태도, 근검절약에 의한 자본축적에서 비롯되었다고 설명했습니다.

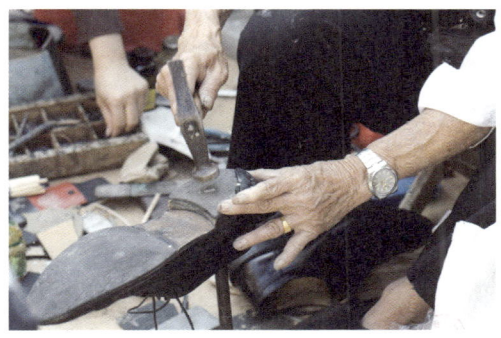

● My father's **vocation** is carpentry, which he is proud of. 우리 아버지의 직업은 목수이며 자신의 직업을 자랑스러워 한다.

반면에 비유럽에서는 고대로부터 초월적인 미신(superstition)에 빠져서 자신과 세계를 객관적으로 인식할 수 없었다고 주장합니다. 합리적인 생각을 할 수도 없었기 때문에 자본주의를 발전시키지 못했고, 유럽에 뒤떨어질 수밖에 없었다는 것입니다. 하지만, 그의 주장은 비유럽에 대한 당시 유럽인들의 무지와 편견에 의존한 것으로 근거가 희박합니다. 일찍이 유럽과 대등한 경제발전을 이루었던 일본, 세계의 공장이라고 일컬어지는 중국, 그리고 전자산업분야의 세계 1위를 차지하고 있는 한국은 현재 자본주의 세계의 중심에서 활동하고 있습니다.

WORDS

vocation 천직, 소명

03 미국의 뿌리는 청교도 신념

종교개혁(宗敎改革, Reformation)은 중세가 끝나가던 16~17세기 유럽에서 로마 가톨릭 교회의 쇄신을 요구하며 등장했던 개혁운동입니다. 종교개혁을 이끈 지도자 중의 한 사람인 프랑스 신학자 칼뱅(Calvin, Jean)은 개혁적 프로테스탄트 칼뱅파의 교조입니다. 프로테스탄트(Protestant)는 구교 로마 가톨릭 교회에 대항하는 개혁파 사람들이란 뜻입니다. 그들은 로마 가톨릭 제도와 의식을 배척하며 엄격한 도덕, 주일의 신성화, 향락의 제한을 주장했습니다. 칼뱅의 사상은 프랑스로 건너가 위그노파가 되었고, 영국으로 건너가 청교도가 되었으며, 스코틀랜드로 건너가 장로교가 되었습니다.

청교도(Puritan)란 영국과 아메리카의 뉴잉글랜드에서 칼뱅주의의 흐름을 이어받은 개혁적 프로테스탄트 그리스도 신자들을 말합니다. Puritan은 영국 국교회에서 로마 가톨릭적인 방식을 모두 제거한(purge) 순수함(purity)을 주장한 무리입니다. 국교회 내에 존재하고 있는 가톨릭적인 제도나 의식의 일체를 배척하며, 칼뱅주의에 투철한 개혁을 주장하였습니다. 1559년의 엘리자베스 1세가 내린 통일령에 순종하지 않으면서, 영국 정부의 박해를 받아 미국으로 건너가게 됩니다. 미국으로 간 그들은 종교적인 경건함을 추구해서 도덕적으로 엄격한 생활을 거의 2백 년간 하게 됩니다. 그래서 puritan이라는 말은 '도덕적으로 너무 엄격한 사람'을 뜻하는 말이기도 합니다.

- The laws were shaped to abide with the **Puritans'** tenets. 그 법률은 청교도의 신조에 따라 제정되었다.

1620년, 102인의 청교도들이 메이플라워호를 타고 영국을 떠나 66일 동안의 항해를 마치고 마침내 신대륙에 도착합니다. 자유를 찾아 미지의 세계로 온 그들은 '필그림 파더스(the Pilgrim Fathers)'라고 불립니다. 그들은 신앙의 자유를 갈구하고 청교도의 높은 이상을 실현하기 위해 교회와 학교를 설립했습니다. 이 '필그림 파더스'가 바로 오늘의 미국을 있게 한 선조들입니다.

청교도를 의미하는 말은 Pilgrim과 Puritan이 있습니다. 대문자로 시작하는 Pilgrim은 주로 신대륙으로 이주한 청교도를 말합니다. 소문자로 쓴 pilgrim은 성지를 순례하는 순례자라는 의미로도 사용됩니다. pilgrim의 어원은 외국인을 뜻하는 라틴어 peregrinum입니다. 성지순례를 하기 위해 로마 바티칸으로 오는 사람들이 고대 로마 거주민들 입장에서는 다른 나라에서 온 외국인이었기 때문입니다.

- a **pilgrim** to the Holy Land 성지 순례자
- Every year thousands of **pilgrims** visit Jerusalem. 매년 수천 명의 성지 순례자들이 예루살렘을 방문한다.

청교도(淸敎徒)에서 청(淸)은 '맑다'라는 뜻으로, 청교도란 말은 영어 puritan을 그대로 번역한 것임을 알 수 있습니다. pure(순수한)의 동사형은 purify이고, 정수기는 water purifier라고 합니다. purge는 '깨끗이 하다, 공직에서 추방하다, 정화하다' 등의 뜻으로 purify와 비슷한 뜻입니다. purge는 원래 불순한 내용이 들어 있는 부분을 '잘라내어 더욱 순수하게 한다'라는 말입니다. pure에 '하게 하다'라는 어근(ge)이 붙어 생긴 말입니다.

WORDS

Reformation 종교개혁 Protestant 프로테스탄트, 신교도 Puritan 청교도 Pilgrim 청교도, (p-) 순례자
pure 순수한 purge 제거하다, 몰아내다

04. 플리머스 바위(Plymouth Rock)란?

1620년 9월 영국의 플리머스(Plymouth) 항에서 102명의 승객을 태운 한 척의 배가 신대륙 아메리카를 향하여 출발합니다. 승객 대부분은 종교적인 자유를 찾아 영국에서 미국으로 떠나게 된 청교도(Puritan)들이었습니다. 청교도란, 신교도(Protestant) 중에서도 칼뱅의 교리를 따르는 사람들을 말하는데 엄격한 교리와 금욕, 절제를 강조했었습니다. 메이플라워(Mayflower)라는 이름의 이 배는 거의 석 달간의 항해 끝에 마침내 북아메리카 동해안에 다다랐습니다. 미국 신대륙에 청교도들이 처음 발을 내디딘 곳은 뉴잉글랜드의 플리머스 바위(Plymouth Rock)가 있는 곳이라고 알려졌습니다.

- The **Pilgrims** landed at **Plymouth Rock** on Dec. 21, 1620. 청교도 인들은 1620년 12월 21일에 플리머스 바위에 상륙했다.

그들은 처음 상륙한 지점을 자신들이 떠나온 항구의 이름을 따서 플리머스라 부르기로 했습니다. 플리머스 바위는 청교도들이 미국에 상륙했을 때 최초로 밟은 바위라고 전해집니다. 현재는 바위 주변을 신전처럼 둘러싸 보호하고 있어서 바위를 직접 만지지는 못하고 멀리서 구경만 할 수 있습니다. 미국인이라면 누구나 다 아는 플리머스 바위는 세계에서 가장 유명한 바위라 할 수 있습니다. 플리머스 바위에는 1620이라는 연도가 새겨져 있습니다.

ply라는 어근은 '접다'라는 의미에서 '주름, 겹, 구부리다'라는 뜻과 '(구부리기 위해) 움직이다, 일하다'라는 뜻을 가집니다. duplicate는 '두 번(du=two) 접다(pli=fold)'라는 의미에서 '복사하다'라는 뜻이 됩니다. multiple은 '여러 번(multi=many) 접은(ple=fold)'이란 의미에서 '다수의, 복잡한, 배수의'라는 뜻을 가집니다. apply는 '~을 향하여(ap=ad=to) 구부리다(ply=fold)'라는 의미에서 '적용하다, 응용하다'라는 뜻을 가집니다.

플리머스(Plymouth)는 영국의 남부 항구 도시 또는 미국 뉴잉글랜드의 항구 도시 이름입니다. Plymouth는 '접힌 또는 주름진(ply) 입구(mouth)'라는 뜻을 가진 말입니다. 항구(harbor)를 한자어로 港口라고 하듯이, 항구 도시의 이름 중에 mouth(입구)로 끝나는 것이 여럿 있습니다. 영국의 남부의 포츠머스(Portsmouth)는 'port(항)'와 'mouth(입구)'가 결합한 이름으로 말 그대로 항구(港口)인 셈입니다. 이외에도 영국이나 미국에 팰머스(Falmouth)나 다트머스(Dartmouth)와 같은 항구 도시가 있습니다.

WORDS

Plymouth Rock 플리머스 바위   duplicate 복사하다   multiple 복잡한   apply 적용하다

05 블랙 프라이데이 세일, 그런데 왜 블랙이죠?

미국 백화점들은 우리나라처럼 세일을 자주 하지 않습니다. 크리스마스를 앞두고 1개월 가까이 정기세일을 하는데 블랙 프라이데이 세일(Black Friday Sales)이라고 합니다. 블랙 프라이데이란 11월 넷째 주 금요일을 말하는데, 바로 추수감사절 다음날입니다. 이날은 크리스마스 쇼핑시즌의 시작을 알리는 날이며, 일 년 중 가장 많은 사람이 백화점에 모여드는 날입니다. 추수감사절까지 정식 가격으로 판매하던 제품들을 파격적인 할인가로 제공하기 때문에 특히 전자제품 등은 줄을 서서 사기도 합니다. 블랙 프라이데이는 공휴일은 아니지만, 대부분의 직장인은 쉬게 해준다고 합니다.

- **Black Friday** is the busiest retail shopping day of the year. 블랙 프라이데이는 일 년 중 소매점 쇼핑이 가장 바쁜 날이다.

하필이면 왜 블랙일까요? 회사에서 이익이 생기는 것을 흑자(黑字, surplus)라고 하고, 손해인 상태를 적자(赤字, deficit)라고 합니다. 장부에 숫자를 기입할 때, 이익이 생기면 검은(黑)색 펜으로 쓰고, 손해이면 빨간(赤)색 펜을 사용했습니다. 소매상들이 1년 동안 적자이다가, 이날을 기점으로 이익으로 돌아서기 시작한다는 뜻에서 유래된 것입니다. 추수감사절 연휴 후 첫 월요일을 사이버 먼데이(Cyber Monday)라고도 부르고 있습니다. 인터넷 쇼핑이 등장하면서, 이날은 온라인 쇼핑이 절정에 달한다고 알려졌습니다.

미국 TV를 보면 블랙 프라이데이 세일 기간에 이따금 다음과 같은 광고 문구를 보게 됩니다.

- No down payment, no interest and no payment until next year!
  선수금과 이자도 없고, 내년까지 돈 안 내도 됩니다!

미국의 물건 구입 문화는 거의 모든 것이 월부제(monthly installment plan)라고 합니다. 물건 구입 시에 신용카드가 아닌 이상 먼저 1~2달간 돈을 선수금(down payment)으로 지불하고, 나머지는 다음 달부터 월부금을 내는 방식으로 되어 있습니다. 할부로 옷을 구입할 경우 지불이 다 끝나면 그때서야 원하는 옷을 가져간다고 합니다.

월부금에는 이자가 가산되어 있음은 물론입니다. 위의 광고에서는 선수금 없이 물건을 먼저 가져가고 물건값도 무이자 할부로 그것도 몇 달 후부터 내라는 것이니 우리의 '가격 파괴'에 해당된다고 볼 수도 있을 것 같습니다. 미국에서는 심지어 병원비도 월부로 낸다고 합니다. 아기의 출산 비용을 월부로 갚아가던 부부가 드디어 마지막 할부금을 내고 나서 다음과 같이 말했다고 합니다.

- Finally, this baby is really ours! 이제야 이 애가 진짜 우리 자식이 되었군!

WORDS

Black Friday Sales 블랙 프라이데이 세일   surplus 흑자   deficit 적자

06 터키는 뜻이 세 가지

아시아 대륙의 서부에 있으면서 유럽 대륙을 잇는 아나톨리아 반도에 있는 나라가 터키(Turkey)입니다. 터키(Turkey)라는 이름에서 이 나라가 투르크(Turk)족의 후예임을 알 수 있습니다. 투르크족은 우리나라 역사에서는 돌궐족이란 이름으로 등장합니다. 오스만투르크 제국은 아시아와 유럽을 연결하는 접점에 있는 소아시아(터키의 아나톨리아) 지역을 지배했던 나라입니다. 원래 이 소아시아 지역은 로마제국의 영토였고, 비잔티움제국이 오랫동안 지배하고 있었습니다. 1071년 만지케르트 전투에서 투르크족이 승리하면서 지금까지 터키의 영토로 남아있습니다.

대문자로 시작하는 Turkey는 국가명이고, 소문자로 시작하는 turkey는 추수감사절에 먹는 칠면조입니다. 새 이름에 국가 명이 붙어있으니 칠면조의 원산지가 터키일 것으로 추측되지만 그렇지가 않습니다. 칠면조는 캐나다에서 멕시코에 걸친 북미대륙이 원산지이므로, 터키와는 아무런 상관이 없습니다. 실제로 터키인들은 북미대륙 출신의 칠면조를 본 적도 없다고 합니다.

칠면조(turkey)는 '터키에서 온 닭'이라는 뜻에서 만들어진 말입니다. 16세기 중반 서아프리카의 야생조인 뿔닭(guinea-fowl)이 터키(Turkey)를 경유하여 유럽에 수입되었습니다. 유럽인들은 이 뿔닭을 터키산 닭이라는 의미에서 turkey라 불렀던 것입니다. 훗날 유럽인들이 미대륙에서 전혀 새로운 새를 봤는데 뿔닭(guinea-fowl 또는 turkey)과 비슷하게 생겨서 turkey라 부르게 되었습니다. 하지만 조류학 상으로 칠면조와 뿔닭은 완전히 별개의 종류로 분류된다고 합니다. 지금은 turkey가 칠면조만을 의미하지만, 그 당시에는 온갖 야생 오리, 닭, 야생 조류(wild fowl) 등을 총칭하는 데 쓰였다고 합니다.

볼링(bowling)경기는 10프레임(frame)으로 이루어집니다. 1프레임 당 두 차례 공을 던지게 되는데, 그 중 첫 번째 공으로 10개의 핀을 모두 쓰러뜨린 것을 스트라이크(strike)라고 합니다. 그다음 자기 차례에서 또 스트라이크를 기록하면 더블(double)이라고 합니다. 다시 또 한 번 성공해서 3번 연속 스트라이크를 성공하면 터키(turkey)라고 합니다.

'칠면조'라는 다소 어울리지 않는 명칭을 갖게 된 이유에 대해서 두 가지 설이 있지만, 정설인지는 불확실합니다. 첫째는 한 번의 활로 세 마리의 칠면조를 쓰러뜨리는 명사수에서 비롯되었다는 설입니다. 둘째는 추수감사절 시즌에 벌어진 볼링 토너먼트 경기에서, 3연속 스트라이크를 성공하면 살아있는 칠면조 한 마리를 경품으로 받았었기 때문이라는 설입니다.

WORDS

Turkey 터키   turkey 칠면조, 볼링에서 3번 연속 스트라이크

07 '추수감사절'과 '칠면조(turkey)'

추석은 한 해의 수확을 감사하는 우리 고유의 명절입니다. 미국에도 우리나라의 추석과 비슷한 명절이 있는데, 바로 추수감사절(Thanksgiving Day)입니다. 추수감사절은 법정 공휴일(official holiday)이며, 매년 11월 넷째 주 목요일로 정하여 기념하고 있습니다. 목요일부터 일요일까지 계속되는(in a row) 긴 가족 명절이기도 해서 미국 전역에서 가족들이 함께 모여 경축합니다.

- **Thanksgiving Day** is a special celebration for Americans. 추수감사절은 미국인들에게 특별한 축하 의식이다.

1620년 102명의 청교도(English Puritans)가 메이플라워(Mayflower)호를 타고 종교적인 자유를 찾아 영국을 떠납니다. 거의 석 달 동안의 항해를 마치고 마침내 미국 매사추세츠(Massachusetts) 주의 플리머스(Plymouth)라는 곳에 도착합니다. 102명의 미국 초기 이민자 중에서 약 절반의 사람들이 그 해 겨울을 이기지 못하고 굶어 죽거나(starved to death) 얼어 죽었습니다(frozen to death). 당시 아메리카 신대륙에는 오늘날의 미국과는 현저하게 대비되는 황무지만이 자리 잡고 있었습니다. 열악한 환경, 혹독한 추위와 기아, 야수의 공격 등 고난을 견뎌내고 생존한 사람은 50여 명에 불과하였습니다.

이듬해 아메리카 인디언(Indians)들은 이들에게 옥수수를 키우는 법, 물고기를 낚는 법, 그리고 사냥하는 법 등을 가르쳐 주었습니다. 농사가 잘되어서 가을에 아주 큰 수확(harvest)을 거둘 수가 있었습니다. 미국에 정착한 청교도들은 토착민인 인디언들 덕분에 천신만고 끝에 삶의 기반을 마련할 수 있었습니다.

최초의 추수감사절은 미국에서의 첫 번째 수확기였던 1621년 가을에 지냈습니다. 추수감사절은 신께 신대륙에서의 첫 수확과 생존에 대해 감사를 드린 일에서부터 비롯되었습니다. 정착민들은 도움을 준 인디언들에게 감사하면서 추수한 곡식으로 식사를 같이하며 자신들의 대풍을 경축했습니다. 정착자들의 지도자였던 윌리엄 브래드포드는 인디언 추장과 용사 90명을 초대해 3일간에 걸쳐 잔치(festival, feast)를 벌였습니다. 청교도들은 인디언들을 위해 야생 칠면조를 잡아 대접했는데, 이런 이유로 추수감사절에는 칠면조를 요리하는 전통이 생겨났습니다.

추수감사절 저녁은 멀리 떨어져 사는 부모나 형제들을 찾아가 한자리에 모여 오붓한 시간을 보냅니다. 우리 명절과 마찬가지로, 가족들이 오랜만에 한자리에 모여(family reunion) 군침 도는 (mouth-watering) 칠면조 요리를 즐기며 지냅니다. 칠면조 요리는 내장을 다 걷어 내고 여러 양념이 섞인 빵 조각(stuffing)을 채워 넣고 통째로 구워서 만듭니다. 미국에서 추수감사절 기간에 소비되는 칠면조는 5천만 마리나 된다고 합니다. 칠면조 요리를 곁들인 추수감사절 만찬을 fall feast라고 합니다. feast는 상다리가 부러질 정도로 많은 요리들이 차려진 성찬을 의미합니다. 이 외에도 크랜베리(cranberry) 소스를 곁들인 빵, 으깬 감자(mashed potatoes)와 호박 파이(pumpkin pie) 등의 음식을 먹고, 인형 맞추기와 같은 게임을 하며 축제 분위기를 즐깁니다.

- Their traditional foods for **Thanksgiving Day** are **turkey** and pumpkin pie. 추수감사절을 위한 그들의 전통 음식은 칠면조와 호박 파이이다.

추수감사절 저녁식사 시간에 어울릴 만한 유머를 하나 소개합니다.

- What do you get if you cross a turkey with an octopus? - Enough drumsticks for Thanksgiving.
  만약 칠면조하고 문어가 결혼한다면 뭐가 나올까? – 다리가 여럿이라 온 가족이 하나씩 들고 뜯을 수 있다. (추수감사절에 칠면조 다리를 많이 얻을 수 있다)

미국에서는 11월 말 추수감사절부터 크리스마스에 걸쳐 명절 분위기가 감돌기 시작합니다. 매년 추수감사절 뉴욕 시에서는 메이시스(Macy's) 백화점에서 주최하는 퍼레이드가 열립니다. 뉴욕 맨해튼 32번가에 위치한 메이시스 백화점의 판촉활동의 하나로 시작된 풍선 퍼레이드입니다. 화려한 마칭 밴드와 다양한 퍼포먼스, 쿵푸팬더나 스파이더 맨 등 만화영화의 주인공 모양을 한 풍선 등이 등장합니다. 퍼레이드의 맨 끝에는 산타클로스가 등장하여 크리스마스 시즌의 시작을 알립니다.

추수감사절은 미국 최대의 명절이자 공식적인 국경일입니다. 추수감사절이 연례적인 축일로 선포된 것은 잡지 편집장이었던 사라 조셉파 헤일(Sarah Josepha Hale) 덕분입니다. 그녀는 추수감사절의 의미를 강조하며 국경일로 정해달라는 편지를 정치인들에게 약 40년 동안 끊임없이 보냈다고 합니다. 1863년 게티스버그 전투에서 북군이 승리하는데, 이에 맞춰서 에이브러햄 링컨(Abraham Lincoln) 대통령은 추수감사절을 국경일로 승인하였습니다.

WORDS

Thanksgiving Day 추수감사절   feast 성찬

08 영지주의(gnosis)란?

gno라는 어근은 '알다, 배우다(learn), 분간하다(discern)'라는 뜻을 가집니다. 우리나라 한글의 자음 'ㄱ'을 영어로 옮길 때 g 또는 k로 표시하듯이 이 두 알파벳은 발음이 비슷합니다. gno의 g를 k로 바꾸면 know라는 말이 되는데, gno가 영어로 넘어오면서 know가 된 것입니다. know는 '알다, 이해하다, ~와 아는 사이이다'라는 뜻이고, knowledge는 '지식'이란 뜻입니다. acknowledge는 '인정하다, 승인하다, ~에 대한 감사를 표시하다'라는 뜻으로 사용됩니다.

- That the Earth goes around the sun is an **acknowledged** truth. 지구가 태양의 주위를 돈다는 것은 인정된 진리이다.

그노시스(gnosis)는 '아는(gno) 상태(sis)'라는 의미에서 '인식, 지식, 영지(靈知), 신비적 직관'이라는 뜻을 가집니다. 그노시스는 원래는 '지식'이라는 의미였지만, 그리스 말기에는 신을 직관적으로 인식할 수 있다는 의미로 사용되었습니다. 영지주의라고도 하는데 '영(靈)적인 존재를 인식(知)하는 것, 신비를 이해하는 것'이라는 의미입니다. 이집트 문명, 오리엔트 문명, 헬레니즘 문명, 유대교, 그리스, 로마의 종교 관념이 혼합되어 발생한 것입니다. 기독교에서도 그노시스와 결합하는 경향이 발생하였는데, 교회는 이것을 이단(異端)으로 배척해 버립니다.

우리가 과학(science)이라고 하는 말의 어원인 라틴어 스키엔티아(scientia)는 그노시스를 번역한 것입니다. scientia는 사물이나 사람에 대해 잘 알고 있는 것, 능숙하게 익히는 것 즉 지식(knowledge)이나 학문 전반을 가리키는 말입니다. 19세기 말 일본 철학자 니시아마네(西周)가 science를 번역하면서 과학(科學)이라고 했는데, 우리도 그대로 받아서 쓰고 있습니다. 과학(科學)이란 한자의 뜻을 풀이하면 '각 분과(分科)로 나누어진 전문화된 학(學)'이란 뜻입니다. 니시아마네(西周)는 과학이라는 말 외에도 철학, 공학, 의학, 기술, 학술 등의 단어를 모두 만들어낸 사람입니다.

gnosis와 결합하여 여전히 많이 쓰이고 있는 말이 있는데 diagnosis와 prognosis 등이 있습니다. diagnosis는 '관통하여(dia=through) 두루두루 알아보다'라는 의미에서 '진단, 분석결과' 등의 뜻을 가집니다. prognosis는 '미리(pro=before) 알다'라는 의미에서 '예지, 조짐, 징후'의 뜻으로 쓰입니다.

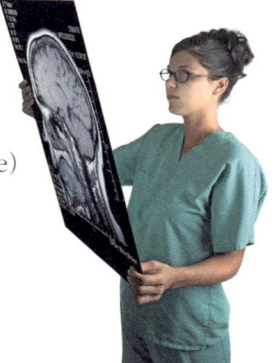

- The study underscores the importance of early **diagnosis**. 그 연구가 중요시 하는 것은 초기진단의 중요성이다.
- erroneous **diagnosis** 오진(誤診, misdiagnosis)

WORDS

know 알다　knowledge 지식　acknowledge 인정하다　gnosis 인식, 영지　science 과학　diagnosis 진단　prognosis 예지, 징후

귀족(noble)은 많이 아는 사람

noble은 '알(gno) 능력이 있는(able)'이란 의미에서 '귀족의, 고귀한, 고상한, 훌륭한'이란 뜻을 가집니다. '귀족(nobleman)'이란 말은 '평민들은 잘 모르는 것을 알고 있는, 유식한' 신분이라는 의미에서 나온 말입니다. 서양의 귀족은 4개의 계급 즉, duke(공작), marquis(후작), count(백작), baron(남작)으로 구분됩니다. 공포영화에서 자주 등장하는 드라큘라(Dracula)의 작위는 백작(count)이며, countess는 백작 부인입니다. Countess Mara는 '마라 백작 부인'인 셈인데, 유명한 명품 의류브랜드입니다.

〈매디슨 카운티의 다리(The Bridges of Madison County)〉라는 영화가 있습니다. 미국의 기본 행정 구역 단위는 시(city)입니다. 많은 시가 모여서 카운티(county)를 이루게 되고, 다시 카운티들이 모여 주(state)가 됩니다. 북아메리카 대륙의 48개 주와 알래스카, 하와이의 2개 주가 모여서 미국 즉, 아메리카합중국(United States of America)이 됩니다. 카운티(county)는 예전에 백작(count)이 지배한 구역이란 의미에서 나온 말입니다.

프랑스어 중에 노블레스 오블리주(noblesse oblige)라는 말이 있습니다. noblesse는 '귀족계급, 고귀한 신분'의 뜻이며, 노블레스 오블리주는 '고귀한 신분에 따른 윤리적 의무'를 뜻합니다. 사회에서 여론을 주도하며 지도적인 위치에 있는 사람들이 마땅히 지녀야 할 도덕적, 정신적 의무를 말합니다. 사람들은 그가 속한 사회의 지배층 인사들에게는 일반인들보다 높은 도덕성, 솔선수범, 없는 자에 대한 배려정신을 요구하게 마련입니다. 이러한 기대가 충족될 때 상류 계층 사람들을 존경의 눈으로 바라보게 됩니다. 1982년 포클랜드 전쟁에서 영국 왕실 앤드류 왕자가 조종사로 참전해서 커다란 화제를 불러모은 일이 있습니다. 전 재산의 99%를 사회하겠다고 밝힌 빌 게이츠나 경주 최부잣집은 노블레스 오블리주를 실천한 대표적인 경우입니다.

- **Many of today's royalty practice noblesse oblige through charity work.**
  오늘날의 많은 귀족이 자선 사업을 통해 노블레스 오블리주를 실천한다.

WORDS

noble 귀족의, 고상한   county 카운티, 자치주   noblesse oblige 노블레스 오블리주 (고귀한 신분에 따른 윤리적 의무)

10 아는 게 병

ignore는 '알지(gno) 못하는(in=not) 체 하다'라는 의미에서 '~을 무시하다, 보고도 못 본 척하다'라는 뜻으로 쓰입니다. ignore는 인정하고 싶지 않은 것을 의도적으로 '무시하다, 묵살하다'라는 뜻입니다. 문자 메시지를 영어로 하면 text message입니다. '문자를 씹다'라는 속어적 표현을 많이 사용하는데, 영어로 'ignore a text message'라고 하면 됩니다.

- Why do you keep **ignoring** my text messages? 왜 자꾸 내 문자를 씹는 거야?

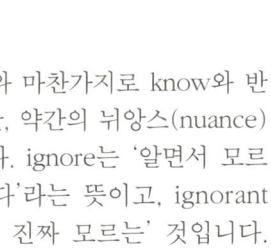

ignorant는 '무지한, 무학의, 무식한'이라는 뜻이고, ignorance는 '무지, 무학, 모름'의 뜻입니다.

- She is **ignorant** when it comes to the Internet.
  그녀는 인터넷에 대해서는 문외한이다.

- The governor was a brutal, **ignorant** man who was universally hated.
  그 통치자는 누구나 싫어하는 포악하고 무식한 사람이었다.

ignorant는 ignore와 마찬가지로 know와 반대의 뜻을 가지지만, 약간의 뉘앙스(nuance)의 차이가 있습니다. ignore는 '알면서 모르는 척하며 무시하다'라는 뜻이고, ignorant는 '배우지 못해서 진짜 모르는' 것입니다. ignoble은 noble의 반대말로 '성품이 저열한, 비열한, 천한' 등의 뜻으로 쓰입니다.

'아는 게 병이요, 모르는 게 약이다'라는 한국 속담이 있습니다. 아무것도 모르면 차라리 마음이 편하여 좋으나, 무엇이나 좀 알고 있으면 걱정거리가 많아 도리어 해롭다는 말입니다. 삼국지에 나오는 고사성어로 식자우환(識者憂患)이라는 한자 표현도 있습니다. 서투른 지식 때문에 도리어 일을 망치는 경우 이 말을 사용하곤 합니다. 이에 걸맞은 영어 표현이 'Ignorance is bliss.' (무지가 행복이다.)입니다. 영국 시인 토마스 그레이(Thomas Gray)가 1742년에 발표한 시에서 처음 쓰였습니다.

무식하면 항상 행복할 수 있을까요? 그레이의 표현을 다시 살펴봅시다.

Where ignorance is bliss, it is folly to be wise.

그레이는 '무지가 행복한 곳에서 현명해지려는 것은 어리석은 짓이다.'라는 의미로 쓴 말입니다. 즉, 모르는 것이 약이라는 표현은 유효하거나 무식한 것이 박식한 것보다 항상 낫다는 뜻은 아닙니다.

- The expression '**ignorance** is bliss' is sometimes used to justify one's lack of knowledge of something.
  '모르는 게 약'이라는 표현은 때로는 어떤 사람의 무식을 정당화하려고 사용한다.

WORDS

ignore 무시하다   ignorant 무지한   ignorance 무지   ignoble 천한

11 나는 생각한다. 고로 존재한다.

cognition은 '모든 것을 완전하게(co) 알다(gni=gno)'라는 의미에서 '인식, 인지, 지각'이라는 뜻을 가집니다.

- **cognitive** reaction 인식 반응

recognize는 '다시(re) 완전히 모든 것을(co) 알게 되다(gni=gno)'라는 의미에서 '인지하다, 인정하다, 승인하다' 등의 뜻인 말입니다. recognize는 '인식'에 '다시'라는 뜻이 더해져서 '승인, 인정, 허가'의 뜻이 포함됩니다. 이어서 '(공로의) 인정'이라는 의미에서 '표창, 감사, 인사(greeting)'라는 의미로까지 확장됩니다. 굳이 우리 말로 번역해서 기억하기보다는 영어의 어원 상에서 일관되게 전해지는 느낌을 간파하는 것이 필요합니다.

- I was **recognized** as a novelist. 나는 소설가로 인정받았다.

quaint는 라틴어 cognitus(known)가 프랑스어 coint를 거쳐 넘어온 말입니다. 본래는 '알려진(known)'이라는 뜻이었지만, 점차 'pleasantly curious, (매력 있게) 진기한, 기묘한' 등의 뜻으로 쓰이고 있습니다. acquaint는 '~로(ac=to) 알게 하다(quaint)'라는 의미에서 '익히다, 숙지하다, 이해시키다'라는 뜻으로 쓰입니다. acquainted는 '알고 있는, 접한 적이 있는, ~에 밝은'의 뜻으로 쓰입니다. acquaintance는 '아는 사람, (약간의) 친분, 면식'의 뜻으로, 친구(friend)보다는 낮은 관계로 그냥 얼굴을 아는 사람이란 뜻으로 쓰입니다.

- a **quaint** person 괴짜
- a **quaint** sense of humor 독특한 유머 감각

agnostic은 '알지(gno) 못하다(a=not)'라는 의미에서 '불가지론(자)의'라는 뜻입니다. 불가지론(不可知論)이란 '아는(知) 것은 불가능(不可能)하다'라는 이론입니다. 불가지론은 인간은 사물의 본질을 인식할 수 없다는 철학적 입장입니다. 인간이 감각을 통해서 인식하는 것은 사물의 본질이 아니라 본질의 거짓 모습인 현상에 불과하다고 주장하는 이론입니다.

그노시스파(派)는 인간의 직관으로 신의 본체를 직접 알 수 있다는 '영지(靈知)주의자'를 말합니다. 영지주의는 인간은 눈에는 보이지 않는 영적인 세계를 포함하여 우주에 대한 총체적 인식이 가능하다는 주장입니다. 불교에서는 해탈(nirvana)이나 깨달음(覺)을 통해 신의 경지까지 이를 수 있다고 설명합니다. 하지만, 로마 가톨릭은 신의 존재와 초월적 세계가 존재할지 모르지만, 인간은 그에 대해 아무것도 인식할 수 없다고 주장합니다. 불가지론(不可知論)은 신을 인식할 수 있다는 그노시스파에 대해 거부를 하는 입장입니다. 신의 존재 자체를 부정하는 세계관인 무신론(atheism)은 불가지론과는 전혀 다른 것이니 구분을 해야 합니다.

- An **agnostic** believes that it is not possible to say definitely whether or not there is a God. 불가지론자는 신이 있는지 아닌지를 분명하게 말하는 것은 불가능하다고 믿는다.

"나는 생각한다. 고로 존재한다." 프랑스의 철학자 데카르트(Rene Descartes, 1596~1650)의 말입니다. 이 선언을 기점으로 서양 철학은 중세를 마무리 짓고 근대로 넘어가게 됩니다. 지극히 당연하고 상식적인 이야기여서 별 뜻도 없어 보이는데, 어떻게 이 말이 근대 철학의 출발점이 될 수 있었을까요? 이 말은 세상에서 가장 확실한 것이 신이나 성경에서 나오는 것이 아니라는 선언입니다. 진리의 근거가 나로 대표되는 존재, 즉 인간의 이성과 합리적인 사고로부터 나온다는 뜻입니다. 신을 인간보다 더 불확실한 존재로 규정함에 따라 기독교가 지배해온 중세가 끝나게 된 것입니다. 데카르트가 물꼬를 튼 이성은 이후 서양 근대 문명의 뿌리인 합리론(rationalism)이라는 사상의 흐름을 만듭니다. 현실적으로는 자연과학의 설 자리를 마련하였고 산업혁명과 자본주의 발전의 기틀이 형성되었습니다.

- According to Descartes, one's existence is proven by the fact that one thinks. 데카르트에 따르면 한 사람의 존재는 그가 생각한다는 사실로 증명된다.

데카르트는 '나는 생각한다. 고로 존재한다.'를 'cogito ergo sum(코기토 에르고 숨)'이라는 라틴어 문장으로 표현하였습니다. cogito는 '생각하다, 사유하다'라는 뜻으로 recognize, cognition과 같은 어원을 가집니다. cogito는 단순히 생각하는 것이 아니라 '사물의 이치를 깊이 숙고함'으로 풀어야 합니다. ergo는 '그러므로'이고, sum은 영어의 be 동사에 해당합니다. 영어로는 'I think, therefore I am.'이라고 합니다.

WORDS

cognition 인식　recognize 인지하다　quaint 기묘한　acquaint 숙지하다　acquainted 알고 있는
acquaintance 아는 사람　agnostic 불가지론

12 베니스의 상인

lend와 borrow는 헷갈릴 수 있으니 주의해서 기억해야 합니다. lend는 (남에게) 빌려주다(give)라는 뜻이고, borrow는 (남으로부터) 빌리다, 빌려 받다(take)라는 뜻입니다.

- Could you **lend** me some money? 저에게 돈 좀 빌려주실 수 있나요?
- Can I **borrow** your bicycle? 당신의 자전거를 빌릴 수 있을까요?
- I've got to **borrow** some money from you. 당신한테 돈을 좀 빌려야만 합니다.
- He **borrowed** a large sum from me. 그는 나로부터 거액(large sum)을 빌렸다.

이외에도 '빌리다'라는 행위를 표현하는 말로 lease와 rent 등이 있는데, 뉘앙스(nuance)의 차이가 있습니다. lend는 계약서를 쓰지 않고, 이자도 받지 않으면서 빌려주는 행위를 말합니다. 친한 친구 사이에 물건을 단기간 빌려주는 경우에 사용합니다. 이에 반해 lease는 아파트나 자동차 등을 장기간 '임대하다'라는 의미가 있습니다. lease는 땅, 건물 등을 장기적으로 빌리고, 그에 대한 대가를 지불하게 됩니다.

- I **leased** the farmland from the local farmer. 나는 지역 농부로부터 그 땅을 임대했다.

rent 또한 '돈을 지불 받고 빌려주다'라는 의미인데, rent는 lease보다는 단기적으로 빌리는 행위입니다. rent가 명사로 쓰일 때는 '집세, 방세, 지대, 임차료' 등의 뜻으로 사용됩니다.

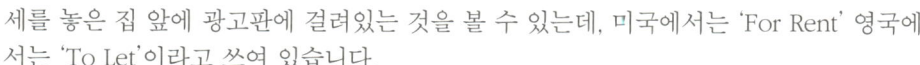

- We **rented** a car for the week. 우리는 일주일 동안 차를 빌렸다.
- Any apartment will do as long as the **rent** is reasonable. 집세가 적당하면 어떤 아파트라도 괜찮습니다.

세를 놓은 집 앞에 광고판에 걸려있는 것을 볼 수 있는데, 미국에서는 'For Rent' 영국에서는 'To Let'이라고 쓰여 있습니다.

베니스는 이탈리아 베네치아에 대한 영어식 이름으로 섬과 섬 사이의 수로가 발달하여 '물의 도시'라고 불립니다. 십자군 원정 이후 베니스는 피렌체와 더불어 한때 지중해 해상무역의 중심지로 전성기를 맞았습니다. 베니스는 셰익스피어(Shakespeare)의 희극 '베니스의 상인(The Merchant of Venice)'의 배경이 되는 도시입니다.

- Venice was once full of merchants from all around the world. 베니스는 한 때 전 세계로부터 온 상인들로 가득했었다.

희극 내용은 안토니오가 고리대금업자 샤일록(Shylock)에게 빚을 졌다가 목숨을 잃을뻔한 이야기를 그리고 있습니다. 안토니오는 친구 바사니오가 포샤에게 구혼을 하는데에 필요한 여비를 마련해주기 위해 샤일록에게 돈을 빌립니다. 안토니오는 돈을 갚을 수 없을 때에는 가슴살 1파운드를 제공한다는 증서를 써줍니다. 한 마디로 생명을 담보(mortgage)로 한 죽음의 서약과 마찬가지였습니다. 안토니오는 돈을 갚을 수 없게 되어 생명을 잃을 위기에 처하게 됩니다. 남장을 한 포샤가 베니스 법정의 재판관이 되어 '살은 주어도 피를 흐려서는 안 된다'고 선언하면서 샤일록은 패소합니다.

피도 눈물도 없이 돈만 긁어 모으는 수전노(miser)를 빈정댈 때 '샤일록 같은 놈'이라고 표현합니다. 유대인(Jew)이었던 샤일록은 '유대인은 고리대금업자(usurer)이다'라는 이미지를 만드는데 큰 역할을 하게 됩니다. 십자군은 전쟁 당시에도 이슬람 교도와 마찬가지로 유대인들을 이교도로 간주하여 재화를 약탈하고 박해했습니다. 교회에서도 기독교도와의 동거 금지, 유대교도의 특별지구 격리수용, 유대인을 표시하는 배지(badge) 부착 등 잔혹한 반유대 정책을 실시합니다. 그 결과 유대인들은 정상적인 상업활동은 할 수가 없었으며, 사회적으로 가장 혐오를 받았던 고리대금업으로 생계를 이어가야 했습니다. 희곡에서는 샤일록을 유대인이라고 설정함으로써, 유대인에 대한 유럽인들의 혐오감을 드러낸 것입니다.

중세시대가 서서히 저물어 가는 즈음에 가톨릭 교회에 있어서 상인과 돈이란 존재는 골칫거리였습니다. 교회에서는 돈은 인간을 타락시킨다고 가르쳐왔고, 이자를 받고 돈을 빌려주는 일을 죄로 여겼습니다. 노력하지 않고 돈을 버는 얌체 같은 이미지로 고리대금업자들을 비난하는 정서를 만들어냅니다. 하지만, 중세 초기 유대인 학자들이 다음과 같은 종교적인 해석을 내놓습니다. '유대인끼리 이자를 받는 것은 죄이지만 이교도인 기독교도와 거래하는 것은 죄가 아니다'라는 의견입니다. 유럽 사회로부터 온갖 차별대우를 받고 있던 유대인들은 이를 근거로 금융업(financial business)에 뛰어들게 됩니다. 유대인들은 십자군 원정과 동방무역을 바탕으로 급속도로 성장한 유럽의 금융시장을 단숨에 장악해버립니다. 사실 지금도 국제금융 세계를 좌지우지하는 것은 대부분 유대인입니다. 로스차일드(Rothschild)와 록펠러(Rockefeller)와 같은 유대인 가문에서 미국의 주요 은행(bank)이나 투자회사(investment company)를 소유하고 있습니다.

WORDS

lend (남에게) 빌려주다 (=give)   borrow (남으로부터) 빌리다 (=take)   lease (아파트를) 장기간 임대하다   rent 단기적으로 빌리다, 집세   mortgage 담보

⑬ 모기지(mortgage)는 '죽음의 서약'

mortgage는 '(가옥이나 토지 구입을 위한) 융자, 저당, 담보, 대부금'의 뜻으로 쓰입니다. dead(죽음의)라는 뜻의 mort와 pledge(서약, 맹세)이란 뜻의 gage가 결합하여 '빚을 져서 갚지 못하면, 죽음으로 갚겠다'라는 뜻이 된 말입니다. mortgage는 글자 그대로 목숨을 담보로 한 '죽음의 서약(dead pledge)'을 의미합니다.

- Faust **mortgaged** his soul to the Devil.
  파우스트는 악마에게 그의 영혼을 저당 잡혔다.

- The notion behind the word is supposedly that if the **mortgagor** fails to repay the loan, the property pledged as security is lost. 이 말은 빚을 되갚지 못하면 담보로 제공된 재산이 없어져도 좋다는 의미를 깔고 있습니다.

모기지론(mortgage loan)은 주택담보 장기대출을 말합니다. 대출이란 의미로 자주 쓰는 '론(loan)'은 lend와 같은 어원으로 d가 생략되어 만들어진 말입니다. 미국인들은 집을 살 때 집값의 10~25% 정도를 선수금(down payment)으로 냅니다. 나머지는 융자(mortgage loan)를 얻어 거의 평생(15~30년)에 걸쳐서 갚아 나갑니다. 실직하거나 수입이 모자라 빚을 갚지 못할 경우 집을 빼앗기기도 합니다.

- I applied at the bank for a **mortgage** loan. 나는 은행에 주택 대부 융자를 신청했다.

2008년 미국에서 금융위기(financial crisis)가 발생하였을 때 서브프라임 모기지(sub-prime mortgage)라는 말이 유행했었습니다. 당시 은행에서는 금융 신용도가 좋지 않은 계층(sub-prime)이 무리하게 집을 사도록 유도했습니다. prime은 품질 등이 '최고의, 뛰어난'이란 뜻이고, sub-prime은 prime보다 아래 등급을 말합니다. 서브프라임 모기지는 미국에서 신용등급이 낮은 저소득층을 대상으로 고금리로 주택마련 자금을 빌려주는 비우량 주택담보대출을 말합니다. 리먼브라더스라는 투자회사의 파산은 금융시장 붕괴의 시작을 알리면서 대규모 실업사태가 발생하였습니다. 연쇄적으로 부동산 가격이 하락하면서 서브프라임 계층에서 주택담보대출(mortgage loan)을 갚지 못하게 되면서 금융위기가 발생했습니다.

mort는 '사냥한 짐승의 죽음을 알리는 뿔피리 소리'를 뜻했습니다. mortal은 '죽음을 피할 수 없는, 치명적인, 지독한'이라는 뜻입니다. mortality는 '죽어야 할 운명, 사망자 수, 사망률'이라는 뜻입니다. mortician은 '장의사', mortuary는 '시체 안치소, 영안실'이라는 뜻으로 쓰입니다. mortify는 '굴욕감을 주다, 몹시 당황하게 하다'라는 뜻입니다. immortal은 '반대'의 뜻을 가진 접두사 im(=in)과 결합하여 '죽지 않는, 불멸의, 영원한'이란 뜻을 가집니다. '살해하다'라는 뜻인 murder도 'mort'에서 유래한 말입니다.

- The Wright brothers achieved **immortality** with the first powered flight in 1903. 라이트 형제는 1903년 최초의 동력 비행으로 불멸의 명성을 얻었다.

- I was **mortified** to think that she had ignored my opinion.
  그녀가 내 의견을 무시한 것을 생각하니 분했다.

- He has been arrested on suspicion of **murder**. 그는 살인 혐의로 체포되었다.

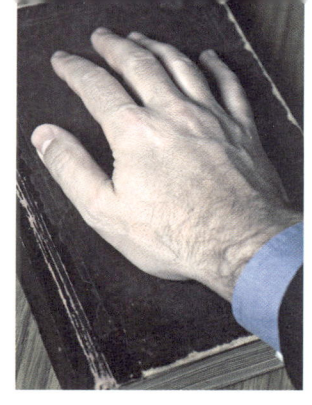

gage는 '서약하다(pledge)'라는 의미에서 '저당물, 담보, 보증' 등의 뜻으로 쓰이게 된 말입니다. wage는 미국에서 1주 단위로 받는 '임금, 노임'을 뜻하는 데, 고어에서는 '보증하다, 고용하다'등의 뜻으로 쓰였습니다. 윌리엄(William)을 프랑스에서는 기욤(Guillaume)이라 하듯이, 독일어의 w는 프랑스어에서 g로 변용되기도 합니다. wed는 '~와 결혼하다'라는 뜻인데, '약속하다'라는 의미에서 wage에서 유래한 말입니다.

- A **wedding** is etymologically a ceremony at which people 'promise' to marry each other.
  결혼식은 어원적으로 서로 결혼하기로 약속하는 의식이다.

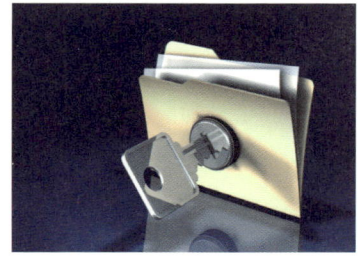

engage는 '서약하게(gage) 하다(en=make)'라는 의미에서 '보증하다, 약혼하다, 고용하다'라는 뜻으로 사용됩니다. engaging은 '마음을 끄는, 매력적인(attractive)'이라는 의미입니다. engaged는 '약속이 있는, 약혼 중인'이라는 뜻과 함께, 어딘가에 계약되어 끌려다니게 되어 '바쁜(busy)'이라는 의미도 있습니다.

- I was **engaged** with the work today. 오늘은 매우 바빴다.
- I've **engaged** a new assistant. 나는 새로운 조수를 고용했다.

WORDS

mortgage (가옥이나 토지 구입을 위한) 융자   mortgage loan 모기지론, 주택담보 장기대출   mortal 치명적인
mortality 사망자 수   mortician 장의사   mortuary 영안실   mortify 굴욕감을 주다   immortal 불멸의
murder 살해하다   wage 임금   engage 보증하다, 약혼하다   engaging 마음을 끄는   engaged 약속이 있는

14 '포스터'와 '브로마이드'

외국 신문의 이름을 살펴보면 Daily, Journal, Times, Tribune, Herald, Post 등의 단어들이 나옵니다. Daily나 Journal은 하루 동안의 뉴스라는 뜻이고, Times는 시대라는 뜻을 담고 있습니다. '월 스트리트 저널(The Wall Street Journal)'은 하루 동안 미국 뉴욕의 증권가 월 스트리트에서 벌어진 일을 보도한다는 의미입니다. '뉴욕 타임즈(New York Times)'는 뉴욕의 시대상을 보여주는 신문이라는 뜻을 담고 있다고 할 수 있습니다. '시카고 트리뷴(Chicago Tribune)'은 '평민(tribune)'을 옹호한다는 의미를 살린 제호입니다. '코리아 헤럴드(Korea Herald)'에서 '헤럴드(herald)'는 왕의 포고를 귀족이나 군부대에 전달하는 '전령'이란 뜻입니다.

post는 '(병사, 경찰, 세관 등의 근무) 위치, 구역, 장소, 주둔지'나, 특히 '큰 기관의 중요한 직책, (일)자리' 등의 뜻으로 pose에서 나왔습니다. post는 '장소, 주둔지'에서 '놓다, 배치하다' 뜻으로, 다시 '역마차로 보내다'의 뜻으로 쓰이면서 '우편으로 보내다, 우송하다' 등의 뜻이 되었습니다. 엽서는 post card라고 하고, 우체국은 post office입니다. 그런데 우편 배달부는 과거에는 postman이라고 했는데, 성차별을 없애는 정신(political correctness)에 따라 letter carrier라는 용어를 사용해야 합니다.

'워싱턴 포스트(Washington Post)'라는 신문 이름은 '신문을 배송하다, 우송하다' 등의 뜻이 포함된 말입니다. 워싱턴 포스트는 워싱턴의 소식을 전해주는 파발꾼이라는 뜻이 되는 것입니다. 신문은 주로 집 앞의 우편함으로 배달됩니다. 포스트는 신문을 먼 곳까지 배송하기 위해 우편에 깊이 의존했다는 흔적을 보여 주는 이름입니다.

포스트(post)에는 나무나 금속으로 된 기둥, 말뚝, 푯말이란 뜻이 있습니다. 축구장의 골대는 좌우 양쪽 2개의 기둥인 골 포스트(goal post)와 골 포스트 사이를 연결하는 크로스 바(cross bar)로 되어 있습니다.

포스터(poster)는 기둥이나 벽에 부착한 '광고, 포스터, 벽보' 등의 뜻입니다. 포스터는 상품을 팔거나 행사를 알리고 아이디어나 서비스의 촉진 등 특정한 목적이 있습니다. 즉 어떤 메시지(message)를 전달하고자 하는 커뮤니케이션(communication) 수단으로 활용되고 있습니다. 주위를 살펴보면 '불조심'이나 '자연보호' 등과 같은 캠페인, 영화나 콘서트를 홍보하기 위한 포스터를 볼 수 있습니다.

포스터란 명칭은 기둥을 뜻하는 '포스트(post)'에서 유래한 것으로 처음에 기둥에 붙여 표시했던 사실에서 이런 호칭이 나왔습니다. 일반적으로 그림은 가로로 길게 그리는 것이 보통인데, 포스터만은 기둥에 붙여야 했기 때문에 거의 세로로 길게 그려왔습니다. 요즘은 길거리에 기둥이 별로 없어서 게시판이나 임시 담벼락에다 많이 붙이지만, 여전히 그 전통에 따라 세로로 길게 제작되고 있습니다.

브로마이드(bromide)는 흔히 영화 포스터나 배우, 가수, 운동선수 등 스타의 대형 사진을 일컫는 말로 사용됩니다. 브로마이드(bromide)는 브롬화은을 사용해서 만든 사진 인화지(bromide paper) 혹은 그 인화지로 현상해서 만든 사진을 가리키는 말이었습니다. bromide는 '브롬(bromine)'이란 액체 성분(liquid element)의 비금속 화학원소에서 나온 말입니다.

'포스트잇(Post it)'은 미국 3M에서 만든 접착식 메모지의 브랜드입니다. Post는 '게시하다, 올리다'의 뜻으로, post it은 '붙여봐, 올려봐' 등의 의미가 됩니다. 붙여 쓰는 메모지는 그때 처음 나온 것으로 붙이는 기능을 강조하는 이름을 만든 것으로 보입니다.

AP통신이 선정한 '20세기 10대 히트 상품'에 꼽힌 포스트잇은 3M의 연구원의 아이디어에서 나왔습니다. 잘 붙기도 하지만 잘 떨어지기도 하는 접착제를 만들었지만, 한동안 쓸모를 찾지 못해 무용지물이 될 뻔했다고 합니다. 접착제로서는 강도가 부족했기 때문에 불량품이었던 것을 메모지와 연결하여 '포스트잇(Post-it)'이란 제품으로 만들어냈습니다.

WORDS

post 위치, 큰 기관의 직책   poster 포스터, 광고   bromide 브로마이드, 대형 사진

축구에서 '리베로'란 포지션은?

사진작가가 '이 모델은 포즈(pose)가 나오는데'라는 말을 합니다. 포즈(pose)는 'put(놓다, 두다), place'에서 나온 말로, 사진 촬영 등을 위한 '자세, 자태, 몸가짐, 자세를 취하다'를 말합니다. '포즈를 취하다'라는 말이 '그 자세와 관련된 어떤 의도를 보이다'라는 의미를 가지기도 합니다. 권투 선수가 주먹을 쥐고 공격적인 포즈(pose)를 취하는 모습은 싸우겠다는 의지를 나타냅니다.

positive의 근원적인 뜻은 '자리 잡은, 위치에 있는, 실제로 있는'이란 의미입니다. 여기에서 뜻이 확장되어 '확실한, 자신 있는, 단정적인, 명확한, 확실한, 양성의, 긍정적인, 낙관적인, 적극적인' 등의 뜻으로 쓰이는 말입니다. positive의 반대말은 negative입니다.

- **positive attitude** 긍정적인 태도

position은 'pose(자세)'라는 뜻에서 '자리 잡고 있는 것, 앉혀 놓은 것' 즉 '자리, 위치' 등의 뜻을 가집니다. '어떤 물체가 물리적으로 어떤 위치를 차지했다'라는 의미에서 확장되어, '특정 주제에 대한 입장, 태도, 지위' 등의 같은 추상적인 뜻으로도 쓰입니다. 우리 말로는 '직장에서의 직위, 경주나 대회에서의 순위, 축구나 야구경기에서의 선수 위치, 전투 중인 군대의 진지' 등의 뜻으로 해석됩니다.

축구 경기에서 포지션(position)은 감독이 팀의 전술을 수행하기 위해 11명의 선수가 활동하는 영역을 자리 잡아 놓은 것을 말합니다. 각 팀은 한 명의 골키퍼(goalkeeper)와 10명의 아웃필드 선수로 구성되는데, 이 선수들은 수비수(defender), 미드필더(mid-fielder), 공격수(Forward)로 나뉩니다. 박지성 선수가 현역에서 활약할 때의 포지션(position)은 미드필더(mid-fielder)였습니다.

'수비수(defender)'는 centre-back(센터백), right-back(라이트백), left-back(레프트백)이 있습니다. '미드필더(mid-fielder)'는 중앙 미드필더(centre mid-fielder)와 측면 미드필더(winger 또는 wide mid-fielder)가 있습니다. 또한, 역할에 따라 수비형 미드필더(defensive mid-fielder)와 공격형 미드필더(attacking mid-fielder)로 나뉘기도 합니다. 공격수는 'attacker'가 아니라 'forward'라고 하는데, 골잡이 역할을 하는 중앙 공격수를 center forward 또는 striker라고 합니다.

centre-back(센터백)은 최후방 중앙 수비수인데, 순간 판단력과 리더십이 뛰어난 선수가 배치됩니다. 중앙 수비수는 홍명보가 국가대표에서 활동했던 포지션인데, 이 위치의 선수를 보통 '스위퍼(sweeper)'나 '리베로(libero)'라고도 합니다. '리베로(libero)'는 이탈리아어로 '자유인'이라는 뜻입니다. 축구에서 리베로는 수비를 주로 담당하지만, 포지션에 구애받지 않고 최종공격까지도 가담할 수 있는 선수를 말합니다. 리베로는 최후방에서 수비수의 위치와 역할을 지시하고, 결정적 공격기회를 제공하거나 직접 공격을 하기도 합니다. 배구에도 리베로라는 포지션이 있는데, 스파이크나 블로킹은 할 수 없고, 리시브나 토스만 할 수 있는 수비전담선수를 말합니다.

'위성항법장치(GPS)'는 세계 어느 곳에서든지 인공위성을 이용하여 자신의 위치를 정확히 알 수 있는 시스템입니다. GPS는 global positioning system의 약자로 '지구에서의(global) 위치를 파악하는(positioning) 시스템(system)'이란 뜻입니다. 비행기, 선박, 자동차뿐만 아니라 휴대폰에서도 버튼 한번만 누르면 약 5m 이내의 오차로 정확한 위치를 알아낼 수 있습니다. 즉 지구 표면상에 있어서 위도(緯度, latitude)와 경도(經度, longitude)의 좌표 값을 통해 자신의 위치와 속도, 시간을 알 수 있는 시스템입니다.

- Determining your location used to require such cumbersome devices as a map, compass and ruler. 위치를 정하기 위해서 지도, 나침반, 자와 같은 다루기 어려운 장치가 요청되곤 했다.

- This car is equipped with GPS. 이 차는 위성항법장치가 장착되어 있다.

GPS는 1970년대 미국 국방부가 지구상에 있는 물체의 위치를 측정하기 위해 개발한 군사 목적의 시스템입니다. 1978년에 첫 GPS용 위성이 발사되어 수십 개의 위성들이 2만km 상공에서 하루 2회 서로 다른 궤도로 지구 대기권을 돌고 있습니다. 1994년 이래 민간에게도 개방되어 전 지구적으로 이용되고 있습니다. 민간에서 사용하는 GPS는 어느 시간 어느 곳에서도 동시에 4개 이상의 위성신호를 얻을 수 있는데, 전파수신기만 있다면 날씨와 상관없이 정확한 위치 정보를 전달받을 수 있습니다. 군사적인 목적으로 미국 국방성에서 개발한 GPS는 최소 24개의 인공위성을 이용해 대상의 위치를 측정합니다. 군사용 GPS는 공격대상을 정밀하게 타격하기 위해 사용되는데, 오차 범위가 1cm 정도로 정밀합니다.

- Developed by the US military in the 1970s, the Global Positioning System has been globally available since 1994. GPS는 1970년대 미군에 의해 개발되었는데, 1994년 이래로 범지구적으로 이용 가능해졌다.

WORDS

pose 포즈   positive 확실한, 긍정적인   position 자리, 위치

16 '작곡가(composer)'와 '분해자(decomposer)'

compose는 '함께(com=together) 놓다(pose=put)'라는 의미에서 '조립하다, 구성하다, (시나 글을) 만들다'라는 뜻을 가집니다. 작곡가(composer)는 악보 상에서 음표 등의 요소를 함께 놓아두는 사람 즉, 음악작품을 창작하는 사람입니다.

- Joseph Haydn was a **composer** in the Classical period. 요셉 하이든은 고전주의 시대의 작곡가였다.

compose는 '마음이 흔들리지 않게 완전히 제자리에 놓이게 하다'라는 의미에서 마음을 '가라앉히다'는 뜻도 가집니다. composure는 '침착, 냉정, 평정, 자제'의 뜻으로 쓰입니다. compost는 '여러 가지를 섞어 함께 혼합한 것' 즉, '배양토, 비료, 퇴비'라는 뜻을 가집니다.

consist of는 '~로 구성되다, 이루어지다'라는 뜻입니다. 이와 유사한 표현으로 'be composed of' 또는 'be made up of'가 있습니다.

- Water **consists of** hydrogen and oxygen. 물은 수소와 산소로 구성된다.

- The committee **is composed of** eleven members. 그 위원회는 11명으로 구성되어 있다.

decompose는 '함께(com) 있던 것(pose)을 따로 떼어내다(de=away)'라는 의미에서 '(성분, 요소로) 분해시키다, 부패시키다, 썩게 하다'라는 뜻을 가집니다.

- **Leftover food particles decompose in the mouth due to bacteria.** 입안의 음식물 찌꺼기는 세균 때문에 부패한다.

- **Decomposition of a dead fish in the aquarium will give the water a very bad smell.** 수족관에 있는 죽은 물고기의 부패로 인해 물에서 매우 고약한 냄새가 난다.

생태계(ecosystem)는 어떤 지역 안에서 상호작용하는 생물군과 서로 영향을 주고받는 주변의 무생물 환경을 통틀어서 부르는 말입니다. 생태계는 빛, 기후, 토양 등의 비생물 요소와 이곳에서 살아가는 모든 생물 요소로 구성됩니다.

- **Overfishing is damaging the delicate marine ecosystem.** 물고기 남획이 취약한 해양 생태계를 훼손하고 있다.

지구 상의 모든 생물은 먹고 먹히는 관계에 있는데, 하나로 연결된 사슬과 같이 이어져 있다고 하여 먹이사슬(food chain)이라 합니다. 한 생물은 여러 종류의 동식물을 먹이로 하므로 여러 개의 먹이사슬이 복잡하게 얽히게 됩니다. 생태계 내에서 관찰되는 먹고 먹히는 관계는 실제적으론 그물 형태를 이루게 되는데, 이를 먹이 그물(food web)이라고 부릅니다. 먹이사슬은 태양으로부터 합성된 에너지가 먹이에 해당하는 생물의 몸을 통해 차례차례 전송되어가는 과정이기도 합니다.

- **Owls are at the very top of the food chain.** 부엉이는 먹이사슬의 가장 위에 있다.

생산자(producer)는 광합성을 통해 무기물에서 유기물인 녹말, 즉 에너지를 생산하는 녹색식물을 가리킵니다. 소비자(consumer)는 자기 스스로 에너지원이 되는 유기물을 합성할 수 없습니다. 식물을 먹는 초식동물이나 초식동물을 잡아먹는 육식동물이 소비자에 해당합니다. 분해자(decomposer)는 동식물의 사체나 배설물을 분해하여 무기물로 만드는 미생물을 가리킵니다. 분해자에 의해 발생한 무기물은 다시 생산자인 녹색식물에게 흡수됩니다.

WORDS

compose 구성하다. (시를) 쓰다, 마음을 가라앉히다　composer 작곡가　composure 침착　compost 배양토, 퇴비　consist of ~로 구성되다　decompose 분해시키다. 부패시키다　ecosystem 생태계　decomposer 분해자

'엑스포(Expo)'와 '전시회(exhibition)'

expose는 '무엇인가를 밖에(ex=out) 두다(pose=put)'라는 의미에서 '드러내다, 접하게 하다, 노출하다, (죄나 비밀을) 폭로하다' 등의 뜻을 가집니다.

- The long drought **exposed** the cracked floor of the reservoir. 오랜 가뭄으로 갈라진 저수지 바닥이 드러났다.
- **Expose** your child to as many things, places, and people as possible. 가능한 한 아이들이 많은 사물, 장소, 사람들과 접하게 하십시오.

expose의 명사형은 exposure와 exposition으로 2가지가 있습니다. exposure는 '노출, 탄로, 폭로, 발각, 적발'이라는 뜻으로 쓰입니다. exposition은 '(의도적으로) 밖으로 내놓아서 사람들이 볼 수 있도록 하는 것'이란 의미에서 '박람회, 설명, 해설'이라는 뜻으로 쓰입니다.

- **exposure** meter 사진기의 노출계
- Skin cancer is often caused by too much **exposure** to the sun. 피부암은 보통 햇빛에 너무 많이 노출됨으로써 발생한다.

전 세계적으로 4년마다 열리는 큰 행사는 올림픽, 월드컵과 엑스포(Expo)가 있습니다. 엑스포(Expo)는 세계적인 규모와 체제를 갖추어 개최되는 국제박람회입니다. 엑스포(Expo)는 세계 각국의 생산품들이 합동 전시되기 때문에 'export(수출)'의 약자라고 생각하기 쉬운데, exposition의 앞부분을 따온 말입니다.

'엑스포(Expo)'를 우리말로는 '만국박람회(萬國博覽會, World Exposition)'라고 합니다. 1928년 프랑스 파리에서 체결된 국제박람회 조약에 의거, 가맹국 또는 그 나라에서 인정하는 단체가 주최합니다. 최초의 박람회는 1862년 영국 런던에서 개최됐으며 한국에서는 1993년 대전 엑스포가 개최된 적이 있습니다.

- The Daejeon **Expo** was held in 1993. 1993년에 대전에서 엑스포가 열렸다.

서울 삼성동에 가면 '코엑스(COEX)'라는 건물이 있는데, 'Convention and Exhibition'를 줄여서 만든 말입니다. '코엑스(COEX)'에서는 상시 각종 '전시회'가 개최되고 있습니다. 그래서 exposition을 줄여서 만든 말이라고 오해할 수 있지만, 실제로는 exhibition으로 만든 말입니다. '엑스포(Expo)'는 산업이나 학예 등 전 세계의 문화를 전시나 공연하는 박람회로 'exhibition(전시회)'보다 대규모의 행사입니다.

- This torso, found in the ruins of Pompeii, is now on **exhibition** in the museum in Naples. 폼페이의 폐허에서 발견된 이 토르소(몸통) 부분은 현재 나폴리 박물관에 전시되어 있다.

WORDS

expose 노출하다, 폭로하다　　exposure 노출, 발각　　exposition 박람회, 해설　　Expo 엑스포, 국제박람회　　exhibition 전시회

미국에도 전세제도가 있나요?

deposit은 '아래쪽에(de=down) 두다(posit=put)'라는 의미에서 '맡기다, 예금하다, 저장하다, 보증금, 착수금'의 뜻으로 쓰입니다. depositary는 '맡는 사람, 보관인, 수탁소, 보관소, 창고'라는 뜻으로 쓰입니다.

- A truck **deposited** a hill of earth in the yard.
  트럭이 뜰에 흙더미를 쌓았다.

- Guests may **deposit** their valuables in the hotel safe. 투숙객은 호텔 금고에 귀중품을 보관할 수도 있다.

호텔에 투숙하려고 할 때 먼저 프런트 데스크(front desk)에서 절차를 밟는 것을 '체크인(check-in)한다'라고 합니다. 호텔 프런트 직원(front desk clerk)은 보통 숙박자 이름과 숙박 기간 그리고 객실 종류를 묻습니다. 미리 예약할 때 정해놓았다면 '예약번호(confirmation number)'와 여권(passport)을 제시하면 됩니다.

- Could you please fil. in this registration form? 이 신청서를 작성해주시겠어요?

- Are there any single rooms available? 싱글 룸이 있나요?

마지막으로 지불 방법(method of payment)을 묻는데, 보통 신용카드나 현금으로 지불하게 됩니다. '신용카드로 지불하겠다.'라고 하면 직원은 "I'll take an impression of your card. (당신의 카드를 긁어 놓겠습니다.)"라고 말합니다. 이 말은 무슨 뜻일까요? 호텔에서는 투숙객이 숙박비용을 지불하지 않고 도망간다든지,
신용카드 잔고가 부족해서 결재할 수 없는 상황에 대비해서 미리 deposit(보증금)을 잡아두는 것입니다. 물론 체크아웃할 때 신용카드를 제시하지 않아도 이미 긁어놓은 용지가 있으므로 여기에 사인만 하면 결제가 완료됩니다. 만약 현금으로 지불한다고 하면 체크인 시 현금으로 deposit(보증금)을 요구하는 호텔도 있습니다. 결국, 호텔에서의 결제는 일종의 '선불(payment in advance)'이라고 할 수 있습니다.

미국에도 전세제도가 있을까요? 전세란 집을 얻을 때 비교적 큰 금액을 내고 대신 '월세(monthly rent)'를 내지 않는 제도입니다. 세입자는 전세기간이 만료되면 그 금액을 그대로 돌려받게 됩니다. 그러나 미국에서는 전세제도가 없으며, 매달 선불로 돈을 내야 하는 월세가 대부분입니다. 한국에서는 보통 계약에 의해 임대 기간이 기본 2년이지만 미국에서는 1년이 보통입니다.

미국에서 월세를 얻을 때 주인은 보통 보증금(security deposit)과 청소비(cleaning fee)를 받습니다. 보증금은 벽이나 기둥, 기구 등 집안의 시설물 파손을 대비하여 미리 받아두는 보수 비용입니다. 보증금(deposit)은 보통 한 달 치 월세를 요구하는데, 두 달 치를 요구하는 경우도 있습니다. 보증금(deposit)은 집을 나갈 때 보수할 것이 없으면 돌려받을 수 있지만, 청소비는 돌려받지 못하는 경우가 많습니다. 한편 계약기간이 종료하지 않은 시점에 먼저 나가면 보증금을 돌려받지 못합니다.

자기 은행 계좌(account)에 돈을 예금할 때 'deposit'이라는 표현을 사용합니다. 반대로 계좌에서 돈을 인출할 때는 'withdraw'나 'take out'이라고 합니다. 학생들이 은행에서 학비를 대출(loan)받을 때도 'take out'이라고 하고, 빌린 돈을 갚는 것은 'pay back'입니다.

- If you go to the bank, will you **deposit** these checks for me? 은행에 가면, 이 수표들 좀 예금해줄래?

- I **withdrew** $50 from my bank account. 나는 내 은행 계좌에서 50달러를 인출했다.

- I have to take a **loan** out to cover my tuition fees.
  등록금을 내기 위해서 대출받아야 한다.

- I can **pay back** the loan next month.
  나는 다음 달에 대출받은 것을 갚을 수 있다.

WORDS

deposit 예금하다, 보증금   depositary 보관인, 보관소   withdraw 인출 (=take out)   pay back 빌린 돈을 갚다

19 대포폰과 depot(데포) 그리고 무데뽀(無鐵砲)

자동차와 휴대폰, 그리고 통장의 공통점은 무엇일까요? 제품의 실 소유자가 제품이나 서비스를 사용하기 전에 공식 서류를 통해 자신의 신분을 등록(register)해야 한다는 점입니다. 그런데 TV 뉴스를 보다 보면 간혹 '대포차, 대포폰, 대포 통장'이란 용어를 듣게 됩니다. '대포폰'이나 '대포 통장'을 보면 '대포차'가 대포(大砲, cannon)를 장착한 차도 아닐 것이고, '대포'의 의미는 무엇일까요?

이들 '대포' 중 가장 먼저 사용된 단어인 '대포차'의 사용 내력을 보면 '대포'의 어원을 유추해볼 수 있습니다. '대포차'라는 말은 등록한 사람이 없거나 등록자와 사용자가 다른 자동차를 말합니다. 대포차는 단지 서류상의 잘못 정도에 불과한 것이 아니라 범행도구로 이용될 경우 어마어마한 악용이 가능합니다. 어떤 사람이 대포차를 이용하여 범행을 저지르고 다녀도, 공식 서류상의 정보가 부정확하므로 실제 사용자를 추적하기가 어렵게 됩니다.

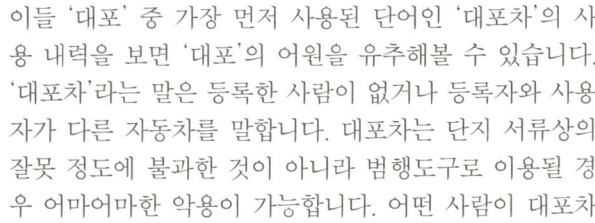

자동차가 범죄에 이용될 경우 도로에 설치된 CCTV를 통해 번호판을 파악하면 그 자동차를 추적할 수 있습니다. 하지만 대포차는 자동차를 추적해도 실제 운전자의 신원을 알 수가 없으므로 범죄에 대해 처벌을 할 수 없게 됩니다. 이런 맹점을 이용하여 범죄자들은 대포차를 과속, 신호 무시, 뺑소니, 인신매매, 도주용 차량 등 다양한 범죄에 이용하고 있습니다.

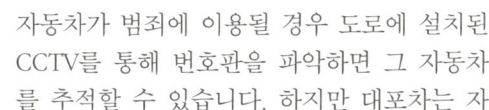

'대포폰'은 자신의 신분을 감추기 위해 다른 사람 명의로 등록해 사용하는 휴대폰을 말합니다. 대포폰을 사용하는 예는 외국인이 매일같이 국제전화를 쓰고 나면, 실명을 도용당한 사람에게 요금이 고스란히 청구되는 경우입니다. 범죄자들은 대포폰을 보이스피싱(voice phishing), 스마트폰을 활용한 지능범죄, 사기, 협박 등 각종 범죄에 활발히 이용하기도 합니다. 대포폰은 수사기관의 추적을 당할 일이 없기 때문에 범죄 조직의 은밀한 통신수단으로도 활용됩니다.

'대포 통장'은 실제 사용자와 전혀 관계가 없이 타인의 명의로 등록된 통장을 의미합니다. 만약 사기나 협박을 통해 돈을 받을 경우, 범죄자 자신의 명의로 된 통장을 이용하면 수사기관에 의해 금세 발각되어 버립니다. 그러나 범죄자가 대포 통장을 이용하면 불법적인 돈을 안전하게 받을 수 있게 됩니다. 실제로 범죄자들이 신원확인이 불가능한 노숙자에게 일정 대가를 지불하고 노숙자 명의의 통장을 만들어 범죄에 활용하는 경우가 많이 보도되고 있습니다.

대포차, 대포 통장, 대포폰의 공통점은 명의 등록자와 사용자가 다르다는 점입니다. 결론적으로 '대포'라는 말은 자신의 신분을 감추기 위해 타인 이름으로 거짓 등록해 사용하는 것을 말합니다. 만약 대포물건을 소지하고 있으면, 설령 범죄행위를 저지를 동기가 없었다 해도 압수 및 처벌의 대상이 됩니다.

'오피스 데포(Office Depot)'는 미국에서 사무용품을 파는 대형 창고형 마트로 유명한 회사입니다. 철물점(hardware store)인 'Home Depot'에서 처럼 depot라는 말이 붙으면 뭔가 대량으로 판매한다는 뉘앙스를 줍니다. Depot은 대개 쇼핑몰(shopping mall)에 있거나, 잡화점(grocery store) 같은 곳이 겸하고 있는 경우가 많습니다.

'대포차, 대포폰, 대포 통장'에서 '대포'라는 말이 영어 'depot(데포)'에서 유래되었다는 설이 있습니다. 사전상에서 depot의 뜻은 '저장소, 창고, 유통거점'이라는 뜻입니다. 미국, 영국, 호주, 뉴질랜드 등에서는 중고차 판매회사를 'car depot' 또는 'motor depot'이라고 부르고 있습니다. 'depot car(데포카)'는 중고차 판매회사들이 매물로 내놓은 자동차를 의미합니다. 외국으로부터 중고 외제차를 수입하면서 한글화 과정에서 '대포차'로 기재하기 시작한 것으로 추정합니다.

'막무가내'라는 뜻의 일본말 '무데뽀(無鐵砲, むてっぽう)'에서 유래되었다는 주장도 있습니다. 일본어 '무철포(無鐵砲)'는 방향과 거리를 겨냥하지 않고 아무 데나 마구 쏘아대는 대포를 가리키는 말입니다. 좌충우돌식으로 앞뒤 가리지 않고 어떤 일에 막무가내로 덤벼들어 밀어붙이는 사람을 일컬어 '무데뽀'라고 부르곤 합니다. '대포차'를 타는 사람들은 자동차 세금이나 각종 위반 과태료 등을 납부하지 않고 '무모하고, 막되고, 분별없이, 무작정' 사용하게 마련입니다.

WORDS

depot (대규모) 창고

20 다 빈치, 고흐, 베토벤, 밴쿠버, 드골의 공통점

preposition은 '앞에(pre=before) 놓아두다(pose=put)'라는 의미에서 문법에서는 전치사라고 합니다. 전치사(前置詞)라는 한자어를 풀이하면 '앞(前)에 두는(置) 말(詞)'이란 뜻입니다. 전치사는 명사(名詞) 앞에 오는데, 하나의 덩어리로 합쳐져서 형용사나 부사 역할을 하게 됩니다. 전치사 다음에 오는 말을 전치사의 목적어라고 하며, 따라서 목적격이 와야 합니다.

- The man with a tall hat is the mayor.
  높은 모자를 쓴 사람이 시장이다.

이 문장은 'The man is the mayor.'이 수식어가 붙어서 확장된 형태로 2형식입니다. 형용사구 'with a tall hat(길쭉한 모자를 쓴)'이 주어인 man을 꾸미고 있습니다. with가 명사 hat 앞에 온 전치사이며, hat을 전치사 with의 목적어라고 합니다.

- They went into a store.
  그들은 어느 상점에 들어갔다.

이 문장은 'He went.'에 수식어가 붙어서 확장된 형태로 1형식입니다. 부사구 'into a store(어느 상점 안으로)'는 동사 went를 꾸미고 있습니다. 부사는 동사나 형용사 또는 또 다른 부사를 꾸미는 역할을 합니다. into는 명사 store의 앞에 온 전치사이며, store는 전치사 into의 목적어입니다.

레오나르도 다 빈치(Leonardo da Vinci, 1452~1519)는 역사상 최고의 천재라고 일컬어지는 사람입니다. 천재라는 별명에 걸맞게 화가, 조각가, 과학자, 발명가, 철학자 등 다양한 분야에서 혁혁한 업적을 남겼습니다. 레오나르도 다 빈치는 르네상스(Renaissance) 시대의 사람으로, 이탈리아의 피렌체 근교 '빈치(vinch)'라는 마을에
서 출생하였습니다. da는 from이나 of의 뜻을 가지는 일종의 전치사이며, 'da Vinci'는 '빈치 지방 출신의'라는 뜻이 됩니다. 이탈리아어 vinch는 영어에서 'victory(승리)'에 해당하는 말입니다.

로마의 장군 카이사르(Gaius Julius Caesar)는 '갈리아(Gallia)' 지방을 정복하고 로마의 속국으로 만들었습니다. 고대 로마인들은 '갈리아(Gallia)'라고 불렀던 지역은 지금의 북이탈리아와 프랑스 지역에 해당합니다. 로마 시대를 배경으로 한 영화나 미국 드라마를 보면 '골(Gaul)족'이란 표현이 나오는데, '갈리아(Gallia)'에서 변형된 말입니다. 프랑스의 제5공화국 초대 대통령의 이름은 '드골(de Gaulle)' 인데, 'Gaul 지방 출신인'이란 뜻입니다. de는 원래 라틴어에서도 쓰이던 전치사로 from이나 of에 해당하는 말입니다. 유명한 영화배우 '로버트 드 니로(Robert De Niro)'의 조상은 분명히 Niro 출신이었음을 알 수 있습니다. 향수의 종류를 구분하는 말 중에 perfume, eau de perfume, eau de toilette, eau de cologne 등이 있는데, 여기서도 발견할 수 있습니다.

Vincent van Gogh(빈센트 반 고흐, 1853~1890)는 네덜란드의 후기 인상주의(Post-Impressionist) 화가입니다. van은 영어로 of(~의), from(~로부터 온)에 해당하는 전치사로, 옛날에는 그 사람의 출신지를 이름에 붙여 '어디에서 온 누구'라는 식으로 부른 표현입니다. Vincent van Gogh는 '고흐에서 온 빈센트'라는 의미이며, 이 표현이 굳어져 '성(姓, surname)' 앞에 van을 붙이게 된 것입니다. 이외에도 Van Dyke나 Van Allan과 같이 네덜란드인(Dutch)의 이름에 van이 쓰여집니다.

- **Van is a preposition in the Dutch languages, meaning 'of' or 'from.'**
  van은 네덜란드어에서 of 또는 from을 뜻하는 전치사이다.

Ludwig van Beethoven(루드비히 반 베토벤, 1770~1827)는 본 태생인 독일의 작곡가입니다. 그는 고전파에서 낭만파를 창시했으며, 클래식 역사상 가장 위대한 작곡가라는 평가를 받고 있습니다. 성인(聖人)이라고 이를 정도로 뛰어난 음악가라는 의미에서 '악성(樂聖)'이라는 별칭이 붙어있습니다.

- The Symphony No.5 in C minor was written by Ludwig van Beethoven in 1804~1808.
  5번 다단조(운명교향곡)는 1804년에서 1808년 사이에 루드비히 반 베토벤에 의해 쓰여졌습니다.

캐나다의 서쪽 끝에 있는 도시 'Vancouver(밴쿠버)'는 세계에서 가장 살기 좋은 도시로 손꼽힙니다. 밴쿠버는 인구가 200만 명 정도인데, 캐나다에서 토론토와 몬트리올에 이어 세 번째로 큰 도시입니다. 바다와 도심이 맞닿아 있어 세계 4대 미항이라고 손꼽아지며, 2010년 동계올림픽 개최지이기도 했습니다. Vancouver(밴쿠버)라는 이름은 1792년 태평양 연안을 탐험한 조지 밴쿠버(George Vancouver) 선장의 이름을 따 지어졌습니다. 'Vancouver'는 '쿠버(Couver) 지방 출신인 사람'이란 뜻입니다.

- Yuna Kim was awarded a gold medal in figure skating at the 2010 Vancouver Olympics. 김연아 선수는 2010년 밴쿠버 올림픽에서 금메달 수상했다.

WORDS

preposition 전치사

알프스를 넘어간 북유럽의 르네상스

15세기 피렌체, 베네치아 등 이탈리아의 도시 국가를 중심으로 르네상스가 꽃을 피웁니다. 지중해 무역을 통해 부를 축적한 상공업자들이 레오나르도 다 빈치, 미켈란젤로, 라파엘로와 같은 천재 화가들을 후원했습니다. 이탈리아 미술의 주요 수요층은 성당이었고, 성당 건물의 벽이나 천장에 그리는 프레스코화가 유행했습니다. 이탈리아 화가들은 〈최후의 만찬〉이나 〈천지창조〉, 〈아테네 학당〉과 같은 작품에서 보듯이 기독교나 고대 그리스 로마 시대의 이야기를 그렸습니다.

1492년 콜럼버스의 신대륙 발견 이후 유럽 경제의 중심은 지중해에서 대서양 중심으로 옮겨가게 되었습니다. 이제 르네상스는 알프스를 넘어서 북유럽의 플랑드르(Flandre) 지방으로 확장되었습니다. 플랑드르는 오늘날의 벨기에와 네덜란드 그리고 프랑스의 접경지역입니다. 중세 말기의 시대적 흐름에 따라 북유럽의 인문주의자들은 현실 사회와 교회에 대한 비판을 시도합니다. 토머스 모어는 〈유토피아〉에서 이상적인 사회를 묘사하고, 에라스무스는 〈우신 예찬〉을 통해 교회와 성직자들의 부패와 타락을 풍자하였습니다.

얀 반 에이크(Jan van Eyck, 1395~1441)는 15세기 플랑드르 사실주의 미술의 대표작가입니다. 물론 그의 조상은 '에이크(Eyck)'라는 지방 출신의 사람이었을 것입니다. 얀 반 에이크는 유화 기법을 사용한 최초의 미술가이자 거의 모든 작품에 서명한 최초의 미술가로 알려져 있습니다. 프레스코화는 회벽이 젖어있을 때 단숨에 그려내야 하지만 유화는 여러 번 덧칠할 수 있어서 명암을 좀 더 쉽게 표현할 수 있습니다. 플랑드르 화가들은 유화를 통해 의복의 질감까지 나타낼 정도로 정교하고 극사실주의적인 묘사까지 표현할 수 있었습니다.

플랑드르 지방에서 그림의 주된 수요층은 성당이 아니라 궁정 귀족이나 부르주아였습니다. 얀 반 에이크의 대표작 〈아르놀피니 부부의 결혼식〉에서는 부르주아인 일반인이 주인공으로 등장합니다. 호화로운 침실에서 손을 마주 잡은 커플의 초상화로 실제와 같은 착각을 일으킬 정도로 정교한 세부 묘사로 유명합니다. 이 부부 사이의 벽면에 걸려있는 둥근 거울에는 수수께끼 같은 제3의 인물이 비쳐 보입니다. 이 결혼의 증인으로 부부를 지켜보고 있는 화가 자신의 모습을 그린 것이라고 합니다.

22. 여러 가지 포즈(-pose)에 대해 알아봅시다.

propose는 '앞으로(pro=forward) 내놓다(pose=place)'라는 의미에서 출발합니다. propose는 듣는 사람에서 '앞으로 어떻게 하겠다는 의도를 내놓다'라는 의미에서 '신청하다, 제안하다, 제의하다'라는 뜻을 가집니다.

- Ladies and gentlemen, I'd like to **propose** a toast to the bride and groom. 신사 숙녀 여러분, 신랑과 신부를 위해 건배를 제안합니다.

盡人事待天命

'Man proposes, God disposes.'라는 영어 속담은 '인간이 제안하면 신께서 처리한다.'라는 뜻으로 '계획은 사람이 꾸미되 일의 성패는 하늘에 달렸다.'라는 의미입니다. '진인사대천명(盡人事待天命)'이라는 한자 성어는 '사람의 할 일(人事)을 다하고(盡) 천명(天命) 즉, 하늘에 뜻을 기다린다(待)'라는 뜻인데, 거의 유사한 의미라고 볼 수 있습니다.

일상적으로 가장 많이 듣게 되는 propose의 뜻으로 '청혼하다'라는 의미가 있습니다. '프러포즈(propose)'라는 어휘는 단순히 '결혼하자'가 아닙니다. 본래 의미는 '결혼하면 이런 저런 방법으로 행복하게 해주겠다'라고 제안한다는 의미에서 비롯된 말입니다.

'object(반대하다), obstacle(장애), offend(화나게 하다), obstruct(방해하다)'에서 보듯이 'ob'라는 접두사는 '반대(against)'나 '방해(in the way of)'의 뜻을 가집니다. oppose는 '반대편(op=against)에 놓다(pose=place)'라는 의미에서 '반대하다, 대항하다, 이의를 제기하다'라는 뜻을 가집니다. 물론 원래는 'ob'였지만, 뒤에 나오는 'pose'를 따라 자연스러운 발음을 만들기 위해서 'op'로 변화한 것입니다.

- The principles of capitalism and socialism are **opposed** to each other. 자본주의와 사회주의의 원칙들은 서로 정반대다.

opposite은 '(보통 마주 보고 있는 둘 중) 다른 편의, 맞은편의, (정)반대의'라는 뜻입니다. opposite는 '반대'의 의미를 나타내는 접두어 op와 '놓다'의 의미의 pose, 그리고 형용사를 만드는 접미사 -ite이 합쳐진 말입니다. 따라서 opposite의 기본 개념은 '반대편에 놓다' 즉, '마주 보고 있다'라는 의미입니다. 마주 보고 있으니까 대립을 상징하게 되었고 그래서 '반대'의 개념이 더해지게 된 것입니다.

- Delight is the **opposite** of sorrow. 기쁨은 슬픔의 반대이다.

opponent는 '반대로 놓여 있는 것이나 사람'이란 의미에서 '반대하는, 적대하는, 대항자, 적수'라는 뜻으로 쓰입니다. 반대말인 proponent는 '앞에다(pro) 두다(pon=put)'라는 의미에서 '제안자, 제의자, 지지자'라는 뜻을 가집니다. proponent는 propose에서 온 말입니다.

- The Korean national team defeated the **opponent** two to zero in the **opponent's** country. 한국 대표팀은 적지에서 상대 팀을 2대0으로 격파했다.

- He passed the **opponent** defense in a swift move. 그는 재빠른 동작으로 상대 수비수를 제쳤다.

suppose는 '아래에(sup=sub, under) 두다(pose=put)'
라는 의미에서 출발합니다. '이런 것 아닐까?'하는 생각
즉, 밑에 깔린 의도를 '가정하다, 상상하다, 추측하다'
라는 뜻으로 쓰입니다. suppository는 '밑에 놓다,
밑에 넣다' 등의 의미가 그대로 살아있어 '좌약'이란
의미로 쓰입니다.

- You are **supposed** to be here at 8 a.m. 너는 오전 8시까
지 여기에 있기로 했어.

purpose는 '앞에(pur=pro) 놓다(pose=put)'라는
의미에서 '이루려는 의도를 가지고 앞에 놓아 두는
것' 즉, '의도를 보이다, 하려고 생각하다, 목적'이란 뜻을
가집니다. on purpose라는 숙어는 '고의로, 의도적으로
(purposely, intentionally)'이라는 뜻입니다.

- In his preface, the author explains his **purpose** in writing the book.
서문에서 저자는 책을 쓴 목적을 설명한다.

impose는 무엇인가를 '안에(im=in) 두다(pos=place)'라는 의미에서 '(의무, 세금, 벌 등을) 지우다, 부과하다, 강요하다'라는 뜻을 가집니다.

- Do not **impose** your opinion upon others. 네 의견을 남에게 강요하지 마라.

- Heavy taxes have been **imposed** on luxuries.
사치품에 무거운 세금이 부과되었다.

- Unless the country eliminates those unfair tariffs, the U.S. will **impose** sanctions. 그 나라가 그 부당한 관세들을 철폐하지 않으면, 미국은 제재를
할 것이다.

우리가 물건을 상자 단위로 무더기로 살 때 가끔 위에는 좋은 것을 놓고 아래쪽이나 안쪽에는 나쁜 것을 두어 속이는 경우를 많이 보게 됩니다. impose는 '부담이나 부과'라는 개념과 '사기'라는 개념도 만들어 내어 '(가짜 등을) 맡기다, 속여 팔다, (특권을) 남용하다, 기만하다'라는 뜻을 만들어 냅니다. impostor는 '사칭하는 자, 사기꾼, 협잡꾼'의 뜻으로 쓰입니다.

- To lend our precious money to such an **impostor**! 그런 사기꾼에게 우리의 귀중한 돈을 빌려주다니! (당신도 참 어리석어요.)

WORDS

propose 제안하다   oppose 반대하다   opposite 다른 편의   opponent 반대하는   proponent 제안자, 지지자   suppose 추측하다, 가정하다   suppository 좌약   purpose 목적, ~하려고 하다   on purpose 고의로   impose 부과하다, 강요하다   impostor 사기꾼

화산은 대장장이 신 불카누스의 작업장

그리스 신화에서 헤파이스토스(Hephaistos)는 '불, 화산, 대장장이, 공예의 신'입니다. 로마인들은 불카누스(Vulcanus)라고 불렀으며, 영어 이름은 벌컨(Vulcan)입니다. 절름발이(lame)인 데다가 별로 잘 생기지도 못했지만 미의 여신 아프로디테(Aphrodite)와 결혼을 합니다. 헤파이스토스가 절름발이가 된 이유에 대한 두 가지 설이 있습니다.

제우스는 여신의 몸을 빌리지 않고 혼자서 딸을 낳았습니다. 제우스는 지혜로운 충고를 하지만 사사건건 간섭하는 여신 메티스가 귀찮아져서 삼켜버립니다. 이후로 제우스는 심한 두통에 시달리게 되는데, 아이가 태어날 시기가 되었기 때문입니다. 제우스의 두개골을 쪼개자 투구를 쓰고 창과 방패로 무장한 여신 아테나(Athena)가 함성을 지르며 튀어나옵니다.

화가 난 제우스의 아내 헤라는 아비 없이 홀로 아들을 낳았는데, 이 아들이 바로 헤파이스토스입니다. 헤라는 추한 외모에 몸이 허약한 그를 수치스러워한 나머지 그를 낳자마자 올림포스 산 아래로 내던지는 바람에 불구가 되었다고 합니다. 다른 이야기는 어느 날 제우스와 헤라가 말다툼하고 있었는데 헤파이스토스가 옆에서 어머니 편을 들었습니다. 화가 난 제우스는 헤파이스토스를 걷어차 버렸고, 천상에서 떨어져 절름발이가 되었다고 합니다.

그리스 인들은 화산(volcano)을 보면서 그 화산 속에 대장장이의 신인 헤파이스토스가 살고 있다고 생각했습니다. 화산이 있는 곳에는 어디나 대장간이 있다고 상상하였는데 특히 시칠리아 섬의 에트나(Etna) 산 동굴 속 대장간은 유명합니다. 헤파이스토스가 화산 밑바닥에 대장간을 차려놓고 있으며, 화산은 그가 일할 때 피우는 불이 터져 나온 거로 생각했습니다. 헤파이스토스는 천재적인 솜씨로 제우스의 벼락이나 아테나의 방패 등 여러 가지 걸작을 만들었습니다. 제우스의 지시로 인간이 매혹되어 헤어나지 못하게 하는 아름다운 여성도 만들었는데 바로 판도라입니다.

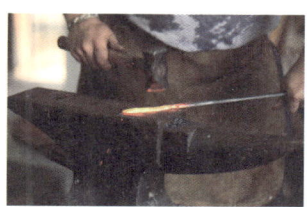

서양 이름의 성(last name) 중에서 가장 흔한 것 중의 하나가 바로 'Smith'입니다. Smith는 그리스어의 '새기다'의 뜻의 smile에 나온 말로, 영어에서는 '금속 세공인'의 뜻이 있습니다. 중세 유럽에서 성이 없다가 만들어 갖던 시절에 대장장이 신의 후예들은 smith를 선택하였습니다. 검은색 철을 다루는 대장장이는 blacksmith, 금세공업자는 goldsmith, 은세공업자는 silversmith가 됩니다.

volcano(화산)는 로마인들이 불렀던 대장장이의 신 '불카누스(Vulcanus)'에서 유래했습니다. lava는 '용암'이고, erupt는 용암이나 물 따위가 '뿜어져 나오다, 분출하다'라는 뜻입니다. 활화산은 active volcano이고, 휴화산은 dormant volcano이며, 사화산은 extinct volcano입니다. dormant은 dormitory(기숙사, 침실)에서 보듯이 '잠자는, 정지한'이란 뜻입니다.

- **dormant** account (은행) 휴면계좌
- The **lava** flowing from the **volcano** completely demolished the neighboring homes. 화산에서 흘러나온 용암은 이웃 집들을 완전히 허물었다.

굿이어(Goodyear)는 세계적인 자동차 타이어(tire) 업체 중에 하나입니다. 자연에서 채취한 생고무는 날씨가 더워지면 녹아서 끈적끈적하고 추워지면 굳어버리는 성질이 있어서 온도 변화에 대해 안정적이지 못했습니다. 1839년 미국의 찰스 굿이어(Charles Goodyear)는 생고무에 유황(sulfur)을 섞으면 생고무가 온도에 따라 성질이 변하지도 않고 강도도 높아지는 현상을 발견하였습니다. 굿이어는 생고무에 넣는 유황의 양을 가감해 보고 압력이나 열도 가하여 마침내 안정적인 고무를 만들어내는데 성공해냅니다.

- **Vulcanized rubber** was used to make bicycle tires, pulley belts, and rubber parts for machinery. 가황된 고무는 자전거 바퀴, 도르래 끈, 그리고 기계의 고무부품 등을 만드는 데 이용되었다.

찰스 굿이어가 발명한 고무 제조법을 'Rubber Vulcanization(가황 고무 제조법)'이라고 합니다. vulcanize는 '유황으로 처리하다, 뜨거운 불과 유황으로 생고무를 더 강하고 유연하면서 질기게 만들다'라는 뜻을 가집니다. 생고무와 황을 동시에 가열하면 고무 분자 간에 결합을 강하게 하여 탄성 및 인장강도를 증가시킬 수 있습니다. 찰스 굿이어가 발명한 Rubber Vulcanization(가황 고무 제조법)는 로마 신화에 나오는 불의 신 '불카누스(Vulcanus)'의 이름을 따서 만든 말입니다. 유황 성분은 화산 분출(the eruption of a volcano)을 할 때 많이 쏟아져 나오기 때문입니다.

- Goodyear named his process of heating rubber and sulfur '**vulcanization**', after Vulcan, the Roman god of fire. 굿이어는 고무와 유황을 열처리하는 과정을 로마 신화에 나오는 불의 신 Vulcan의 이름을 따서 'Vulcanization(가황)'이라고 명명했다.

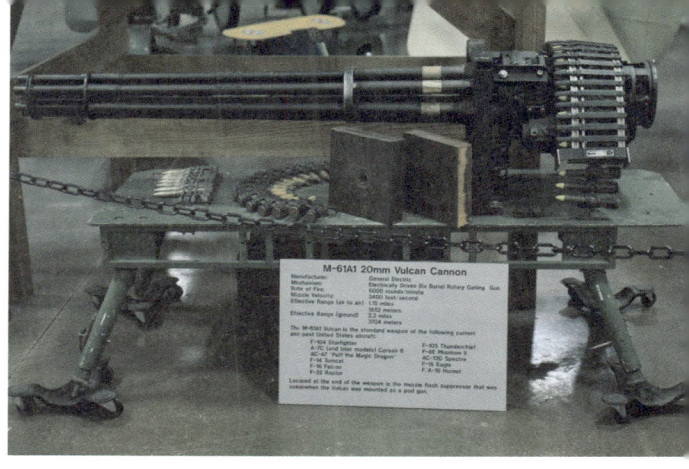

기관총(機關銃)은 방아쇠를 당겨 한발씩 쏘는 것이 아니라 연속사격을 자동으로 할 수 있게 만든 총을 말합니다. 기관총은 영어로는 machine gun이라고 합니다. **벌컨포(vulcan automatic cannon)**는 미국의 초음속 전투기(jet fighter)용 20mm 기관총입니다. 유압식의 경우 6개의 총신이 회전하면서 1분에 6,000발까지 발사할 수 있으며 장갑차에 장착하거나 지상의 대공화기로도 많이 쓰입니다. 벌컨포는 로마 신화에 나오는 불의 신 '불카누스(Vulcanus)'에서 유래된 이름입니다.

WORDS

volcano 화산   blacksmith 대장장이   goldsmith 금 세공인   silversmith 은 세공인   lava 용암
erupt 분출하다   dormant 잠자는, 정지한   Rubber Vulcanization 가황 고무 제조법   vulcanize 유황으로 처리하다   vulcan automatic cannon 벌컨포, 기관총

24 시간이 멈춰버린 폼페이

로마 시대의 고대 도시 폼페이(Pompeii)는 이탈리아 나폴리 해안가에 자리 잡고 있었습니다. 나폴리 연안은 경치가 빼어나기로 이름이 높았는데, 로마 귀족들의 별장이 들어서 있던 휴양지였습니다. 서기 76년에 폼페이는 인근 베수비오 화산의 돌연한 폭발로 하루아침에 깊이 7~8m의 땅속에 묻혀 버립니다. 화산재, 모래, 흙으로 뒤범벅된 폭우가 쏟아져 내려, 사람들과 건물을 흔적 없이 파묻어 버렸습니다.

- **Pompeii was destroyed when the volcano erupted in 79 AD.** 폼페이는 서기 92년에 화산이 폭발했을 때 파괴되었다.

이것은 전설적으로 전해 내려오는 이야기였으나 1748년 봄, 한 농부가 밭을 갈다가 우연히 이 도시의 이름이 새겨진 돌을 발견합니다. 본격 발굴에 착수하여 꾸준히 발굴이 계속되었으며, 옛 시가의 절반 정도가 발굴되었습니다. 폼페이는 '로마'의 전성기에 갑자기 멸망했기 때문에 당시 로마 귀족의 호화로운 생활상을 생생하게 확인할 수 있게 되었습니다. 그 후로 오늘날에 이르기까지 발굴이 계속되고 있으며, 지금은 거리 대부분이 드러나서 이탈리아 유수의 관광지가 되어 있습니다.

- **Being covered with tremendous amount of ashes, people of Pompeii were found in buildings throughout the city by modern scientists.** 엄청난 양의 화산재로 뒤덮인 상태로, 폼페이 시민들은 현대 과학자들에 의해 도시 전역의 건물더미 안에서 발굴됐습니다.

5km의 성벽, 일곱 개의 성문, 공중목욕탕과 체육관, 두 개의 극장, 1만 명 이상 수용할 수 있는 원형 경기장도 발굴되었습니다. 포장된 도로와 수도관 시설, 분수대, 비너스 조각상 등 걸출한 조각품들도 폼페이의 옛 명성을 생생하게 보여주고 있습니다.

- The city of Pompeii was destroyed by volcanic ash rather than by molten lava flowing from Mount Vesuvius. 폼페이 시는 베수비오 산에서 흘러내리는 용암보다는 화산재에 의해 파괴됐다.

발굴단은 화산재가 굳어진 공간에 석고를 부어 넣어 당시 죽은 사람들의 모습을 재현하는 방법을 동원했습니다. 화덕에서 반쯤 구워진 빵이 발굴되기도 하고, 여인숙 탁자에는 손님들이 서둘러 계산한 돈이 그대로 놓여 있었습니다. 어떤 어머니들은 숨이 막히기 전에 힘껏 아기를 감싸 안고 있었고, 어느 집 앞에는 젊은 여자가 집 안으로 들어가 귀중품을 꺼내려고 망설이는 몸짓으로 굳어 있기도 하였습니다. 얼마나 갑작스레 닥쳐온 화산 폭발이었는지 참담한 모습이 하나씩 드러날 때마다 입을 다물지 못할 정도입니다.

- Although the Roman city of Pompeii had an advanced culture, virtually none of the citizens could escape from the eruption happened in AD 79. 폼페이가 뛰어난 문화를 가졌음에도 불구하고, 기원 79년에 발생한 화산 분출로부터 그 누구도 대피하지 못했다.

시간의 흐름이 멈춰버린 폼페이는 당시의 생활상을 그대로 간직하고 있는 최적의 유적지가 되었습니다. 로마 시대의 공공건물은 다른 지역에서도 발굴되지만, 수백 채에 달하는 민간 주택은 오직 폼페이에서만 볼 수 있습니다. 당시의 화산피해는 참혹했지만, 아이러니(irony)하게 후세 사람들에게는 더할 나위 없는 귀중한 유산이 되었습니다.

Pompeii 폼페이

25. 뷔페는 바이킹이 즐겼던 식사법

9~11세기에 걸쳐 유럽은 제2차 민족 이동이라 불리는 바이킹(Viking)의 침입에 시달리게 됩니다. 오늘날의 덴마크, 노르웨이, 스웨덴 등 스칸디나비아(Scandinavia)반도에 살던 사람들이 해안을 따라 남쪽으로 내려오기 시작했습니다. Viking이란 말은 '피오르드에서 온 사람들'이란 뜻입니다. 피오르드(fjord)란 스칸디나비아의 협곡을 가리키는 말로 바이킹의 고향인 북유럽을 가리키는 표현입니다. 지구과학에서는 빙하의 침식작용으로 만들어진 U자형 계곡이 침수된 지역을 '피오르드'라고 합니다.

- A **fjord** is a long, narrow sea inlet that is bordered by steep cliffs. 피오르드는 깎아지는 절벽으로 경계 지어진 길고 좁은 물줄기이다.

Viking들은 매우 호전적이고 강력한 종족으로 유럽 전역을 누비며 약탈과 습격을 일삼았습니다. 이들의 침입으로 많은 수도원과 도읍이 약탈당했고 인명 피해도 컸으며 경작지는 방치되어 황무지로 변하기도 했습니다. 그들은 바다를 잘 알고 항해에도 익숙한 용사들이었으며 유럽인들은 바이킹을 주로 해적으로 묘사했습니다.

- The town suffered several raids by **Vikings**.
  그 마을은 바이킹에 의한 여러 차례 약탈을 겪었다.

해적이라는 표현은 그들이 타고 다녔던 배와 그들의 용맹함이 만들어낸 이미지 때문입니다. 정복 왕조를 세운다든지 일정 지역에 정착하여 산 것 등을 보면 해적 이상이었다고 할 수 있습니다. 국왕을 비롯한 귀족들이 그리스도교에 귀의하면서, 신앙에 어긋난 해적 행위는 자연히 사라져 갔습니다.

스웨덴의 바이킹은 동유럽 쪽으로 이동하여 슬라브족의 땅으로 진출했습니다. 동유럽 드네프르 강 일대에 정착해 있던 슬라브족과 바이킹족이 함께 노브고로트 공국을 만들었습니다. 882년, 이 나라를 토대로 키예프 공국(公國, Kievskaya)을 세웠는데, 이것이 러시아의 시작이었습니다.

바이킹은 프랑스의 서부지역, 지금의 노르망디 지역을 수시로 침입하며 프랑스를 힘들게 합니다. 911년 프랑스의 샤를 3세는 특단을 내리는데 지역을 나누어 주고, 노르만(Norman)의 우두머리를 신하로 삼습니다. 바이킹의 일족인 노르만족은 프랑스에 정착하는데, '노르망디 공국(Normandie dukedom)'은 여기서 유래합니다.

노르만족은 프랑스에만 머무르지 않고 영국을 침공했습니다. 1066년 '정복자 윌리엄(William the Conqueror)' 또는 '사자왕 윌리엄'으로 알려진 윌리엄 왕은 영국을 정복합니다. 윌리엄은 노르만 왕조를 세우고, 자신을 윌리엄 1세라고 부르고는 영국 왕을 겸한다고 당당하게 선언했습니다. 현재 영국의 왕족들은 이때 이주한 바이킹의 자손들입니다.

뷔페(buffet)는 바이킹들의 식사법에서 비롯된 것입니다. 바이킹들은 해적질을 하고 돌아오자마자 시장기를 면하기 위해 '바이킹 요리'를 즐겼습니다. 이들은 며칠씩 배를 타고 나가서 약탈해 온 음식과 술을 커다란 널빤지 위에 올려놓고 식사를 하며 자축하곤 했습니다.

북유럽의 이러한 식사법이 프랑스로 전해져, 좁은 장소에서 많은 손님을 치를 수 있는 뷔페로 발전했습니다. 뷔페(buffet)는 프랑스어로 원래는 '식기장(食器欌)' 또는 '식사용 테이블, 배식장소'라는 뜻이었습니다. 지금은 테이블 등에 푸짐하게 음식을 차려 놓고, 손님의 식성대로 갖다 먹게 하는 식사법을 말하고 있습니다. 일본사람들은 뷔페식당(buffet restaurant)을 '바이킹 레스토랑'이라고 부르고 있습니다.

- The hotel restaurant serves a **buffet** breakfast. 그 호텔은 뷔페식 아침을 제공한다.

WORDS

Viking 바이킹   fjord 피오르드   Norman 노르만   buffet 뷔페

SECTION 3

01 '공(ball)'과 '풍선(ba.loon)'
02 곤충이 죽으면 배를 뒤집는 이유
03 학교 종이 땡! 땡! 땡!
04 미국 최고 인기 스포츠 축제 '슈퍼볼(Super Bowl)'
05 Super Ball이 아니라 Super Bowl이라고 하는 이유
06 '월요일 아침 쿼터백'이란?
07 볼링을 영어로 하면 balling? No!
08 '총알(bullet)'과 '게시판(bulletin board)'
09 ballot은 '투표할 때 던진 작은 공'
10 '볼룸댄스(ballroom dance)'와 '발라드(ballad)'
11 루이 14세에게 '태양왕' 별명이 붙여진 이유
12 '휘핑크림'과 '채찍질'
13 흑인 노예들을 괴롭히던 불도저
14 불도그의 역사
15 '황소(bull)'와 그의 친구들
16 '빵셔틀'을 영어로 하면?
17 달걀 완숙과 하드보일드(hard-boiled)
18 '오믈렛(omelet)'과 '오므라이스'
19 포말로 부서지는 파도· 우유 거품
20 '풍선껌'을 영어로 하면?
21 '아폴로'와 '월계관'
22 월계수와 계수나무의 관계는?
23 토르(Thor)에서 나온 목요일(Thursday)
24 명왕성이 태양계 행성에서 탈락한 이유
25 천하무적 탱크는 애벌레(caterpillar)에서 나왔다.

01 '공(ball)'과 '풍선(balloon)'

ball은 차거나 치거나 던지는 '공'을 말합니다. '공'을 한자로 표현하면 '구(球)'가 됩니다. 공을 가지고 하는 스포츠 경기이름에는 축구, 탁구, 야구, 농구, 당구, 족구, 피구, 배구 등과 같이 '구(球)'란 글자가 들어간 경우가 많습니다.

- Hedgehogs and blow fishes roll themselves into a **ball** for protection. 고슴도치들과 복어들은 자신을 보호하고자 몸을 공처럼 만든다.

축구(蹴球, football 또는 soccer)에서 '蹴'은 '발로 차다'라는 뜻이며, 'foot'은 '발'이란 뜻입니다. 농구(籠球, basketball)에서 '籠'은 '대나무로 만든 바구니'라는 뜻이며, 'basket'은 농구 골대에 매달려 있는 '바구니'를 말합니다. 야구(野球, baseball)에서 '野'는 '들판'이란 뜻이고, 'base'는 야구 경기에서 '1루, 2루, 3루' 할 때 '루'에 해당합니다. 배구(排球, volleyball)에서 '排'는 '밀치다, 물리치다, 배척하다'라는 뜻인데, 상대편 코트(court)로 공을 밀쳐내는 경기라서 지어진 이름입니다.

'축구, 농구'의 경우는 한자이름과 영어이름이 그대로 일치하는데, '야구, 배구'는 꼭 그렇지 않습니다. 'volleyball'에서 'volley'는 무슨 뜻일까요? 'volley'는 복식조에서 주로 하는 기술인 '발리'와 축구의 '발리킥(volley kick)'에서도 발견할 수 있습니다. volley는 공이 땅에 닿기 전에 '바로 맞받아치거나 차는 것' 또는 총알이나 돌멩이 등의 '일제사격, 집중 투하'라는 뜻을 가진 단어입니다.

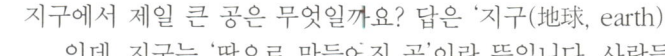

지구에서 제일 큰 공은 무엇일까요? 답은 '지구(地球, earth)'인데, 지구는 '땅으로 만들어진 공'이란 뜻입니다. 사람들은 지구(地球)라는 단어를 언제부터 사용했을까요? '공'이란 뜻의 '구(球)'자가 쓰인 것으로 보아 16세기 코페르니쿠스가 주장한 '지동설' 이후의 시점이란 사실은 분명해 보입니다. 16세기 과학혁명으로 지구는 평평한 모습이 아니라, 광막한 우주에 떠다니는 하나의 작은 공(ball, globe)에 불과하다는 사실을 알게 됩니다. 지구는 더는 우주의 중심도 아니며, 인간은 우주 끝에 붙어있는 보잘것없이 작은 하나의 행성(planet)에 사는 존재임을 깨닫게 되었습니다.

공에다가 공기보다 가벼운 기체를 집어넣으면 하늘로 올라가는 풍선(balloon)이 됩니다. '풍선, 기구(氣球)'를 뜻하는 balloon은 '공'을 의미하는 ball에 -oon이 결합하여 생긴 말입니다. '애드벌룬(ad balloon)'은 옥외광고용으로 불특정 다수에게 '광고(advertisement)'하기 위해 하늘에 띄어놓은 '풍선(balloon)'을 말합니다. 큰 행사가 벌어지는 현장이나 아파트 분양사무소 같은 곳에서 직경 3m 정도의 대형 풍선에 광고 문구가 쓰여 있는 천을 매달아서 띄워 놓곤 합니다.

하늘을 자유자재로 날아다니는 것은 고대의 신화에서부터 찾아볼 수 있는 인류의 오랜 꿈이자 숙원이었습니다. 1903년 미국의 오하이오주에서 자전거상을 운영하던 라이트 형제는 수천 번의 실패를 거듭한 끝에 하늘을 나는 데 성공했습니다. 그러나 라이트 형제보다 먼저 역사상 최초로 창공을 훨훨 날아 보고픈 인간의 꿈을 최초로 실현시켜 준 것은 열기구(熱氣球, a hot-air balloon)였습니다. 풍선 속의 공기를 버너(burner)로 가열하여 팽창시키면 풍선 안의 공기는 바깥 공기보다 비중이 가벼 는 부력이 작용합니다. 가벼워진 공기를 모아서 사람도 공중으로 띄어 올릴 수 있도록 만든 장치를 열기구라고 합니다

1783년 프랑스의 몽골피에(Montgolfier) 형제에 의해 발명된 열기구는 라이트 형제의 첫 비행보다 120년이나 빨랐습니다. 몽골피에의 열기구는 베르사유 궁전 앞 광장에서 양, 닭, 오리를 태우고 25분간 9km를 비행했고, 최고 914m까지 올라갔습니다. 이후 몽골피에 형제는 유인 비행에 성공하였고, 1785년 1월 7일에는 도버 해협 횡단 비행을 성공적으로 마쳤습니다. 1852년 자체 동력으로 추진되는 비행선이 등장하는데, 3마력을 내는 160kg의 증기 기관을 장착해 시속 10km로 비행할 수 있었습니다.

WORDS

ball 공　football 축구 (=soccer)　basketball 농구　baseball 야구　volleyball 배구　volley 집중 투하, 공세, 바로 맞받아치기　balloon 풍선

02 곤충이 죽으면 배를 뒤집는 이유

belly는 공(ball)처럼 '불룩 튀어나온 것, 부풀어 오른 것'이란 느낌에서 우리 신체의 '배, 복부'란 뜻이 되었습니다. 숨을 쉴 때마다 들락날락하거나, 음식을 먹을 때 부풀어 오르는 것을 보고 표현한 말입니다. 다소 점잖지 못한 느낌을 주지만 20세기 후반에 들어서는 그런 것 같지도 않습니다. 어원적으로 'bag(가방, 주머니)'이란 말도 belly와 연결이 되는데, 무엇을 집어넣어 툭 튀어나와 있는 모양새와 연결됩니다.

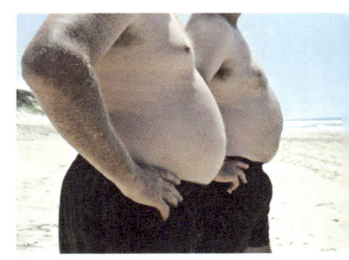

belly button은 '배꼽'이란 뜻이고, bellyache는 '불평'을 의미합니다. belly laughing은 '배에서부터 나오는 웃음, 폭소'를 말합니다. 배를 움켜쥐면서 '아이고, 배꼽이야'라고 할 정도로 너무 웃기는 상황을 말합니다.

벨리 댄스(belly dance)는 중동지역에서 여자가 복부를 드러내 놓고, 허리와 엉덩이를 돌리며 추는 '배꼽 춤'을 말합니다. 날씬한 여자들이 아랫배를 흔들면서 추는 모습이 매우 매력적입니다. 한국에서도 즐기는 여성들이 차츰 늘어가고 있습니다.

열심히 달리고 있는 바퀴벌레에 약을 뿌리면 죽게 됩니다. 하늘을 보며 죽는 것은 바퀴벌레만이 아닙니다. 매미, 귀뚜라미, 무당벌레, 파리 등 다른 곤충들도 죽으면 뒤집힙니다. 물고기나 곤충이 죽게 되면 배를 위로 향해 발랑 뒤집어집니다.

곤충들이 죽어서 뒤집어지는 이유는 몸의 균형이 무너지기 때문입니다. 곤충들은 몸집에 비해 가늘고 긴 다리를 3쌍 즉, 6개 가지고 있습니다. 다리 수가 많고 기다란 이유는 몸의 무게를 잘 분산시켜 균형 잡힌 자세로 쉽게 이동하기 위해서입니다.  그런데 죽게 되면 다리의 관절을 통제하는 근육이 수축되면서 6개의 다리가 몸 안쪽을 향하여 오므라듭니다. 다리보다 몸집이 큰 곤충은 균형을 잡을 수 없어서 옆으로 쓰러지게 되고, 그 탄력으로 뒤집히게 됩니다.

붕어, 명태, 꽁치, 참치 등과 같은 물고기는 물속에서 지느러미(fin)로 자유로이 헤엄쳐 돌아다닙니다. 대부분 물고기는 몸 속에 '부레'가 있는데, 부레 속의 공기량을 조절하여 몸의 균형을 조절할 수 있습니다. 공기주머니라고도 불리는 부레는 많은 에너지를 소비하지 않고 물속에서 제 위치에 떠 있을 수 있게 해줍니다. 부레는 영어로 swim bladder라고 하는데, bladder는 '방광'이나 '가죽, 고무 등으로 만든 주머니'를 뜻합니다.

물고기가 헤엄을 치고 있을 때 배는 아래를 향하고 있습니다. 그런데, 물고기가 죽게 되면 평형감각을 담당하는 부레가 작동하지 않게 됩니다. 그러면 물고기는 더는 헤엄치지 못하고 옆으로 눕거나 배를 뒤집게 됩니다.

곤충이나 물고기의 죽음에서 유래된 go belly-up이란 영어 표현은 '회사가 도산하다, 파산하다, 망하다'라는 뜻입니다. 비슷한 의미의 표현으로 'go under, be down and out, go out of business, go into bankruptcy' 등이 있습니다.

WORDS

belly 배   belly button 배꼽   bellyache 불평   belly laughing 폭소   belly dance 벨리 댄스   swim bladder 부레   go belly-up 파산하다

03 학교 종이 땡! 땡! 땡!

bellow는 '황소(bull) 같은 큰 짐승이 우렁찬 소리로 고함치다, 큰 목소리로 목청 높여 외치다'라는 뜻입니다. 어원적으로 bellow는 belly와 완전히 동일한 말이었습니다. bellow는 '배(belly)에 힘을 가득 주고 울림이 깊게 여러 사람한테 들으라고 고함치는(to shout angrily in a loud voice) 모습입니다.

bellow는 '바람을 불어넣어서 부풀게 하고 다시 내 뿜는 장치' 즉 '풀무(blowing bag)'라는 뜻도 있습니다. '높은 파도, 큰 소용돌이'를 의미하는 billow도 크게 부풀어 오르는 모양에서 어원적으로 belly와 연결됩니다.

- She **bellowed** at her servant. 그녀는 자기 하인에게 호통을 쳐댔다.
- **billow** cloud 물결구름

'학교 종이 땡! 땡! 땡! 어서 모이자'라는 동요가 있습니다. 요즘에는 전기를 이용해 스피커를 통해 벨을 울리겠지만, 예전에는 수업시간을 알리거나 마을의 위급을 알리는 종의 개념이 강하게 남아있었습니다. '노트르담의 꼽추'에서 보듯이 성당이나 교회 또는 절에서 주기적으로 시간을 알려주거나, 특정한 예배시간을 알려주기도 했습니다. '종'이란 뜻의 bell은 bellow(고함치다)와 같은 어원입니다. 영어에서는 종소리에 대한 의성어를 clang이라고 표현합니다.

- **Clang**! **Clang**! There goes the bell. 땡그랑! 땡그랑! 종이 울린다.

피터 팬에 등장하는 '팅커벨(Tinker Bell)'은 디즈니 영화사의 전형적인 캐릭터 중 하나입니다. 팅커벨은 반짝이는 투명 날개를 달고 금빛가루를 뿌리면서 날아다니는 작은 요정(sprite)입니다. 팅커벨(Tinker Bell)은 등장할 때마다 딸랑거리는(tinkle)듯한 경쾌한 방울(bell) 소리 때문에 지어진 이름입니다.

동서양의 종은 모양새나 치는 방식이 다릅니다. 동양의 종은 크기가 크며, 낮게 달고 속 안이 텅 비어 있습니다. 대부분 수평으로 움직이는 통나무 등으로 종의 외벽을 밖에서 쳐 울리는데, 그 소리가 묵직하고 오래갑니다. 우리나라 종의 아래에는 음이 구르도록 반향음통을 묻고 둥그런 구덩이를 파놓습니다.

종을 울리면 처음에는 둔중하지만 은은하고 맑은 소리가 납니다. 그 소리는 종 안에서 반향음통으로 떨어진 다음 다시 종 안에서 맴돌다 소용돌이치면서 은은하게 밖으로 빠져 나오게 됩니다. 일명 '에밀레종'이라 불리는 성덕대왕 신종은 국보 제29호로 한국 최대의 종이자 세계적으로 가치를 인정받고 있는 종입니다.

성당의 종탑(bell tower)은 성당정면이나 교차부 위에 세워졌는데, 탑의 꼭대기에는 나팔꽃 모양의 종들이 매달려 있습니다. 서양의 종은 크기가 작고 금속으로 만든 추 등으로 종의 내부를 가격하여 소리를 냅니다. 타악기처럼 마구 두드리는 소리가 나는데, 방울이 흔들리는 듯 요란하면서 비교적 가벼운 소리를 냅니다. 종 아래 달려있는 방울 같은 추를 clappers라고 합니다. clap은 '박수를 치다, (친근함의 표시로 손바닥으로) 등을 탁 치다' 등의 뜻을 가진 말입니다.

교회에서는 악마와 귀신들을 퇴치하기 위해 교회탑 높은 곳에 종을 매달아 두었습니다. 예로부터 높은 곳에서 들려오는 신성한 종소리는 천국과 하나님의 목소리를 상징하기 때문에 사람을 보호해준다고 생각했습니다. 교회의 종소리는 악귀가 무엇보다 듣기 싫어하는 소리로 여겨졌기 때문에, 종을 울려서 악마적인 잡신을 쫓아내려 했습니다.

교회의 종소리는 페스트와 같은 전염병이 돌거나 태풍과 같은 천재지변 때도 울려 퍼졌습니다. 모든 재앙은 악마에 의한 것이므로, 교회의 종을 울려서 악령이나 전염병을 몰아낼 수 있다고 믿었습니다. 교회의 종이 큰 소리로 울릴수록 악귀들을 그만큼 더 멀리 쫓아내고 신자들은 편안한 가운데 예배를 볼 수 있었습니다.

유럽인들은 신성한 종소리가 들리는 범위가 바로 신이 사람을 보호하는 범위라고 생각했습니다. 교회는 항상 농촌이나 도시의 중심부에 세워졌고, 사람들은 조금이라도 교회 가까이에 살고 싶어했습니다. 종탑은 마을 바깥에서도 잘 보이도록 높게 세웠는데, 소리는 물론 시각적으로도 악마에게 경고를 하기 위함이었습니다. 오늘날 교회 종소리는 예배시간을 알리는 신호로 의미가 바뀌었지만, 세상을 평화롭게 만드는 울림으로서의 상징적 의미만은 여전합니다.

만종(晩鐘, The Angelus)은 프랑스의 화가 '장 프랑수아 밀레(Jean-Francois Millet, 1814~1875)'의 작품으로 유명합니다. 황혼이 아름답게 지기 시작할 무렵 마을 교회에서 울려 퍼지는 종소리에 삼종기도를 드리고 있는 농부 부부의 모습을 그린 것입니다. 밭에서 일하던 가난한 농부는 모자를 벗어 쥐고, 아내는 가슴에 두 손을 모은 채 기도를 하고 있습니다. 하루의 일과를 마칠 무렵 은은하게 울려 퍼지는 교회 종소리는 듣는 사람에게 숭고함과 함께 정다운 위안을 느끼게 합니다.

삼종기도(三鐘祈禱)는 가톨릭 국가에서 아침, 낮, 저녁의 정해진 시간에 예수 그리스도의 강생(降生)과 성모 마리아를 공경하는 뜻으로 바치는 기도를 말합니다. 삼종은 종을 세 번 친다는 데서 나온 말인데, 이 종소리를 들으면서 암송하는 기도라 해서 삼종기도라고 부릅니다. 삼종기도를 'Angelus(천사)'라고 하는데, 수태고지와 관련이 있는 기도문의 서두 중 'Angelus Domini nuntiavit Mariæ. (하나님의 천사가 마리아에게 고한다.)'에서 유래하였습니다. 주님의 심부름꾼(Angelus Domini)인 천사 가브리엘이 성모 마리아에게 알려 준 예수의 수태와 강생의 신비를 기념하기 위하여 바치는 기도입니다. 하루에 세 번씩 울리는 종소리는 시계가 적었던 시대에 정확한 시각을 알리고, 민중에게는 성모 마리아의 영원한 모성을 심어주었습니다. 만종(晩鐘, the evening bell)을 풀이하면 '늦은(晩) 종(鐘)'이 되는데, 삼종 중에서 저녁 무렵에 울려 퍼지는 종을 말합니다.

WORDS

bellow 우렁찬 소리로 외치다   billow 부풀어 오르다   clang 땡그랑   clapper 종에 달려있는 추

미국 최고 인기 스포츠 축제 '슈퍼볼(Super Bowl)'

미국인이 가장 좋아하는 3대 스포츠는 미식축구(American football), 야구(Baseball), 농구(Basketball)입니다. 우리나라에서는 인지도가 낮지만, 미국에서 가장 인기가 좋은 스포츠는 미식축구입니다. 미국에서 가장 큰 스포츠 행사는 프로 미식축구팀(NFL, National Football League)의 챔피언을 가리는 슈퍼볼(Super Bowl) 경기입니다. 슈퍼볼(Super Bowl)은 하나의 경기가 아니라, 미국 최대의 스포츠 이벤트(event)이자 문화 축제라고 할 수 있습니다.

경기는 매년 1월 말에서 2월 초의 일요일에 벌어지는데, 이를 슈퍼선데이(Super Sunday)라고 부릅니다. 매년 미국 내 1억3300만 명 이상이 시청하면서, 시청률 70% 이상을 기록하며, 이 시간에 방송되는 30초짜리 CF 광고료가 26억 원에 달합니다. 미식축구팀 연고는 있으나 관중동원이 가장 적은 구장에서 벌어지는 것이 관례입니다. 대부분 미국인의 꿈이 직접 경기장에서 슈퍼볼(Super Bowl)을 관람하는 것이라고 합니다.

미식축구는 NFC(National Football Conference)와 AFC(American Football Conference) 2개의 컨퍼런스로 구성이 됩니다. 각 컨퍼런스에서는 매년 9월부터 12월까지 정규 리그 15게임을 벌여 우승자를 가립니다. 양대 컨퍼런스의 우승팀끼리 '왕중왕' 챔피언을 가리는 결승전인 슈퍼볼(Super Bowl)은 다음 해 1월에 단판 승부로 결정을 내게 됩니다. 슈퍼볼 우승컵은 '빈스 롬바르디 트로피(Vince Lombardi Trophy)'라고도 합니다. 빈스 롬바르디(Vince Lombardi)는 1970년 처음 열린 슈퍼볼 대회에서 연거푸 2회 우승을 한 리그 초기의 명감독 이름입니다.

- The **Super Bowl** is the annual championship game of the National Football League (NFL). 슈퍼볼은 매년 열리는 내셔널풋볼 리그 챔피언 경기이다.

2006년 2월 5일에 있었던 40회차 슈퍼볼에서 피츠버그 스틸러스(Pittsburgh Steelers)의 하인스 워드(Hines Ward)가 MVP가 되었습니다. MVP는 'most valuable player'의 약자로 경기를 승리로 이끈 '최우수 선수'를 가리키는 말입니다. 그는 소속팀 피츠버그 스틸러스가 시애틀 시호크스를 21-10으로 이기고 우승하는 데 크게 기여했습니다. 특히 14-10으로 앞선 4쿼터에 결승 터치다운을 성공하여 승리에 쐐기를 박아버리는 쾌거를 이룩하였습니다. 하인스 워드의 국적은 미국이었지만, 아프리카계 주한미군 병사와 한국인 어머니 사이에서 태어난 혼혈인이기 때문에 대한민국 언론의 조명을 받았습니다.

WORDS

Super Bowl 슈퍼볼   MVP (=most valuable player) 최우수 선수

Super Ball이 아니라 Super Bowl이라고 하는 이유

조리된 음식 담는 '그릇(receptacle)'에는 dish와 bowl이 있습니다. 먼저 dish는 여럿이 나눠 먹도록 음식을 많이 담아 식탁에 놓는 큰 접시를 말합니다. 움푹하면서 바닥이 그다지 깊지 않은 그릇입니다.

- The glass **dish** is very fragile. 그 유리접시는 깨지기 쉽다.

dish에는 '접시'라는 뜻 이외에도 제대로 된 식사를 위해 특별히 조리된 '음식'이란 뜻이 있습니다. 레스토랑(restaurant)에서 '풀 코스(full course)' 정식 메뉴는 다음과 같이 구성됩니다. 식욕을 돋우기 위하여 식전에 먹는 애피타이저(appetizer), 주요리(main dish), 식사를 마무리하면서 먹는 디저트(dessert)입니다. main dish는 식사 중 가장 중요하며 중심이 되는 요리로, 대개 특별히 조리된 육류나 생선요리를 말합니다.

- I can recommend the chef's **dish** of the day. 오늘의 주방장 특선 요리를 추천할게요.

샐러드나 시리얼을 담아 먹는 그릇으로 안이 깊고 움푹한 '사발, 주발, 공기'를 볼(bowl)이라고 합니다. 볼(bowl)은 '공'과는 반대로 오목하게 들어간 모양이지만, 어원상으로 '부푼'의 뜻인 'ball'에서 나온 말입니다.

- **bowl**: a deep round dish with a wide open top (사발)
- Can I have another **bowl** of rice? 밥 한 그릇 더 주시겠어요?
- She poured the milk and cereal together in a **bowl**.
  그녀는 사발에 우유와 시리얼을 부었다.

'양변기'는 걸터앉아서 대소변을 보게 된 수세식 서양 변기를 말하는데, 좌변기라고도 합니다. 변기 앞에 붙은 '양'이란 글자는 큰 바다 양(洋)이란 한자인데, 여기서는 '서양(西洋)'의 줄임 말입니다. 우리가 잘 눈치채지 못하지만 '양복, 양장, 양궁, 양단, 양담배, 양란, 양배추, 양버들, 양식, 양옥, 양장, 양잿물, 양주, 양초, 양코, 양파, 양화점, 양행'과 같은 단어에서 많이 사용하고 있습니다. 양변기를 영어로는 toilet bowl 또는 간단하게 toilet이라고 합니다. clog는 '변기가 막히다'라고 표현할 때 사용할 수 있는 단어입니다.

- The **toilet bowl** is clogged. 양변기가 막히다.

우리는 화장실에 대한 가장 흔한 영어로 toilet을 가장 자주 쓰곤 합니다. 미국인들은 화장실에 대한 용어로 toilet을 쓰는 것을 꺼려하는 경향이 있습니다. 대신에 집이나 호텔과 같이 거주하는 생활공간 안에 있는 화장실은 bathroom이라 하고, 공중화장실은 restroom이란 용어로 주로 사용합니다. 앞서 밝혔듯이 toilet는 우리말의 '변기'에 해당하듯이 사람의 배설물을 담는 통이란 뜻이 강하게 남아있기 때문입니다. 화장실을 지칭하여 toilet이라고 언급할 때는 손을 씻는 세면대나 샤워시설이 없는 경우가 많습니다. toilet을 영영사전에서 찾아보면 'a device into which people excrete waste(사람들의 배설물을 담기 위한 장치)' 또는 'a bowl-shaped device with a seat that has a hole in it(구멍이 있는 좌석과 함께 있는 사발모양의 장치)'라는 설명이 나옵니다.

새해를 시작하는 첫째 날, 1월 1일 설날을 미국인들은 New Year's Day라고 합니다. 사람들이 모여서 섣달 그믐날(New Year's Eve)의 파티를 즐기고 난 후, 적당한 시간에 일어나 TV를 켭니다. 새해 첫날 펼쳐지는 필라델피아(Philadelphia)의 〈Mummer's Parade〉나 패서디나(Pasadena)의 〈로즈 퍼레이드(Rose Parade)〉를 보기 위해서 입니다. 캘리포니아(California)주의 패서디나(Pasadena)는 새해 첫날에 벌어지는 로즈 퍼레이드와 〈로즈 볼(Rose Bowl)〉 경기장으로 유명한 곳입니다. 큰 사발처럼 생긴 야외 원형 경기장, 야외 공연장, 노천극장도 역시 bowl이라고 합니다.

- We are satelliting live from the **Rose Bowl**, Pasadena, California. 캘리포니아, 패서디나로부터의 로즈 볼 위성 생중계입니다.

〈로즈 볼 스타디움(Rose Bowl Stadium)〉 이란 이름은 원형 국그릇(bowl) 모양 같이 생긴 데서 이름 붙여진 것입니다. 퍼레이드가 끝나면 로즈 볼 스타디움에서 서부와 동부의 미 대학 리그 챔피언 풋볼팀을 초청해 최종 챔피언을 결정하는 〈로즈 볼(Rose Bowl)〉 경기가 진행됩니다.

1902년부터 해마다 새해 아침 펼쳐지는 〈로즈 퍼레이드(Rose Parade)〉와 〈로즈 볼(Rose Bowl)〉 경기는 Tournament of Roses 재단이 후원하는 것입니다. 〈로즈 볼〉이

외에도 Orange Bowl, Fiesta Bowl, FED EX Bowl, Sugar Bowl 등과 같이 챔피언 결정전 경기가 많이 있는데, 대회명은 주최자나 후원자의 이름 뒤에 Bowl을 붙이게 되었습니다. 이런 전통을 따라서 한 허 동안 미식축구(American football)의 최강을 겨루는 챔피언 결정전을 〈슈퍼볼(Super Bowl)〉이라고 하게 되었습니다.

WORDS

dish 큰 접시, 요리   bowl 사발   toilet (bowl) 양변기   clog 변기가 막히다   bathroom (주택의) 화장실
restroom 공중화장실

06 '월요일 아침 쿼터백'이란?

미국인에게 있어서 스포츠는 좋아하고 싫어하는 고려의 대상이 아니라 생활의 일부 그 자체입니다. 일부 사람들은 자기가 응원하는 팀의 경기를 보기 위해 직장에서 휴가를 내는 경우도 흔한 일입니다. 포스트 시즌 기간에 직장인들은 내기까지 해가면서 직장 동료들과 경기에 관한 얘기를 합니다. 동네 사람들과 함께 모여서 맥주 등을 마시면서 일요일에 펼쳐지는 미식축구 경기를 관람하는 것은 매우 흔한 모습입니다. 미국에서 스포츠를 모르고는 사회생활이 거의 불가능할 정도로 스포츠를 통해 함께 공감하는 모습을 보여주는 것 또한 중요합니다.

일이 다 벌어져서 사정을 다 알게 된 후, 뒤늦게 이러쿵저러쿵 아는 척하거나 수선을 떠는 것을 '뒷북'이라고 합니다. 자신은 그러지 못하면서 남의 결과물을 놓고 비판만 늘어놓은 행위를 '뒷담화'라고 합니다. 나중에 가서 현명한 척 말하는 사람에 대한 이디엄(idiom)으로 Monday morning quarterback (월요일 아침의 지휘 공격수)이란 표현이 있습니다.

미식축구의 모든 공격의 시발점은 **쿼터백(quarterback)**인데, 경기장 내에서 공격을 진두지휘하는 선수입니다. 쿼터백(quarterback)은 전위와 하프백의 중간 위치에 자리 잡는 4명의 백 필드(back field) 중에서 중앙에 위치하는 선수를 말합니다. 신호에 의해 센터로부터 볼을 받아서 후방의 백에 패스하는 것을 임무로 하며 공격의 핵심이자 팀의 리더입니다.

미국에서 가장 인기 있는 스포츠인 미식축구는 주로 일요일에 열립니다. 일요일 풋볼경기가 있었던 다음날인 월요일에 '쿼터백이 어떻게 했어야 한다'는 식으로 말하는 사람들이 많습니다. 경기가 끝난 뒤 모든 걸 다 아는 전문가처럼 지나치게 왈가왈부하는 사람을 Monday morning quarterback이라고 부릅니다. 경기장에 선수로 등장했으면 공도 한 번 만져보지 못할 것 같은 사람이 말로만 시끄럽게 떠드는 것을 비꼬는 표현입니다.

WORDS

Monday morning quarterback 월요일 아침의 지휘 공격수(일이 일어난 후 지나치게 왈가왈부하는 사람)
quarterback 쿼터백

07 볼링을 영어로 하면 balling? No!

볼링(bowling)은 마루 끝에 삼각형 형태로 세워진 술병 모양의 10개의 핀을 공을 굴려서 쓰러뜨리는 실내경기를 말합니다. 볼링을 영어로 하면 공을 굴리는 경기니까 'balling'이라고 착각하기 쉽지만, 'bowling'이라고 합니다. bowl은 '나무로 만든 둥근 물체'나 '공을 굴리다'라는 뜻인데, 물론 ball에서 유래한 말입니다. 볼링(bowling)은 잔디 위에서 작은 공 가까이 공을 굴리는 볼 게임(bowl game)에서 유래되었다고 합니다.

bowl의 역사를 더 거슬러 올라가면 라틴어의 'bulla(기포)'를 발견할 수 있는데, '비눗방울 거품처럼 둥근'이라는 의미가 있습니다. 같은 어원에서 '거품(bubble)'이나 '부글부글 끓다(boil)'라는 말도 유래합니다. 볼링(bowling)은 볼링은 1:1 개인대결 방식과 단체 경기방식으로도 할 수 있어서 오락 겸 스포츠라고 할 수 있습니다.

'볼링 치러 가자'를 영어로 'Let's play bowling!'라고 하면 틀린 표현입니다. 운동경기라고 해서 모두 play라는 단어를 쓰는 건 아닙니다. play는 축구(soccer), 야구(baseball)처럼 팀을 이루는 스포츠에만 사용합니다. 반면 볼링(bowling), swimming(수영), skiing(스키)와 같이 혼자 하는 스포츠에는 play를 사용하지 않습니다. go bowling, go skiing, go swimming과 같은 형태로 운동이름 앞에 go를 넣어 표현합니다. 'bowl, ski, swim'이란 단어 자체만으로 동사가 될 수도 있습니다.

• She usually **bowls** a 120 game. 그녀는 보통 120점을 친다.

WORDS

bowling 볼링

08 '총알(bullet)'과 '게시판(bulletin board)'

ball은 '둥근 물체(round object)'라는 뜻과 '(둥글게 추는) 춤(dancing)'이란 뜻이 있습니다. 발레(ballet)는 어원적으로 'ball(춤)'이란 단어에 let이라는 '지소사'가 결합한 말인데, '작은 춤(little dance)'이란 뜻이 됩니다. 지소사(指小辭, diminutive)는 말의 끝에 붙어서 원래 그 말이 가지는 뜻보다 작은 것을 나타내도록 만드는 접사를 말합니다. '시가렛(cigarette), 캐비닛(cabinet), 팸플릿(pamphlet)'과 같은 단어가 지소사가 결합한 예입니다. '투표'라는 뜻의 ballot 역시 지소사 'lot'이 붙어서, 투표에 사용된 '작은 공'에서 유래된 말입니다.

bull은 '공'을 뜻하는 ball이 변화한 형태입니다. 'bullet(총알)'은 'bull(공)'에 '작은'의 의미인 접미사 -et를 붙여 생긴 말입니다.

- The **bullet** hit the target right in the center. 총알이 표적의 한가운데에 맞았다.

bulletin은 고시, 게시판, 뉴스 속보, 단신 회보, 보고서 등 소식을 전달하는 매체를 말합니다. bulletin의 어원을 분석하면 '볼록하면서 작은 것'이라는 뜻이 나옵니다. 중세까지 사람들은 양피지 두루마리를 통해 뉴스, 단신이나 회보 등의 소식을 전했는데, bulletin은 이것을 지칭하는 단어였습니다.

- The **bulletin** board read 'No entry.' 게시판에는 '출입 금지'라고 쓰여 있었다.
- Notice of any change in policy will be posted on the **bulletin** board. 방침이 바뀌면 게시판에 공고가 붙을 것입니다.

보통 학교나 회사에서 게시판을 통해 행사나 클럽활동 등의 다양한 정보가 전달됩니다. 게시판을 영어로 하면 bulletin board 또는 notice board라고 합니다. 인터넷 포탈 사이트 '다음(DAUM)'에 '아고라'라는 전자게시판이 있습니다. 인터넷상의 전자게시판을 BBS라고 하는데, 'Bulletin Board System'의 약자입니다.

- I posted a message on the **bulletin board**. 그 게시판에 글 올렸어.

WORDS

ballet 발레   ballot 투표에 사용되는 작은 공. 무기명 투표   bullet 총알   bulletin 게시판

09 ballot은 '투표할 때 던진 작은 공'

ballot은 '무기명 투표, 투표용지, 총투표수'라는 뜻을 가집니다. ballot은 'ball(공)'이란 단어에 '작은 것'을 뜻하는 지소사 'lot'이 붙어서 만들어진 말로, 직역하면 '작은 공'이란 뜻이 됩니다. 예전에 이탈리아에서 어떤 결정을 할 때 작은 공을 던져서 투표했던 방식에서 유래한 말입니다. ballot은 '투표할 때 던진 작은 공(a small ball used in voting)'이나 '비밀투표(secret vote)'를 가리킵니다.

cast는 '던지다'라는 뜻입니다. '투표하다'는 cast a ballot이라고 하며, '주사위를 던지다'는 throw the dice 또는 cast the dice라고 하면 됩니다. 투표용지는 투표할 때 사용하는 일정한 양식의 종이를 말하는데, 영어로 ballot, ballot paper라고 합니다. '캐스팅 보트(casting vote)'는 찬반수가 같을 때 의장이 던지는 표를 말하는데, 최종 결정권이 한 사람한테 주어지는 '결정투표'를 뜻하는 말입니다.

- It is the duty as well as the right of the people to **cast** their **ballot** on election day. 선거일에 투표하는 것은 국민의 권리이자 의무이기도 하다.

- She **cast** her **ballot** in the election. 그녀는 선거에서 한 표를 던졌다.

spill은 '흘리다, 쏟다'라는 뜻입니다. spill the beans를 직역하면 '콩을 쏟다'라는 뜻이 되는데, 숙어적으로 '무심코 비밀을 누설하다, 계획을 뒤집어엎다'라는 뜻으로 쓰입니다. 이 표현은 고대 그리스에서의 사설 클럽에서 신입 회원을 받아들일 때 진행한 투표의 전통에서 유래한다고 합니다. 입회를 찬성하는 사람은 항아리에 흰콩을 넣었고, 반대하는 사람은 검정콩을 넣는 식이었습니다. 투표하는 도중에 누군가가 실수로 항아리를 엎어버리면, 얼마나 많은 사람이 반대표를 던졌는지를 미리 알 수 있게 되어 버립니다.

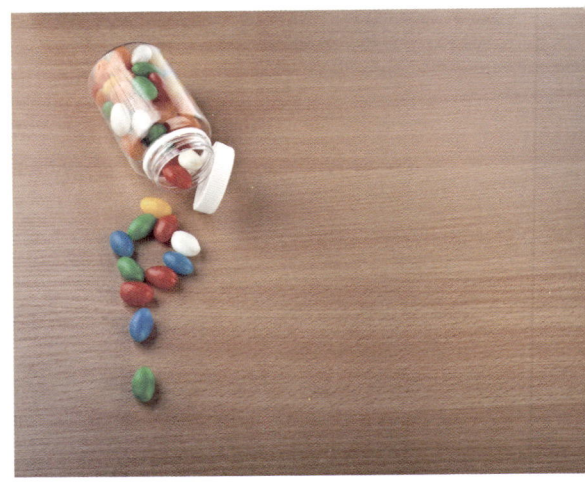

- to **spill** the beans: to divulge a secret 비밀을 알려주다
- Please don't **spill** the beans. 비밀을 누설하지 마세요.
- We've arranged a surprise party for Sarah on Wednesday. 사라를 위해서 수요일에 깜짝 파티를 준비했어.

WORDS

ballot 무기명 투표, 투표용지   cast 던지다   cast a ballot 투표하다   spill 흘리다   spill the beans 비밀을 누설하다

'볼룸댄스(ballroom dance)'와 '발라드(ballad)'

ball의 첫 번째 의미는 통통 튀는 둥근 물체, 즉 공이란 뜻입니다. 사전에서 ball의 다른 뜻을 찾아보면 '무도회, 댄스파티, 연회'라는 뜻과 함께 '신나게 놀다, 흥청망청 떠들다'라는 뜻이 나옵니다. 중세 귀족들이 화려한 왈츠 곡에 몸을 맡기고 빙글빙글 돌아가는 장면을 떠올려 보면 서로 연결되는 점을 발견할 수 있습니다. 발레(ballet)도 춤의 일종이며, '발라드(ballad)' 즉 춤을 추기 위한 느린 '춤곡'이란 뜻이 있는데, 모두 같은 어원입니다.

우리나라의 특급 호텔에 가보면 '크리스탈볼룸(crystal ballroom)'이란 방이 있는데 보통 결혼식이나 대형 행사가 열리는 곳입니다. 볼룸(ballroom)은 '공놀이 방'이 아니라, 무도회를 위한 근사한 방, 즉 '무도회장'을 뜻합니다. 영화를 보면 격식이 갖추어진 큰 무도회장에서 남녀가 커플로 춤을 추는 장면을 자주 볼 수 있습니다. '볼룸댄스(ballroom dance)'는 말 그대로 '볼(ball)'같이 생긴 둥근 무도회장인 'ballroom'에서 추는 춤을 말합니다.

- **Ballroom** dance party was held at the convention hall yesterday.
  볼룸댄스 파티가 어제 컨벤션홀에서 개최되었다.

볼룸댄스를 우리 말로는 '사교춤'이라고도 하는데, 사교적인 즐거움을 위해 2명 또는 단체로 함께 추는 춤을 말합니다. 18세기 말에 유럽 귀족들이 즐기던 볼룸댄스에 스포츠 요소를 가미시킨 춤을 댄스스포츠(dance sports)라고 합니다. 댄스스포츠 국제 경기의 규정종목은 10가지로 모던댄스(modern dance) 5종과 라틴댄스(Latin dance) 5종이 있습니다. 모던댄스의 5종목은 '왈츠(waltz), 탱고(tango), 퀵스텝(quick step), 슬로 폭스트롯(slow fox trot), 비엔나 왈츠(viennese waltz)'입니다. 라틴 댄스의 5종목은 '룸바(rhumba), 차차차(cha cha cha), 삼바(samba), 파소도블레(paso doble), 자이브(jive)'입니다.

'조성모, 박효신, 김범수, 성시경' 같은 가수들의 음악 장르(genre)를 발라드(ballad)라고 합니다. 장르(genre)는 프랑스어에서 온 외래어로 '종류, 유형, 양식, 취향' 등의 의미로 쓰입니다. 우리는 대중가요 중에서 흔히 잔잔하면서 감성적이고 서정적인 사랑 노래를 발라드라고 부릅니다. 영어 사전에서 발라드를 찾아보면 '(이야기를 담은) 시나 노래, 민요'라는 뜻이 나옵니다. 민요는 동서양을 불문하고 사람들이 삼삼오오 모여서 둥글게 춤을 추며 노래 부르는 것을 말합니다. '발라드(ballad)'는 '춤추다'라는 뜻의 라틴어 발라레(ballare)에서 유래한 프랑스어입니다.

- a medieval **ballad** about a knight and a lady 기사와 귀부인에 관한 중세 발라드

18세기 말 독일의 하이네, 프랑스의 위고, 영국의 스콧과 같은 낭만파 시대에 작가들이 쓴 시를 발라드라고도 했습니다. 슈베르트는 그러한 시에 곡을 붙여서 가곡을 만들었는데, '마왕' 같은 경우가 가곡을 '발라드'라고 하는 좋은 예가 됩니다. 19세기에 들어와서는 3부 형식으로 된 피아노곡을 발라드라 했는데, 슈베르트, 쇼팽, 브람스, 포레 등이 대표적인 발라드 기악곡 작곡가들입니다. 그중에서도 쇼팽은 4곡의 피아노 작품을 완성했는데, 악곡의 제목을 〈발라드 제4번 바단조〉라고 하기도 했습니다. 지금의 대중가요에서는 보컬 중심의 느린 템포의 곡으로 감상적인 사랑 노래를 발라드라고 합니다.

- She enjoys listening to rock **ballads**. 그녀는 록 발라드 듣기를 좋아합니다.

WORDS

ball 공, 무도회   ballroom 볼룸, 무도회장   ballad 발라드   genre 장르

11 루이 14세에게 '태양왕' 별명이 붙여진 이유

화려하면서도 귀족적인 춤인 '발레(ballet)'는 프랑스를 통해 영어로 들어온 말입니다. ballet는 어원적으로 'ball(춤)'이란 단어에 'let'이라는 '지소사'가 결합한 말로 '작은 춤(little dance)'이란 뜻이 됩니다. 발레리나(ballerina)는 ballet에서 나온 말로 '무용수'란 뜻입니다.

세상에서 가장 우아한 춤인 발레는 춤에 의하여 진행되는 일종의 종합 무대 예술입니다. 남녀 발레리나의 아름답고 우아한 동작을 한층 더 돋보이게 하기 위해, 조명, 무대미술, 의상, 대본, 음악 등 예술적 요소들이 결합됩니다. 차이코프스키의 '잠자는 숲 속의 미녀, 백조의 호수'와 같이, 대부분의 경우 발레만을 위해 특별히 작곡된 관현악 음악을 사용합니다. 오페라의 중간에 발레를 삽입시킨 '바그너의 탄호이저, 베르디의 아이다, 생상스의 삼손과 데릴라' 등은 연극과 무용 그리고 음악을 결합시킨 예술이라고 할 수 있습니다.

발레는 15세기 이탈리아 르네상스 시대의 궁중의 연극 춤에서 시작하여 18세기 초에 프랑스 궁정에서 발달을 거듭했습니다. 프랑스의 루이 14세(Louis XIV, 1638~1715)는 자기의 절대적 권위를 과시하기 위하여 파리 외곽에 베르사유 궁전(Chateau de Versailles)을 건립합니다. 베르사유 궁은 1667년부터 1686년에 걸쳐 완성한 대작으로, 당대의 일류 건축가와 예술가를 총동원해서 완성한 세계 최대의 궁전이었습니다. 베르사유 궁전에서는 늘 갖가지 대향연이 벌어졌으며, 호화찬란한 의상으로 단장한 귀족들이 연극 구경이나 무도회에서 시간을 보냈습니다.

"짐은 곧 국가다."라는 말은 절대왕정 시절 '태양왕'이라고 불렸던 루이 14세가 호기롭게 외친 말입니다. 왕에게 '태양과 같이 빛난다'라고 할 정도로, 당시 프랑스가 태평성대였음을 상징해주는 말입니다. 프랑스에서 발레라는 예술 장르가 꽃을 피우게 된 것은 루이 14세의 활약 덕분입니다. 학문, 예술의 후원자이자 발레 애호가였던 루이 14세는 1661년 왕립 무용 아카데미를 창설하기도 했습니다.

그는 발레를 보는 것도 좋아했지만 춤에도 일가견이 있어 직접 발레를 추기도 했습니다. 절대 왕권을 상징하는 '태양왕'이라는 별명은 그의 강력한 통치력에서 나온 것이 아니라 엉뚱하게도 무용극에서 연유한 것입니다. 1653년 루이 14세는 〈라뉘(La Nuit)〉라는 무용극에서 노란색 옷을 입고 화려한 깃털 관을 쓴 채 태양으로 출연한 적이 있습니다. 화려하고 위엄에 찬 모습은 그의 강력한 이미지에 들어맞음에 따라 '태양왕'이라는 별명이 널리 불리게 되었습니다.

우리가 호텔이나 대형 음식점 등에 가면 주차를 대신 해주는 '발레파킹(valet parking)' 서비스를 볼 수 있습니다. 이때의 발레는 valet라고 쓰는데, '남자 상전의 개인 수발을 드는 하인'이나 '옷 시중드는 종업원'을 의미하는 단어입니다. 원어민들은 valet은 '밸릿' 또는 '밸레이'로 발음하는데, 'ballet'하고는 어원과 스펠링이 전혀 다른 단어입니다.

WORDS

ballerina 발레리나   **valet** 하인, 주차원   **valet parking** 발레파킹

12 '휘핑크림'과 '채찍질'

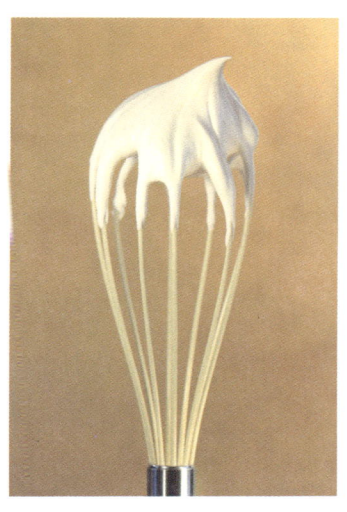

whip은 본래 '재빠르게 움직이다(move quickly)'라는 뜻이었는데, '채찍질하다'라는 뜻이 파생되었습니다. 팽이를 돌릴 때 채찍을 쳐서 돌리기도 하는데, whip은 '채찍을 쳐서 돌리다, 휘젓다'라는 뜻도 가집니다. 커피 전문점에서 커피 위에 올려놓는 크림을 '휘핑(whipping)크림'이라고 하는데, 거품이 나도록 휘젓는 것을 whip이라고 합니다.

- In a large glass or metal bowl, **whip** egg whites and sugar on high speed.
  큰 유리그릇 또는 금속 그릇에, 달걀흰자와 설탕을 넣고 아주 빠른 속도로 저으세요.

인도 유럽어족에서는 'w'와 'v'라는 철자가 서로 변화하는 경우를 많이 볼 수 있습니다. 포도주를 영어에서는 wine이라고 하지만, 프랑스어에서는 vin, 스페인어에서는 vino라고 합니다. whip의 '재빠르게 움직이다'라는 개념에서 'vibrate(진동하다)'도 같은 어원을 가집니다. 음악에서 '비브라토(vibrato)'는 성악이나 현악기에서 음을 떨게 하는 것을 말합니다. 휴대폰의 '진동모드'를 영어로 vibration mode라고 합니다.

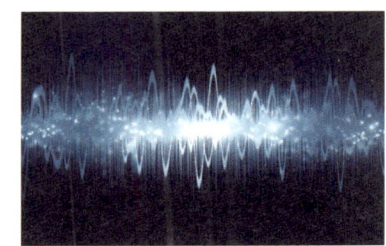

- They keep their phones in vibration mode. 그들은 휴대폰을 진동모드로 해놓고 있어.

wipe는 '닦다, 문지르다, 닦아내다(erase, remove)'의 의미로 많이 쓰이는 데, 본래 'whip(돌리면서 닦다)'의 의미에서 유래했습니다. 물티슈를 영어로는 'hand wipes' 또는 'wet wipe'라고 합니다.

- **Wipe** your face and hand with towel. 타월로 얼굴과 손을 닦아라.

우리는 워셔액을 뿌려가면서 자동차의 앞 유리창을 닦는 장치를 흔히 '윈도우 브러쉬'라고 하는데, 잘못된 영어입니다. 이 장치에 대한 올바른 명칭은 'windshield wipers' 또는 '와이퍼(wiper)'라고 합니다. shield는 '방패, 방어물, 방패로 막다, 숨기다, 보호하다'라는 뜻입니다. 원어민들이 앞 유리창을 가리켜 'windshield(바람을 막는 방패)'라고 하는 것도 기억해두시기 바랍니다.

그리스 신화에서 '아라크네(Arachne)'는 아테나 여신과 옷감 짜는 솜씨를 겨룹니다. 그녀는 옷감에다 신들을 조롱하는 내용을 담았다가 여신의 노여움을 사게 되어 거미로 변하게 됩니다. weave는 '베를 짜다, 뜨다, 거미가 줄을 치다' 등의 뜻으로 whip, wipe와 같은 어원을 가집니다. 웹사이트를 만드는 프로그램 중에 드림위버(dream weaver)라는 프로그램도 있는데, 웹 페이지를 짜내는 프로그램이란 뜻입니다.

- In Greco-Roman mythology, Arachne was a **weaver**. 그리스 로마 신화에서 아라크네는 베 짜는 사람이었다.

인터넷 웹 주소의 첫머리는 www로 시작하는데, world wide web의 약자입니다. web은 '거미줄, 망'의 뜻으로 '짜다, 엮다'의 weave에서 v가 b로 변화하여 만들어진 말입니다. world wide web은 '전 세계적으로 연결된 거미줄(망, network)'를 연결해주는 인터넷 주소를 말합니다.

다시 whip의 본래 의미인 '매질을 하기 위한 유연한 기구(flexible implement for lashing)' 즉, '채찍'으로 되돌아옵니다. 구어적 표현 whipping boy는 '남 대신 회초리 맞는 아이'라는 뜻으로, 우리 식으로 표현하면 '동네북'이라는 뜻을 가집니다. 예전 유럽 왕실에서는 왕족의 자녀가 잘못했을 때, 대신 매를 맞아주는 또래 아이들이 있었습니다. 이들은 왕실의 특권을 누리며, 왕자와 많은 시간을 보내는 친구이기도 했습니다. 왕자가 잘못을 저지를 경우, 친구를 체벌함으로써 왕자에게 심리적인 압박을 가했던 것입니다.

- When I was little, I used to be a **whipping boy**. 난 어렸을 때 동네북이었다.

정부의 거물 권력자들이 얽힌 대형 비리사건이 뉴스에서 화제가 되는 경우가 있습니다. 이때 실질적인 '몸통'은 뒤에 숨겨진 채 '깃털'이 모든 죄를 뒤집어쓰는 경우가 있습니다. 현대 사회로 오면서 whipping boy는 '정작 자신은 죄가 없지만 다른 사람의 잘못 때문에 비난을 받는 사람'이라는 의미로 사용하게 되었습니다. 흔히 말하는 '희생양(scapegoat)'이란 표현과 같은 의미로 사용됩니다.

WORDS

whip 채찍질하다, 휘젓다   vibration mode 진동모드   wipe 닦다   shield 막다   weave 베를 짜다   web 거미줄, 망   whipping boy 동네북 (대신 회초리 맞는 아이)

13 흑인 노예들을 괴롭히던 불도저

'주마가편(走馬加鞭)'은 '달리는 말에 채찍질하여 더 빨리 달리게 한다'라는 뜻입니다. 자신의 위치에 만족하지 않고 계속 노력하고 정진(精進)하는 것을 권장하는 내용입니다. 승마용 채찍을 영어로 riding whip이라고 합니다.

미국 남부 등지에서 카우보이 등이 소를 몰면서 황소를 때리는 채찍을 bullwhip이라고 했습니다. bullwhip이란 채찍은 짧은 막대에 긴 가죽끈을 맨 것으로 이것에 맞으면 소의 등가죽이 벗겨질 정도로 무서운 것이었습니다. 백인들은 지시에 저항하거나 다루기 힘든 흑인 노예들을 bullwhip으로 협박하고 매질하였습니다. 흑인을 채찍으로 때리면서 협박하는 것을 give the bulldose라고 표현했습니다. dose는 '약을 주다, 투약하다'라는 뜻과 '약을 한 번 주는 것, 1회분, 복용량'이라는 뜻입니다.

제2차 세계대전 중에 거대한 힘으로 흙이나 돌을 무섭게 밀어붙이는 토목공사용 특수 자동차(special motor vehicle)가 발명되었습니다. 앞머리에 '블레이드(blade)'를 부착하여 흙을 파거나 다지기도 하고, 나무를 쓰러뜨리거나, 뿌리를 뽑거나, 눈을 치우는 등의 작업에도 사용되었습니다. 사람들은 무서울 정도의 위력으로 밀어붙이는 기계를 불도저(bulldozer)라고 불렀습니다.

토목공사에 쓰는 중량이 큰 기계를 '중장비(heavy equipment)'라고 합니다. 물론 현재 불도저는 덤프트럭이나 크레인과 같이 중장비의 한 종류일 뿐입니다. 그런데 불도저라는 말의 어원 뒤에는 채찍으로 흑인들을 심하게 매질하였던 폭력적인 사실이 숨어있습니다. 주로 정치권에서 권력이나 힘으로 일을 무섭게 진행하는 추진력 강한 사람을 bulldozer에 비유하기도 합니다.

- **Bulldoze** was apparently originally applied to the punishment of recalcitrant black slaves.

  어원적으로 불도저는 반항하는 흑인 노예들의 체벌에 적용된 말로 보인다.

WORDS
bullwhip 채찍   bulldozer 불도저

14 불도그의 역사

12세기부터 19세기까지 영국 귀족들은 따분함을 달래기 위해 '곰 놀리기(bear-baiting)'이라는 엽기적 놀이를 즐겼습니다. bait는 낚시나 사냥용 '미끼' 또는 '미끼를 놓다'라는 뜻입니다. 'bear-baiting'은 곰의 다리를 쇠사슬로 감아 말뚝에 묶어두고 주변에 여러 마리의 개를 풀어놓아 곰의 약을 올리고 싸움을 붙이는 놀이였습니다. 대개의 경우 개들이 피투성이가 되지만, 여러 마리의 개를 상대하다가 결국 지쳐서 지는 쪽은 곰이었습니다.

귀족들이 곰과의 혈투를 즐기자, 평민들 사이에서는 곰 대신 수소로 바꾸어서 '불베이팅(bull-baiting)'이라는 놀이가 유행하게 됩니다. 개들은 소뿔에 받혀 쉽게 나가떨어졌는데, 스페인 화가 고야(1746~1828)는 이 장면을 그림으로 남기기도 했습니다. 불도그(bulldog)는 '황소(bull)와 싸우는 개(dog)'란 뜻으로 불베이팅을 위해 13세기 초 영국에서 처음 생겨난 품종입니다. 불도그 특유의 이목구비는 흥분해 날뛰는 소와 싸우는 데 유리하도록 교배하여 변이시킨 것입니다.

불도그의 머리는 크고 네모졌으며, 넓고 두터운 윗입술은 아래로 쳐져 아래턱을 감싸고 있습니다. 코는 아주 짧고 돼지코처럼 옆으로 펑퍼짐한 데, 만약 소에게 물리더라도 편안하게 호흡할 수 있도록 개량된 것입니다. 불도그는 두 눈과 코의 사이, 입 주변에는 깊고 긴 주름이 있는 것이 특징입니다. 얼굴뿐만 아니라 어깨까지 두터운 주름으로 덮여있는데, 황소의 뿔에 찔렸을 경우 충격을 최소화하기 위해서입니다.

불도그는 다양한 면에서 커다란 황소와 겨루기에 적합한 체형으로 개량되었습니다. 불도그의 아래턱은 커다랗고 튼튼하며, 이마보다 더 많이 튀어나와 있는데, 소를 잘 물 수 있도록 하기 위해서였습니다. 근육질의 체형에 목은 짧고 굵고 튼튼한 반면, 다리는 짧은데 소의 뿔에 찔리지 않도록 낮은 자세를 취하기 위한 것입니다. 힘이 세고 용감하며, 고통을 느끼는데 둔감한 것이 특징인 불도그는 한번 물면 오랫동안 놓지 않고 끈덕지게 버티는 것으로 유명합니다. 심술궂은 얼굴이란 별명을 가진 불도그는 현재에도 영국을 상징하는 개로 알려져 있습니다.

19세기 영국은 야만적인 투견을 금지해버립니다. 애견가들은 불도그를 다른 종과 교배시켜 사나운 성질을 없앰으로써 투견에서 애완견으로 개량했습니다. 강력한 아래턱은 그대로 남아있지만, 침착하고 온순한 성격으로 변화시켰습니다. 우락부락한 얼굴과는 달리 유머러스하고 애교가 넘치는 성격 때문에 오늘날 인기 있는 견종이 되었습니다.

WORDS

bait 미끼   bulldog 불도그

15 '황소(bull)'와 그의 친구들

황소를 영어로 bull이라고 하는데, '볼록한 물체, 부풀다'의 뜻인 ball이나 belly에서 나온 말입니다. 황소(bull)의 배(belly)가 부풀어진(ball) 모습을 연상해 보면 서로 연관된 점을 발견할 수 있습니다.

- A **bull** is pulling a large wagon.
  어떤 황소가 큰 마차를 끌고 있다.

독일 프랑크푸르트의 증권거래소 앞에는 공격자세를 취하고 있는 황소와 곰의 동상이 서 있습니다. 주식시장에서 주가가 오르는 호황 장세를 'bull market'이라고 합니다. 투우 경기에서 뿔을 사용하여 들어 올리면서 적을 향해 공격하는 황소의 모습에서 유래했다고 합니다. 반대로 주가가 하락하는 내림 장세는 'bear market'이라고 합니다. 곰이 공격을 할 때 상대를 잡아 땅에 내리꽂는 것에서 유래했다고 합니다.

'부피, 거대함, 큰 규모의 양, 육중한 것'을 뜻하는 bulk도 '부풀다'의 뜻인 ball에서 나온 말입니다. 물건을 대량으로 묶어서 거래하는 것을 bulk라고 하는데, bulk purchases는 대량 구매를 말합니다. '벌크선(bulk carrier)'은 포장하지 않은 화물을 그대로 적재할 수 있는 화물전용선을, bulky products는 부피가 큰 제품을 말합니다.

영어에서 damn, shit, crab은 우리 말로 '제길, 젠장, 빌어먹을' 등으로 풀이할 수 있는데, 가장 사용 빈도가 높은 욕 삼총사입니다. shit은 '대변, 똥'이란 말로 '몸에서 떨어지는 것(separation or discharge from the body)'이란 의미에서 유래한 말입니다. 'bullshit' 역시 욕인데, 직역하면 '소똥'이란 뜻이지만, '주둥이 닥쳐, 헛소리, 염병할'이란 심한 어감으로 사용됩니다.

- What a bunch of **bullshit**! 놀고들 있네!

'아래아 한글'이나 'MS 워드'와 같은 워드프로세서에서 굵은 글씨체를 '볼드(bold)체'라고 합니다. bold는 '선명한, 굵은'이란 뜻과 '용감한, 대담한, 배짱 있는'의 뜻이 있는데, '부풀다'의 뜻인 ball과 '배, 복부'의 뜻인 belly에서 나온 말입니다. '배짱 있는'을 뜻하는 다른 영어 단어로는 gutsy가 있습니다. gut는 동물의 내장이나 소화관을 뜻하는데, 구어에서 복수형 guts는 '깡, 용기, 강인한 성격'이란 뜻으로 쓰입니다.

- He didn't have the **guts** to tell the truth. 그는 사실을 말할 배짱이 없었다.

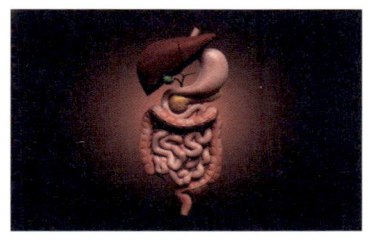

재미있는 것은 '용감한'을 표현하는 말이 한국어와 영어가 공교롭게 일치하는 경우입니다. 배짱은 뱃창 즉, 한글과 한자가 결합한 말인데 배 속에 있는 장기들을 말하는 것입니다. 배짱이란 어떻게 하겠다고 단단히 다져 먹은 속마음, 조금도 굽히지 않고 배를 내밀며 버티려는 성품이나 태도라는 뜻입니다. 속담에 '담이 크다, 대담하다, 간이 배 밖으로 튀어나왔다' 등의 장기와 관련된 말들이 있습니다. 육체적이든 정신적이든 내부가 튼실하게 채워져 있으면 배짱이 좋아질 수밖에 없을 것 같습니다.

WORDS

bull 황소   bull market 호황 장세   bear market 하락 장세   bulk 거대함, 대량 묶음   bullshit 헛소리
bold 선명한, 대담한   gutsy 배짱 있는   gut 동물 내장   guts 용기, 배짱, 인내력

16. '빵셔틀'을 영어로 하면?

전략 시뮬레이션 게임 스타크래프트에서 셔틀(Shuttle)은 병력 운송을 담당하는 가상의 종족인 프로토스의 유닛(Unit)을 뜻합니다. 셔틀은 원래 천을 짜는 직조기나 재봉틀에서 실을 감는 실패(북)를 말합니다. 직물을 짤 때 세로로 된 날실을 상하 두 개의 세트로 나누는데, 그 사이로 셔틀을 좌우로 왕복 운동시킵니다. 날실을 교차시킨 사이로 셔틀에서 풀려나오는 씨실을 먹여가면서 천을 짜는 것입니다. 셔틀의 움직임이 '왔다 갔다' 왕복하는 모습을 비유하여 가까운 거리를 왕복하는 버스를 '셔틀버스(shuttle bus)'라고 합니다.

'빵셔틀(bbang shuttle)'은 중고등학교에서의 학교 폭력(school violence)을 배경으로 만들어진 은어입니다. 소위 말하는 '일진'이라 하는 학생들의 강요로 일반 학생이 빵이나 담배 등을 대신 사다 주는 행위를 말합니다. 영화를 보다 보면 불량스러운 몇몇 아이들이 뭉쳐 다니면서 약해 보이는 아이를 놀려대는 모습을 종종 볼 수 있습니다. 강한 자가 자신보다 약한 아이를 괴롭히거나 따돌리는 짓을 '왕따'라고 하는데, 영어로는 bullying 또는 browbeating이라고 합니다. bully는 '황소(bull)'가 사람을 들이받듯이 '약자를 괴롭히다, 왕따시키다, 협박하다'라는 뜻으로 사용되고 있습니다. bully가 명사로 쓰이면 난폭한 깡패나 학교에서 친구들에게 폭력을 행사하는 친구들을 가리키기도 합니다.

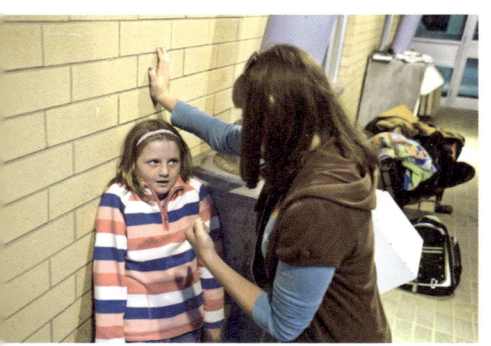

학교에서 약자를 완력으로 윽박지르고 따돌리거나 괴롭히는 행위(bullying) 이외에도 다음과 같은 폭력이 있습니다.

- 폭행하기(assaulting), 때리기(hitting), 발로 차기(kicking), 밀기(pushing)
- 협박, 겁주기(threats), 돈 빼앗기(robbing)
- 재미로 다른 사람의 물건을 훼손하기(damaging property, vandalism), 훔쳐서 골탕먹이기(stealing)

여자들 사이에서는 교묘하게 정신적으로 괴롭힘(harassing)을 주는 경우도 많습니다. 악의적 소문이나 유언비어를 퍼뜨려서 고통을 주기도 하고 (gossiping, vicious rumors), 옷이나 외모에 대해 놀리기(teasing)도 합니다. 어떤 여학생은 복도를 지나는데 남학생들이 일제히 소리를 지르거나 (screaming) 손뼉을 쳐서(clapping) 여러 사람 앞에서 창피를 주는(public humiliation) 경우도 있습니다. 직장 내에서는 과도한 비난(excessive criticism)을 통해 무능한 인간으로 몰아세우거나, 정보공유에서 제외하는 등 교묘한 행동(subtle behavior)을 통해 왕따를 시키는 경우도 있습니다.

- 비꼬는 말, 비열한 말(mean words), 모욕하기, 욕하기(name-calling)
- 성적 희롱(sexual harassment), 누군가 혼자만 남겨 두기, 누군가를 배제하기(leaving somebody out)

반대로 '본인의 의지와 상관없이 왕따로 인해 강제적으로 집단에 끼지 못하는 사람'을 가리켜 '아웃캐스터(outcast)'라고 합니다. outcast는 '왕따에 의한 희생자(a victim of bullying)' 즉, '다른 사람들로부터 따돌림을 당하는 사람, 추방자, 버림받은 사람'을 가리킵니다. outcast는 흔히 볼 수 없는 매우 어려운 단어입니다.

- **outcast**: an individual who is expelled by force from a group or a society

왕따에 대한 표현으로 비슷한 의미를 가진 '아웃사이더(outsider)'를 사용하는 분이 있는데, 일종의 콩글리시라고 할 수 있습니다. 아웃사이더(outsider)를 사전에서 찾아보면 '사회의 기성 틀에서 벗어나서 독자적인 사상을 지니고 행동하는 사람'이라고 나와 있습니다. 즉, 아웃사이더는 본인의 의지가 더 강하지만, 아웃캐스터는 다른 사람의 강압으로 참여가 거부된 사람이라고 구분할 수 있습니다.

- **outsider**: an individual who is not a part of a group or society

미국 학교에서도 왕따의 희생자인 '아웃캐스터(outcast)'들을 보호하는 일이 시급한 과제로 부각되어 있습니다. 특히 소수 민족 학생들을 집단으로 놀리거나 신체에 타격을 가하는 등 치명적인 경우가 많습니다. 이에 따라 미국 학교에서는 'Hurt-free Schools', 'Bully-proof Children'이라는 캠페인을 벌이고 있습니다. 일본에서도 '이지메(イジメ)'라고 하여 학교 내에서의 집단 따돌림 현상을 지칭하는 말이 있습니다. 학생 집단이 특정 아이에게 정신적, 육체적 굴욕감을 주어 심한 경우 피해자가 자살을 감행하는 사건이 벌어지기도 합니다. 우리 정부에서도 한때 '자녀 안심하고 학교 보내기' 같은 운동을 추진한 바가 있습니다.

WORDS

shuttle 재봉틀 실패   shuttle bus 셔틀버스   bullying 괴롭히는 행위   bully 왕따시키다   outcast 따돌림 당하는 사람   outsider 기존 틀을 벗어나 행동하는 사람

달걀 완숙과 하드보일드(hard-boiled)

물을 100도가 될 때까지 가열하면 수증기가 되어 부풀어 오릅니다. boil은 물이나 액체가 끓는 것을 말하는데, 그 부피가 부풀어 오르는 이미지의 'ball'에서 파생된 단어입니다. 연료를 연소시켜 온수 또는 증기를 발생시키는 장치를 '보일러(boiler)'라고 합니다. 물론 주로 온수를 활용하여 난방하기 위한 목적으로 보일러를 사용합니다. 산업혁명 당시에는 고온고압의 증기(steam)를 이용하여 동력을 만드는 증기기관에 쓰이기도 했습니다.

- When water **boils**, it gives off steam. 물이 끓으면 수증기가 나온다.

17세기 영국의 화학자(chemist) 로버트 보일(Robert Boyle)은 유명한 '보일의 법칙'을 발표했습니다. 일정한 온도에서 기체의 압력(pressure)과 그 부피(volume)는 서로 반비례한다는 법칙을 실험을 통하여 발견하였습니다. 즉, 압력(P)을 2배, 3배, 4배로 증가시키면 기체의 부피(V)는 1/2배, 1/3배, 1/4배로 줄어듭니다. 화학자의 이름 '보일(Boyle)'은 우연히 한글 표기가 같은 것이지 '보일러(boiler)'와는 상관이 없습니다.

달걀을 껍데기째 끓는 물에 넣어 완전히 삶은 달걀을 영어로는 boiled egg라고 합니다. 반쯤 삶아서 익힌 달걀을 '반숙(soft-boiled egg)'이라고 하는데, 말랑말랑하면서 어느 정도의 수분을 간직하고 있습니다. 완전히 삶은 달걀을 '완숙(hard-boiled egg)'이라 하는데, 물기가 하나도 없게 되어 빡빡하고 건조한 상태가 됩니다. boil은 '끓다, 삶다, 데치다'라는 뜻과 곪아서 부풀어 오른 '종기'라는 뜻도 있습니다.

- Water **boils** at a temperature of 100℃. 물은 섭씨 100도에서 끓는다.

하드보일드(hard-boiled)는 원래 '달걀을 완숙하다'라는 뜻인데, 의미가 확대되어 '무정한, 비정한, 냉철한, 냉혹한'이란 뜻을 가집니다. hard-boiled는 '딱딱하고 마음이 좁은 사람(a rigid person)'을 표현하는 형용사로도 쓰입니다.

- Most **hard-boiled** people are half-baked. 비정한 사람들은 대부분 설익은 미숙한 사람들이다. – 윌슨 미즈너(미국 극작가)

하드보일드(hard-boiled)는 1930년 무렵 미국 문학에 등장한 새로운 사실주의 경향을 일컫는 용어로도 쓰입니다. 냉혹하고 비정한 현실에 대해 도덕적 판단이나 감정을 전면적으로 거부한 채, 건조하고 속도감 있는 문체(style)로 표현합니다. 불필요한 형용사나 수식을 일체 빼버리고 간결하게 묘사를 하게 되며, 일상생활 속에서의 거칠고 상스러운 대화를 그대로 도입하기도 합니다.

순수 문학 중에서 E. 헤밍웨이의 〈무기여 잘 있거라(A Farewell to Arms)〉는 하드보일드(hard-boiled) 기법이 잘 표현된 작품입니다. 그는 사랑하는 여인이 자신의 아기를 낳다 숨지는 비극적 장면에서조차 감정을 억제한 채 지극히 간결하게 묘사해버립니다. 하드보일드 기법은 추리 소설에도 영향을 끼쳤는데, D. 해밋, R. 챈들러, J.C. 가드너 등이 대표적인 작가입니다. 추리보다는 빠른 진행과 거친 묘사에 중점을 두는 유형으로, 코난 도일식 추리와는 명확하게 구별되었습니다.

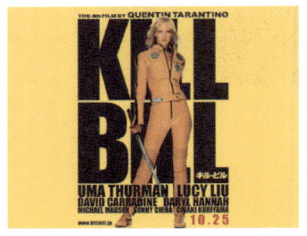

하드보일드식 영화의 대표적인 감독으로는 〈저수지의 개들〉, 〈펄프픽션〉, 〈킬빌〉 등을 연출한 쿠엔틴 타란티노가 대표적입니다. 쿠엔틴 타란티노는 자신을 B급 영화 감독이라고 말하지만, 이미 대가의 반열에 올라있는 명감독입니다. 국내 영화로는 김지운 감독의 〈달콤한 인생〉과 박찬욱 감독의 〈복수는 나의 것〉 등이 있습니다.

WORDS

boil 물을 끓이다　　hard boiled 하드보일드, 냉혹한, 완숙된

18 '오믈렛(omelet)'과 '오므라이스'

달걀(계란) 요리법에 대한 영어 표현을 알아보겠습니다. 익히지 않은 날달걀을 영어로는 a raw egg 또는 a fresh egg라고 합니다. '달걀 껍데기'는 영어로 shell이라고 합니다. 달걀흰자는 the white of an egg라고 표현하는데, 그냥 the white라고 해도 됩니다. 노른자는 the yolk of an egg 또는 the yellow of an egg라고 하는데, the yolk라는 표현을 많이 사용합니다.

우리가 흔히 '달걀 프라이'라고 하는 요리법은 프라이팬(frypan 또는 frying pan)에 기름을 둘러서 익힌 달걀 요리를 말합니다. 그런데 '달걀 프라이'에 대한 올바른 외래어 표기는 '달걀 프라이'이며, 영어로는 fried egg라고 합니다. 닭고기에 밀가루, 소금, 후추, 양겨자 가루 등을 섞어 튀김 옷을 묻혀 기름에 튀긴 요리를 '프라이드 치킨(fried chicken)'이라고 합니다. fry는 '기름에서 조리하다(cook in fat)'라는 의미에서 시작해서 '기름에 굽다, 부치다, 튀기다'라는 뜻을 가집니다.

'달걀 프라이'는 프라이팬에서 한쪽 면만 익히는지 양쪽 면을 익히는지에 따라 명칭이 달라집니다. 'sunny-side up'은 달걀을 뒤집지 않고 한쪽만 익히는데, 위로 올라오는 노른자가 익지 않게 한 프라이를 말합니다. 'over easy'는 달걀을 뒤집어서 양쪽 면을 다 익히되, 노른자를 거의 익히지 않고 살짝 프라이한 달걀을 말합니다. 'over hard'는 양쪽 면을 다 익히고, 노른자와 흰자 모두 아주 바짝 프라이한 달걀을 말합니다. 'over medium'은 중간 정도로 노른자를 반숙 정도로 양쪽 면을 프라이한 달걀을 말합니다.

- I'd like my eggs sunny-side up. 달걀 한쪽만 익혀주세요.

흰자와 노른자를 휘저어서 섞은 후, 버터와 우유를 넣어 프라이팬에서 볶는 요리법을 '스크램블드 에그(scrambled egg)'라고 합니다. 구워서 익힌 달걀은 baked egg라고 합니다. scramble은 '급히 서두르다(move hastily), 서로 밀쳐가며 다투다, 뒤죽박죽으로 만들다' 등의 뜻이고, bake는 '굽다'라는 뜻입니다.

'오믈렛(omelet)'은 프랑스에서 주로 아침 식사용으로 많이 먹는 달걀 조리법입니다. 만드는 방법은 먼저 달걀을 풀어 노른자와 흰자를 잘 섞은 다음 소금과 후추로 간을 맞춥니다. 그다음 우유나 생크림, 버터를 첨가한 후 프라이팬에 부어 부드럽게 반숙 상태로 지집니다. 치즈, 고기, 베이컨, 햄 등 각종 재료를 함께 구우면서 반숙된 달걀로 둥그렇게 말아서 만듭니다. 오믈렛을 미국에서는 omelet, 영국에서는 omelette이라고 적고 있습니다.

프랑스인들은 달걀 속에 다양한 양념을 해서 기름에 볶은 밥을 넣어서 '오믈렛(omelet)'을 만들어 먹기도 했습니다. 이때 넣은 밥이 스페인의 발렌시아 지방 원조인 볶음밥과 유사했는데, 이것을 발렌시아풍 오믈렛이라고도 합니다. 우리나라와 일본에서 밥을 햄, 치즈, 고기, 다진 야채와 함께 볶고 달걀을 얇게 부쳐서 씌운 요리를 '오므라이스'라고 합니다. 일본인들이 발렌시아풍 오믈렛을 자기들의 식성에 맞게 요리를 변형하고 이름을 '오므라이스(オムライス)'라고 한 것입니다.

'오므라이스'는 물론 omelet과 rice가 합쳐진 말에서 앞부분만을 따서 만든 말입니다. 미국인에게 친절하게 'omelet rice'라고 해도 미국에는 '오므라이스'라는 요리가 없기 때문에 이해하지 못할 것입니다. 순서를 바꿔 'rice omelet'이라고 한다면 '안에 밥을 넣은 오믈렛'이라고 대강 추측할 수 있게 됩니다. 물론 'fried rice wrapped in egg(달걀로 싼 볶음밥)'이라고 설명하는 방식으로 의미를 전달할 수도 있습니다.

- You can't make an omelet without breaking eggs. 달걀을 깨지 않고는 오믈렛을 만들 수는 없다. (노력 없이는 결과도 없다.)

오믈렛(omelet)의 어원은 '얇은 금속판(thin sheet of metal)'을 뜻했던 라틴어 '라멜라(lamella)'로 부터 찾을 수 있습니다. 처음에는 얇은 판을 뜻하던 라멜라가 접시를 뜻하게 되었고, 여기에서 오믈렛이 유래되었다는 설명입니다. 이 말이 프랑스로 들어가면서 'alemelle'로 변화되었다가, 어미가 변형되어 'alemette'로 되었습니다. 다시 두 자음이 위치를 맞바꾸고 달걀을 뜻하는 라틴어 ovum의 영향을 받아 omelette(omelet)이라는 단어가 만들어졌다고 합니다. 같은 어원에서 넓은 잎을 가진 'laminaria(다시마)'와 얇은 판을 여러 장 붙여 만든 'laminate(합판)'이라는 말이 유래되었습니다.

WORDS

a raw egg (=a fresh egg) 날 달걀   shell 껍데기   fried egg 달걀 프라이   fry 튀기다. 굽다   sunny-side up 한쪽만 익힌 달걀 요리   scrambled egg 스크램블드 에그   scramble 재빨리 움직이다   omelet 프랑스 아침 식사용 달걀 요리

포말로 부서지는 파도와 우유 거품

'거품'에 해당하는 영어 단어는 'bubble' 이외에도 'foam'이란 단어가 있습니다. foam은 특히 작은 거품(bubble)들이 아주 많이 모여 있는 것을 의미합니다. 파도가 밀려와 모래사장에서 부서질 때 생기는 하얀 거품을 '포말'이라고 하고, 영어로는 'foam'이라고 할 수 있습니다.

- a wave that breaks into **foam** when it reaches the shore 해안에 닿을 때 포말을 일으키며 부서지는 파도

- **Foam** consists of a mass of small bubbles that are formed when air and a liquid are mixed together. 포말은 공기와 액체를 함께 섞었을 때 형성되는 다량의 작은 공기 방울(bubbles)로 구성된다.

카푸치노(Cappuccino) 커피 위에 얹혀진 우유 거품도 'foam'이라고 할 수 있습니다. 우유 거품이 가득한 카푸치노 또는 카페라테를 마시다 보면 하얀 콧수염이 생기기도 합니다. 이 점이 신경이 쓰인다면 카푸치노 또는 카페라테 등에 우유만 더한 '무거품(no foam)'을 주문하면 됩니다. 반대로 '엑스트라 폼(extra foam)'으로 주문하면 우유 거품을 듬뿍 얹어주는데, 우유 거품은 커피를 따뜻하게 유지해주기도 합니다.

- I'll have a decaf latte, easy on the **foam** please. 카페인 없는 카페라테에 거품 조금만 얹어주세요.

- skim off the **foam** 거품을 걷어내다

화장을 아름답게 하는 것도 중요하지만 깨끗하게 씻어내는 것 또한 중요합니다. 얼굴에 남아있는 찌꺼기는 피부 트러블은 물론 얼굴색마저도 칙칙하게 변질시키기 때문입니다. '포밍클렌저(facial foaming cleanser)'는 얼굴을 깨끗하게 씻어내는 세안용 거품 비누를 말합니다. cleanse는 세제나 화학 약품들을 이용하여 깨끗하게 씻는 행위를 나타내면서, 비유적으로 '죄를 씻어내어 정결하게 한다'는 뜻도 가집니다.

가전제품의 포장재나 농수산물 상자, 건물을 지을 때 단열재로 많이 사용하는 합성수지를 '스티로폼(Styrofoam)'이라고 합니다. 스티로폼(Styrofoam)은 미국 다우케미칼사의 상표명이며, 정확한 명칭은 '발포(發泡) 폴리스티렌(expanded polystyrene)'입니다. 스티로폼(Styrofoam)은 '클리넥스(Kleenex), 스카치테이프(Scotch tape), 호치키스(Hotchkiss), 포스트 잇(Post-it), 버버리(Burberry)'와 같이 상표 자체가 일반명사화된 예라고 할 수 있습니다. 흔히 '스티로폴(Stropor)'이라고도 하는데, 이 말 또한 독일 BASF사의 상표명으로 '발포(發泡) 폴리스티렌(expanded polystyrene)' 수지를 말합니다.

발포 폴리스티렌은 플라스틱 수지에 탄화수소가스를 주입한 후 이를 증기로 부풀린 제품입니다. 거품(foam) 형태의 공기 방울을 형성하게 되는데, 체적의 98%가 공기이고 나머지 2%가 플라스틱 수지로 되어 있습니다. 스티로폼(Styrofoam)에서 '폼'을 '형태'라는 뜻의 form이라고 착각하기

쉽습니다. 제조 공정상의 '거품' 때문에 제품 이름에 foam이라는 단어를 쓰고 있습니다. 스티로폼(Styrofoam)은 무게가 가볍고 열전도를 최소화시켜 주는 에너지 절약형 소재로서, 일상생활에서도 많이 활용되고 있습니다.

WORDS

foam 거품   cleanse 씻어내다   Styrofoam 스티로폼

20 '풍선껌'을 영어로 하면?

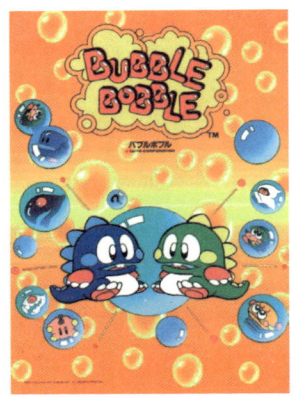

'보글보글' 또는 '부글부글' 끓는 소리에 대한 영어 의성어 표현은 'bubble bubble'입니다. 'bubble bubble'은 한때 선풍적인 인기를 끌었던 고전적인 아케이드 게임이기도 합니다. bubble은 거품이 보글보글 터지는 소리이고, 또 '거품, 거품이 일다, 부글거리다' 등의 뜻도 있습니다. bubble은 'boil(끓다)'이나 'ball(둥근)'의 어원이 되는 라틴어 'bulla'에서 유래합니다.

- **Bubbles** are small balls of air or gas in a liquid. 거품은 공기나 기체가 차 있는 공기방울이다.

bubble은 끓는 물뿐만이 아니라 비눗물에서 생겨나는 둥근 방울 즉 '비누 거품'을 말하기도 합니다. 영화에 보면 서양 여자들이 욕조(bathtub)에 가득히 거품을 채워 놓고 목욕을 하는 장면이 나옵니다. 이런 식으로 목욕하는 것을 'take a bubble bath'라고 합니다.

- The children like to have **bubbles** in their bath. 아이들은 거품으로 목욕하는 것을 좋아한다.

사람들이 질겅질겅 씹는 '껌'은 원래 'gum'이라는 영어입니다. 껌(gum)은 원래 남미의 원주민들이 사포딜라 수액이 굳은 치클(chicle)을 씹던 것에서 유래하였다고 합니다. '껌'은 치클에 당분, 박하, 향료 등을 넣어 만드는 데, 영어로는 gum, 혹은 chewing gum이라고 합니다.

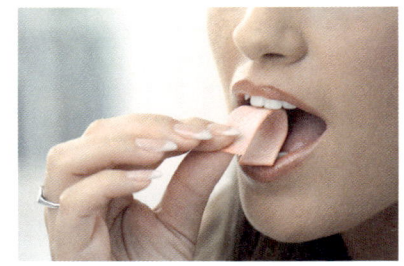

- Please wrap the gum in paper before throwing it away.
  껌은 종이에 싸서 버려주세요.

gum에는 '껌' 이외에 '잇몸'과 '고무' 그리고 '눈곱'이란 뜻이 있는데, 물렁물렁하다는 공통점이 있습니다. '고무'라는 단어는 일본어 'ゴム(고무)'를 통해서 우리 말로 들어왔습니다. 결국 '껌'과 '고무'는 본래 같은 단어(gum)이지만, 우리말로는 의미에 따라 각기 다른 철자와 발음으로 나뉘어 들어온 셈입니다.

- My eyes are **gummed** up! 내 눈에 눈곱이 끼었어!

'풍선껌'에 대한 영어 표현은 bubble gum입니다. 원어민들은 껌으로 바람을 불면 거품이 나오는 모양처럼 생겼다고 해서 bubble gum이라고 한 것입니다. 그런데, 우리나라에서는 '풍선껌'이라고 하지만, 미국인들은 '거품 껌(bubble gum)'이라고 한 셈입니다. 우리나라 사람들은 바람을 가득 불어넣은 껌 모양이 거품(bubble)보다는 풍선(balloon)에 가깝다고 느꼈기 때문입니다. 만화에 나오는 '말풍선'을 역시 'word bubbles' 또는 'speech bubbles'라고 하는데, 이 말 또한 서로 일치하지 않는 경우입니다.

WORDS

bubble 거품이 일다 gum 껌, 잇몸 bubble gum 풍선껌

21 '아폴로'와 '월계관'

'아폴로(Apollo)'는 그리스 신화에서 태양과 동일시되는 신이면서, 예술, 의술, 예언 등을 주관하는 신입니다. 예술을 관장하는 아홉의 무사(Musa)들을 거느리며, 의술의 신 아스클레피오스의 아버지입니다. 아폴로는 활의 신이자 올림포스(Olympus) 최고의 명사수이기도 합니다. 활(bow)과는 떼어서 생각할 수 없는 신이 또 있는데, 아프로디테의 아들 에로스(Eros)입니다.

- I swear by Apollo that I will carry out this oath to the best of my ability and judgment. 나는 아폴로의 이름으로 나의 능력과 판단력을 다해 이 서약을 지킬 것을 맹세합니다.

어느 날 아폴로는 에로스와 함께 자신이 가진 활에 대해 논쟁을 벌이게 됩니다. 아폴로는 에로스의 조그만 사랑의 활보다는 자신이 들고 다니는 활의 힘이 더 위대하다고 주장했습니다. 이에 발끈한 에로스는 사랑을 불러일으키는 화살(arrow)을 아폴로에게 쏘고, 증오를 일으키는 화살을 '다프네(Daphne)'라는 님프에게 쏘았습니다. 사랑의 화살을 맞으면 처음 보는 이성을 사랑하게 되고, 증오의 화살을 맞게 되면 처음 본 이성을 죽도록 싫어하게 됩니다.

다프네는 개울의 신 '페네이오스'의 딸이었습니다. 아폴로는 그녀를 보자마자 한눈에 반해서 뒤쫓았으나, 그녀는 기겁하고 달아났습니다. 어느덧 그녀의 아버지가 있는 강가에 이르자 아버지에게 도움을 요청했습니다. 페네이오스는 다프네를 한 그루의 월계수로 만들어 버렸습니다. 그녀의 머리카락은 잎으로, 팔은 가지로, 얼굴은 줄기로, 그리고 발은 뿌리로 변해버렸습니다.

아폴로는 월계수 나무가 되었음에도 다프네를 사랑했습니다. 아폴로는 영원히 그녀와 함께하겠다면서 월계수의 가지로 왕관을 만들어 쓰고 다녔다고 합니다. 월계수를 뜻하는 laurel은 '영광, 명예, 승리, 성공' 등의 뜻이 되었습니다. 로렌스(Lawrence, Laurence), 로라(Laura), 래리(Larry) 등의 이름은 'laurel'에서 나왔습니다.

파르나소스 산 기슭에 있는 '아폴로'의 '델포이(Delphi)' 신전에서는 4년마다 시가와 문예 및 운동경기 대회가 거행되었습니다. 우승자에게는 월계수의 가지를 엮어 만든 관을 주었는데, 이것이 곧 월계관(laurel wreath)의 시초입니다. 월계관은 기원전부터 왕족이나 승리한 운동선수, 전쟁의 영웅에게 씌워 주었습니다. 지금도 특히 마라톤 등의 운동 경기에서 승리한 우승자에게는 월계수 잎으로 만든 월계관을 씌워주기도 합니다.

- He is not resting on his **laurels** after the victory. 그는 승리 후에도 그의 월계관(영예)에 멈추지 않는다.

계관시인(桂冠詩人, poet laureate)은 영국왕실이 영국의 가장 명예로운 시인에게 내리는 칭호를 말합니다. 고대 그리스에서 명예 있는 시인이 머리에 월계 나뭇가지를 쓴 데서 기원하였습니다. 월계수는 아폴로에게 바쳐진 나무였으며, 그리스에서는 예언과 시적 영감을 상징하였습니다. 계관시인은 영국 궁정 관리로서 왕실의 경조사에 필요한 시를 짓는 것을 의무로 한 시인을 가리킵니다. 명예로운 월계관을 쓸 만한 실력을 갖춘, 최고의 시인이란 뜻으로 쓰입니다.

- They used to put **laurel** leaves under their pillows to acquire inspiration. 그들은 영감을 얻기 위해 베개 밑에 월계수 잎을 두곤 했다.

바칼로레아(baccalaureate)는 프랑스 등에서 학사학위를 뜻하는 말로, 학사 등을 뜻하는 영어 bachelor와 같은 어원입니다. 우리 수능에 해당하는 프랑스 대학입학시험을 뜻하기도 하는데, 1808년 나폴레옹에 의해 처음 실시되었다고 합니다. 바칼로레아는 월계수(laurel)로 만든 나무를 들고 다녔던 고대 그리스의 학생들로부터 유래한 말입니다.

바칼로레아의 철학 논술시험은 사회적 이슈가 될 정도로 세계적 명성을 얻고 있습니다. 시험이 끝나는 저녁 무렵이면 출제된 문제를 중심으로 다양한 토론회가 열립니다. 정치, 문화, 언론 계통의 유명 인사들과 시민들이 대강당에 모여 진지하고 재치 있는 토론을 벌이기도 합니다.

이날은 하나의 국경일처럼 '생각하는 날'이 되는데, 데카르트와 같은 철학자를 배출한 프랑스 사유의 힘을 볼 수 있습니다.

- Several schools in Britain already teach the **baccalaureate** syllabus.
  영국의 몇몇 학교는 바칼로레아 과정을 이미 가르쳤다.

WORDS

bow 활   arrow 화살   laurel 승리, 영광   laurel wreath 월계관   poet laureate 계관시인
baccalaureate 바칼로레아, 대학 입학 자격시험   bachelor 학사

22 월계수와 계수나무의 관계는?

월계수(月桂樹)와 계수(桂樹)나무는 어떤 관계가 있을까요? 결론부터 얘기하면 월계수와 한국과 일본에서 말하는 계수나무, 중국 원산 계수나무는 서로 다른 나무들입니다.

우리나라에서 '계수나무'라고 하는 나무는 일본 원산지로 이름은 '가쯔라(桂, Katsura tree, 학명 Cercidiphyllum japonicum)'입니다. 가장자리에 둥근 톱니가 있는 부드러운 질감의 잎을 가지고 있습니다. 우리나라에 들여올 때 '계수나무'란 이름으로 잘못 번역된 것이 그대로 굳어졌습니다.

중국 고전에 나오는 계수나무는 일본산 '가쯔라'가 아니라, 중국 원산의 '금목서(학명 Osmanthus fragrans var. aurantiacus)'입니다. 가을날 진주, 여수 등 남부지방에서는 중국 계수나무인 금목서 꽃향기를 맡을 수 있습니다. 중국에서는 좋은 향기가 나는 나무에 '계(桂)'자를 붙이는 전통이 있습니다.

월계수(Laurel tree, 학명 Laurus nobilis L.)는 남유럽 지중해 연안에서 많이 자라는 나무입니다. 잎은 향기가 좋아서 차에 넣거나 육류요리의 비린내를 없애주는 향신료로 이용되고, 과일은 약용으로 사용합니다. 중국인들은 이 나무의 이름을 지을 때 토끼와 함께 달나라에 있다는 설화 속의 계수나무라는 뜻으로 '월계수'라고 하였습니다. 월계수와 계수나무는 둘 다 고귀함과 승리를 상징하고 좋은 냄새가 난다는 점에서 공통점이 있습니다.

향신료인 계피(桂皮, cinnamon)는 위의 어느 나무와도 관련이 없습니다. 계피는 동남아나 우리나라 등에 자생하는 녹나무 속 식물의 껍질로 만든 향신료입니다. 상업적인 생산은 주로 스리랑카 원산의 나무를 원료로 하고 있습니다.

- **Cinnamon** is a sweet spice. 계피는 달콤한 향신료입니다.

WORDS

cinnamon 계피

토르(Thor)에서 나온 목요일(Thursday)

앵글로 색슨족을 비롯한 게르만족은 춥고 어두운 북유럽 출신입니다. 지중해 연안의 그리스, 로마와는 달리 게르만족은 독립적인 신화를 가지고 있었습니다. 게르만 신화에서 '오딘(Odin)'은 추위의 상징인 서리의 거인을 물리치고 천하를 창조한 신입니다. 북유럽은 남유럽과는 달리 특히 바람이 인간생활에 중차대한 영향을 미쳤습니다. 그래서 하늘 또는 바람을 관장하는 오딘이 최고의 신이란 자리를 차지하고 있습니다.

토르(Thor)는 오딘의 아들 중 하나인데, 역시 북유럽의 옛 생활을 느끼게 해주는 신입니다. 항해하는 데 폭풍우가 몰아치면 그것은 곧 죽음이고 파멸입니다. 토르는 천둥과 번개를 관장하는 신이며 벼락을 지상으로 내던지기도 했습니다. 토르는 북구의 신 중에서 가장 용감하고 힘이 강했습니다. 특히 던지기만 하면 반드시 적을 쓰러뜨린다는 거대한 망치를 휘둘러 거인족과 싸웠습니다.

Thursday(목요일)은 북유럽 신화에서 천둥, 벼락의 신인 Thor(토르)에서 유래된 말입니다. 천둥을 뜻하는 thunder도 Thor(토르)에서 온 말입니다. 독어에서는 목요일을 Donnerstag라고 하는데 Thor의 독일어 식 이름인 'Donar의 날(tag)'이란 뜻입니다. 율리우스 카이사르(Gaius Julius Caesar)에 의한 로마 점령 이후 영국은 라틴문화에 의해 큰 영향을 받았었습니다. 영국인들은 로마로부터 역법을 받아들이면서도, 요일의 이름만은 자기네 신으로 정함으로써 주체성을 지켜냅니다. 나머지 요일의 이름에도 북유럽 신화에 등장하는 신들의 이름이 그대로 붙어 있습니다.

라틴어 계열로 넘어오게 되면 북유럽의 신 Thor에서 그리스, 로마 신화의 신 Jupiter로 바뀌게 됩니다. 라틴어에서 목요일은 Jovis dies인데, the day of Jupiter라는 뜻입니다. 주피터는 하늘과 천둥을 관장하는 신이자 신들의 제왕입니다. 목요일을 불어에서는 jeudi, 스페인어에서는 jueves, 이탈리아어에서는 giovedi라고 하는데, 모두 '주피터 신의 날'이라는 뜻입니다.

우리는 왜 목요일이라고 부르고 있을까요? 일본도 마찬가지이지만 목요일이란 말의 의미는 영어가 아니라 라틴어에서 받아들인 것입니다. 주피터는 신들의 제왕이지만, 태양계에서 목성이라는 행성의 이름이기도 합니다. 우리나라에서 사용하는 요일 이름(일, 월, 화, 수, 목, 금, 토)은 다섯 개의 행성에 달과 해를 더해서 만든 것입니다.

WORDS

Thor 토르 (북유럽에서 용감하고 힘이 강했던 신)   Thursday 목요일   thunder 천둥

24. 명왕성이 태양계 행성에서 탈락한 이유

올림포스 12신 중의 하나인 하데스(Hades)는 크로노스의 첫째 아들로 제우스와 포세이돈(Poseidon)의 형제입니다. Hades는 그리스어로 '눈에 보이지 않는 것'이란 뜻인데, 쓰면 보이지 않는 헬멧(helmet)을 가지고 있습니다. 제우스는 티탄 족과의 10년 전쟁에서 승리한 후 올림포스 신들의 제왕이 됩니다. 제우스는 포세이돈에게는 바다를, 하데스는 지하 세계를 다스리도록 명령합니다. 하데스는 죽은 자가 가는 곳인 저승을 관장한 셈인데, '죽음의 신'으로 알려져 있습니다.

로마에서는 하데스를 플루토(Pluto)라고 말했습니다. Pluto는 1930년, 젊은 미국인 천문학자인 클라이드 톰보에 의해 처음 발견되었던 별인 명왕성(冥王星)을 가리키는 말이기도 합니다. 명왕성의 명(冥)은 어둡다는 뜻인데, '어두운 세계의 왕'이란 뜻의 명왕(冥王)은 동양식으로 하면 염라대왕이 됩니다. 절(Buddhist temple)에 가면 '명부전'이라고 있는데, 죽은 사람들을 모셔놓은 건물입니다.

스틱스(Styx)는 저승을 일곱 번 굽이굽이 돌면서 흐르는 강입니다. 신화에서는 이 물을 마시면 죽는다는 전설이 전해지는데, 알렉산더 대왕도 이 물을 마셔서 죽었다고 합니다. 신성한 맹세를 다짐할 때 이 강의 이름이 등장하는데, 스틱스에 걸고 한 맹세는 제우스도 어기지 못하였습니다. 늙은 뱃사공 카론(Charon)은 은전 한 닢을 받고 죽은 자의 영혼을 강 건너로 실어다 줍니다. 강의 반대편에는 '케르베로스(Cerberus)'라는 머리 셋 달린 큰 개가 하데스의 입구를 지키고 있습니다. 입구를 통과하려면 케르베로스에게 먼저 빵 한 조각의 입장료를 내야만 합니다.

지하 세계는 죽은 자들을 위한 공간이므로 거쳐야 할 관문이 또 하나 있습니다. 죽은 자들의 영혼은 반드시 레테(Lethe)라는 강에서 한 번씩 물을 마셔야 합니다. 레테는 그리스어로 망각(oblivion)을 의미하는데, 그 물을 마시면 이승에서의 기억을 잊게 된다고 합니다. lethonomia는 얼굴은 알 것 같은데 '사람 이름을 잘 기억 못하는 증상'을 말합니다. 신화에 나오는 망각의 강 이름인 'Lethe'와 이름이란 뜻의 'nomen'가 합쳐진 말입니다. 이문열 작가가 쓴 베스트셀러 중에 〈레테의 연가〉라는 소설이 있습니다.

lethargy는 '혼수상태, 무감각, 무기력'이란 뜻으로 의식이 없는 것을 뜻하는 말입니다. 형용사형인 lethargic은 축 처지고 늘어져서 졸음이 오거나 정신이 몽롱한 상태(sluggish)를 의미합니다. lethal은 '죽음을 가져오는, 치명적인(mortal)'의 뜻입니다. lethal dose은 먹게 되면 죽을 수 있을 정도의 '치사량'을 말합니다. lethargy를 지나서 lethal을 넘으면 완전한 망각을 뜻하는 죽음에 이릅니다. 멜 깁슨이 주연한 영화 〈Lethal Weapon(리셀 웨폰)〉은 '치명적인 무기, 살인 무기, 흉기'라는 뜻입니다.

로마에서는 플루토(Pluto)를 부(wealth)를 제공하는 신으로 숭배하기도 했습니다. 지하 세계는 죽은 영혼들의 세계이지만 금과 은 같은 보물이 산출되는 장소이기도 합니다. 금권정치(plutocracy)는 경제력이 있는 소수의 부자들이 지배하는 정치를 말합니다. 부를 의미하는 pluto와 정치체제를 의미하는 cracy가 붙어서 만들어진 말입니다.

명왕성(Pluto)은 태양계(solar system)에서 제일 마지막인 아홉 번 째 행성(planet)이었습니다. Pluto가 어두운 지하 세계의 왕이었듯이, 명왕성은 태양 빛이 닿는 가장 먼 거리에서 떠돌고 있는 별입니다. 적도반지름은 약 1150km이고, 질량은 지구의 0.0022배로 행성 중 가장 작았습니다. 미국의 천문학자 퍼시발 로웰은 천왕성과 해왕성의 운동을 조사한 후 새로운 천체가 있어야 한다는 사실을 먼저 알

아닙니다. 퍼시발은 그 행성을 찾아내지는 못했지만, 1930년 로웰 천문대에서 드디어 처음으로 명왕성을 관측해냅니다. 하지만 명왕성의 현재 이름은 '소행성 13430(134340 Pluto)'으로 바뀌었고, 행성에서 지위를 잃게 되었습니다. 명왕성은 크기가 작고, 공전 궤도가 타원형이며, 궤도면이 나머지 행성과 다르게 17도 이상 틀어져 있습니다.

하지만, 행성에서 탈락한 결정적인 이유는 카론(Charon)이라고 부르는 위성(satellite)때문이었습니다. 명왕성을 탈락시키면서 행성의 정의를 수정했는데, 핵심은 '해당 구역에서 지배적인 천체'여야 한다는 것입니다. 카론은 명왕성과 비슷할 만큼 커서 지름이 천km가 넘는 거로 추정되고 있습니다. 그런데 명왕성은 카론을 위성으로 거느리는 것이 아니라, 카론의 중력에 휘둘려서 맞돌고 있는 것이 확인되었습니다. 명왕성 퇴출의 가장 결정적인 이유는 카론과 서로 맞돌고 있는 이중행성이기 때문입니다.

- **Pluto**, formal designation 134340 Pluto, is the dwarf planet in the Solar System. 플루토, 공식이름 134340 Pluto는 태양계의 소행성이다.

- **Pluto** has a tilted orbit. It's tilted about 17 degrees from the orbits of the other planets. 명왕성은 기울어진 궤도를 갖고 있다. 다른 행성의 궤도에서 약 17도 가량 기울어져 있다.

태양계에서 명왕성은 천왕성(Uranus), 해왕성(Neptune) 다음에 있습니다. 원자번호 94번 원소 플루토늄(plutonium)은 주기율표에서 우라늄과 넵투늄 바로 다음에 있는 원소이기 때문에 행성 이름을 따서 지었습니다. 플루토늄은 우라늄 광석에서 천연상태로 극미량 발견되기도 하지만, 최초의 발견은 인공적으로 만들어 낸 것입니다. 우라늄 238에 중수소 원자핵을 충돌시켜 대량 생산할 수 있습니다. 핵분열 특성이 우수하고, 사용 후 핵연료의 재처리를 통해 더 쉽고 값싸게 얻을 수 있는 장점이 있습니다. 원자력 발전 연료와 핵폭탄 제조에 사용될 수 있는데, 1945년에 일본 나가사키에 투하된 원자폭탄은 이를 사용한 것입니다.

WORDS

lethonomia 이름을 기억 못 하는 증상   lethargy 혼수상태   lethargic 정신이 몽롱한 상태   lethal 치명적인
lethal dose 치사량   plutocracy 금권정치   Pluto 명왕성   solar system 태양계

천하무적 탱크는 애벌레(caterpillar)에서 나왔다.

caterpillar는 배추벌레, 송충이 같은 '애벌레'를 뜻합니다. caterpillar의 어원은 '고양이'를 뜻하는 cat과 '털, 솜털' 등을 뜻하는 pile이 붙어서 만들어진 말입니다. pile은 융단이나 벨벳 같은 천 윗부분에 짧게 나 있는 '털'을 가리킵니다. caterpillar는 원래 '털이 많은 고양이'를 뜻하는 말에서 털이 나 있는 '애벌레' 등의 뜻이 되었습니다.

- **Caterpillars change into butterflies or moths.** 애벌레는 나비나 나방으로 변한다.

탱크에 있어서 바퀴의 역할을 하는 무한궤도를 캐터필러(caterpillar)라고 합니다. 무한궤도는 차 바퀴의 둘레에 강판으로 만든 벨트를 걸어 놓은 장치로, 지면과의 접촉면이 크기 때문에 험한 길이나 비탈길도 쉽게 갈 수 있습니다. 캐터필러 차량(endless-track vehicle)은 탱크 이외에서 장갑차나 트랙터, 불도저 따위가 있습니다. 무한궤도를 caterpillar라고 하는 것은 애벌레가 꼬물꼬물 기어가는 모습이 무한궤도 차가 굴러가는 모양과 흡사하기 때문입니다.

CAT는 굴착기, 불도저, 지게차, 덤프트럭을 생산하는 건설용 중장비(heavy equipment) 전문업체입니다. CAT는 무한궤도를 뜻하는 캐터필러(caterpillar)에서 앞부분만 잘라서 만든 상표명입니다. 건설 장비나 특수 차량에는 험한 길도 자유자재로 다닐 수 있도록 캐터필러가 장착되어 있게 마련입니다.

탱크(tank)는 유체나 가스등을 담는 커다란 컨테이너(water-storage container)라는 의미로 '큰 통, 수조'를 뜻하는 말입니다. 대형 유조선을 tanker라고 부르는 것도 같은 이유입니다. 탱크는 '저수지, 연못(pond)' 등을 뜻하는 인도 말에서 유래했습니다. 주유소에 가서 '만땅(滿-tank)'이라고 외치는 사람이 있는데, '연료탱크를 가득(滿) 채우라'라는 뜻으로 한자와 영어가 합성된 말입니다.

- Oil was leaking out of a hole in the **tank**. 기름이 통에 난 구멍으로 새어 나오고 있었다.

1914년 6월 오스트리아의 황제 계승자 프란츠 페르디난트 대공이 세르비아 청년에게 암살(assassination)됩니다. 사라예보에 울려 퍼진 한 발의 총성을 계기로 제1차 세계대전(World War I)이 발발하게 되었습니다. 제1차 세계대전은 3년간의 전쟁 중에 사상자가 4,200만 명에 이르렀습니다. 잠수함과 비행기가 처음으로 사용되었고, 근대적인 대량 살상무기가 이용된 살상전이었습니다.

당시에는 상대방의 진격을 막기 위해 가시철조망을 몇 겹씩 세운 뒤, 그 뒤에 참호를 파놓고 몸을 숨긴 채 기관총을 응사하였습니다. 참호전(trench warfare)은 공격하는 쪽에서 보면 매우 힘든 전투형태였습니다. 수많은 병력과 돌격전으로 총공세를 감행해도 오

히려 기관총(machine gun) 앞에 속수무책으로 당하게 되었습니다. 길고 긴 참호전에 돌입하자 양측은 각각 참호를 뚫고 진격할 무기를 개발해야만 했습니다.

- During World War I, the belligerents engaged in four years of unmoving **trench warfare**. 1차 대전 중에 교전국들은 4년 동안 교착된 참호전에 매달렸다.

독일군은 적의 참호를 돌파할 방책을 화학무기에서 찾았고, 소금에서 추출한 염소 독가스(poison gas)를 개발합니다. 기체 염소를 0.01mg만 마셔도 폐렴에 걸리게 됩니다. 독가스를 살포한 결과 독일군은 반나절 만에 적군 5,000명을 죽이고, 6,000명을 사로잡는 성과를 올렸습니다. 하지만, 당시 바람이 독일 쪽으로 불었기 때문에 독일군은 독가스를 거의 사용할 수 없었습니다. 염소 독가스를 개발한 독일의 프리츠 하버는 질소와 수소로 암모니아를 만들어 노벨 화학상을 받았습니다.

영국도 참호전으로 고착된 전선을 타개하기 위해서 신무기를 개발하는데, 그 프로젝트 명이 '탱크(tank)'였습니다. 영국은 농기구에서 아이디어를 얻었는데, 영국의 트랙터는 둥그런 바퀴가 아니라 캐터필러를 장착한 것이었습니다. 캐터필러는 고랑의 높낮이가 심한 곳에서도 효과적으로 움직이게 해줍니다. 캐터필러를 장착한 탱크는 철조망 정도는 뭉개면서 지나갈 수 있었고, 웬만한 참호는 쉽사리 통과할 수 있었습니다.

당시 영국은 두꺼운 철판으로 무장한 무한궤도 차량이 천천히 굴러가면서 거대한 대포를 쏘아대는 신무기를 비밀리에 제작합니다. 원래 이 프로젝트는 영국 해군성에서 기획하였는데, 정식명칭은 'Landship(땅 위의 전함)'이었습니다. 영국의 대외첩보기관에서는 비밀병기의 존재를 숨기기 위해 사막지대에서 사용할 물탱크(tank) 운반차량을 만든다고 위장하였습니다. 탱크라는 암호명은 공식적으로 명사화 되어서 이후로도 영어권 국가에서는 탱크라고 부르게 되었습니다.

- The word was applied as a secret code name to the new armoured vehicle at the end of 1915, supposedly because it was thought to resemble a **tank**. 탱크와 닮았다고 생각되었기 때문에 1915년 말, 그 단어는 새 장갑차의 암호명으로 사용되었다.

제1차 세계대전이 한창이던 1916년 7월, 최초의 탱크 모델 '마크-1'이 솜므전투에 처음 등장합니다. 철갑 덮개와 캐터필러 그리고 대포와 기관총을 장착한 탱크는 철조망, 참호, 기관총, 포병지원으로 겹겹이 구성된 방어선을 뚫어버립니다. 영국군은 500대의 탱크를 전장에 배치했는데, 한나절 만에 저지선 10km를 돌파하고 독일군 1만 명을 포로로 잡았습니다. 독일군의 수류탄, 포병공격에도 멀쩡했던 마크-1의 활약으로 독일군은 속수무책으로 당하면서 공황(panic)상태에 빠지게 됩니다.

WORDS

caterpillar 배추벌레, 애벌레   tank 큰 통   assassination 암살   trench warfare 참호전   poison gas 독가스

SECTION 4

01 시각과 시간의 차이
02 시간의 단위인 시(hour), 분(minute), 초(second)
03 자오선(meridian)은 경도와 시각의 기준
04 바다의 왕자, 마린보이(Marine Boy)
05 Aqua는 '물'이라는 뜻
06 '공수병'과 '광견병'
07 '360도와 365일'이라는 숫자의 비밀
08 '자전거'와 '재활용'
09 돌고 도는 인생(Circle of Life)
10 '전기회로(circuit)'오 '서커스(circus)'
11 원주율이란?
12 여름은 참으로 위대했습니다.
13 가을의 전설(Legends of the Fall)은 틀린 번역이다.
14 '가을(autumn)'과 '취임식'
15 '가을(autumn)'과 '작가'
16 민주주의(democracy)란?
17 민주주의의 반대말은 공산주의(communism)? No!
18 전염병(epidemic)
19 땅과 습기로부터 만들어진 인간
20 피에로(Pierrot)의 유머(humor)
21 카노사의 굴욕
22 1월은 야누스(Janus)의 달
23 Master의 어원은 5월(May)
24 보스(boss)는 미국에서 만들어졌다.
25 '깡패'는 원래 영어에서 온 말?

01 시각과 시간의 차이

시간의 어느 한 시점을 가리켜 시각(時刻)이라고 합니다. 시간(時間)은 시각과 시각 사이(間)입니다. '열차의 도착 시간은 12시입니다.'는 틀린 표현으로 '열차의 도착 시각은 12시입니다.'라고 해야 합니다. 봄이 오면 새싹이 돋아나고 여름에 꽃이 피고 자라 가을에 열매를 맺을 때까지 시간(時間)에 따라 연속적으로 변화가 일어납니다. 영어에서는 시각과 시간을 구분하지 않고 모두 time이라 합니다. 우리도 일상생활에서는 구분 없이 시간이란 말로 한꺼번에 사용하는 경우가 많습니다.

시간(time)은 바닷물의 흐름인 조류(潮流, tide)라는 단어에서 왔습니다. 조류는 바닷물이 육지로 들락날락 하는 모습 즉, 밀물(flood tide)과 썰물(ebb tide)을 말합니다. 끊임없이 이어지는 시간을 주기적으로 바닷물이 들어오고 나가는 단위로 나누어 보고자 했습니다. tide에도 여전히 '때, 계절'이란 뜻이 남아 있어서, '봄철'을 springtide로 쓰기도 합니다.

- Time and **tide** wait for no man. 세월은 누구도 기다려 주지 않는다.

- The **tide** moves a huge amount of water twice each day. 조류는 하루에 두 번씩 거대한 양의 물을 움직인다.

서양인들은 시간이란 태초의 시점부터 시작되어 쭉 진행된다고 보았습니다. 그리스 로마 신화에서는 우주의 역사가 시작되는 순간을 카오스(chaos)라고 표현했습니다. 카오스는 아무것도 존재하지 않는 깜깜한 어둠과 같은 혼돈상태를 말합니다. 카오스 상태에서 대지의 신 가이아(Gaia), 하늘의 신 우라노스(Uranus), 시간을 다루는 신 크로노스(Cronus) 등 세계를 처음으로 만든 신들이 차례대로 태어났습니다.

그리스 신화에서 제우스는 한창때의 남자 모습인데 반해, 크로노스는 긴 회색 수염을 가진 노인의 모습으로 표현됩니다. 그는 큰 낫(scythe)과 모래시계(hourglass)를 들고, 등에는 날개(wings)를 달고 있습니다. 낫은 날이나 해를 새기고, 모래시계는 시간을 알리고, 날개는 시간의 빠름을 나타냅니다. 중세 시대 므자이크에서 크로노스는 별자리를 돌리고 있는 모습으로 그려지기도 합니다. 하늘의 별자리는 1년에 걸쳐서 계절이 변하는 시간의 흐름과 관계가 깊기 때문입니다. 그리스어에서 chronos는 과거에서 미래로 흐르면서 생물의 탄생, 성장 그리고 죽음으로 이어지는 시간을 의미합니다.

실제 과학자들은 아인슈타인의 일반상대성이론을 기초로 하여 우주탄생이론인 빅뱅(big bang)이론을 발표하였습니다. 빅뱅 이전의 우주는 밀도가 굉장히 높고 뜨거우며 점과 같이 작은 물질이었습니다. 137억 년 전 한 점에서부터 대폭발인 빅뱅이 일어나 팽창하기 시작한 우주가 현재에 이르고 있다는 이론입니다. 빅뱅이론은 그리스 신화와 비슷한 내용이기도 합니다.

- With limited observations, the scientists could only speculate that the universe was formed soon after the **big bang**. 제한적인 관찰을 통해, 과학자들은 빅뱅 이후에 우주가 형성되었다고 추측할 수 있을 뿐이다.

WORDS

time 시간　tide 조류 (밀물; flood tide / 썰물; ebb tide)　chaos 카오스, 혼돈상터

02 시간의 단위인 시(hour), 분(minute), 초(second)

시간은 흐름을 나눈 것이라고 했는데 하루 중에서 첫 번째로 나눈 것이 시(時, hour)입니다. 이집트인들은 수메르인들의 12진법의 영향을 받아 밤을 12등분 하고, 단위시간을 hour로 사용했습니다. 한편 낮 동안에도 이를 연장해 12등분 하여 사용했습니다. 계절에 따라 밤과 낮의 길이가 달라지므로 고대인들은 일정하지 않은 시간 단위를 사용한 셈입니다. 하지만 그 당시는 그렇게 시간에 구애받지 않는 시대였으므로 큰 문제는 되지 않았습니다.

황도 12궁은 천구상에서 태양과 지나가는 길목에 있는 12개의 별자리를 말합니다. 황도 전체를 30° 씩 12등분 하여 각각에 대해 황소자리, 쌍둥이자리 등과 같은 별자리의 이름을 붙인 것입니다. 점성술(占星術, astrology)은 하늘에 있는 별의 위치, 빛깔, 운행 등을 보고 인간의 운명이나 장래를 점치는 방법을 말합니다. 점성도(horoscope)는 점을 칠 때 사용하는 별점용 별자리 그림을 말하는데, 황도 12궁을 이용합니다. horoscope의 어원은 시간의 관측기(observer of time)라는 뜻인데, 태어난 시각의 천체를 따져서 점을 칩니다. 해시계 등을 만들 때 점성도를 이용해서 만들었는데, horoscope의 앞글자에서 나온 말이 hour입니다.

- A **horoscope** is a description of your character and the things that will happen to you in the future. 별자리는 당신의 성격과 미래의 당신에게 벌어질 일들을 설명해준다.

고대 바빌로니아인들은 수메르인들의 12진법에서 발전한 60진법을 많이 썼습니다. 60이라는 숫자는 나머지가 없이 나누어지는 수 즉, 약수가 많아서 매우 효율적입니다. 60진법의 영향으로 현재 1시간은 60분이 되었고, 1분은 60초가 되었습니다. 분(分)은 한자로는 나누다(divide)라는 뜻인데, 1시간을 60개로 나누어서 만들었다는 뜻입니다.

hour를 60등분 해서 만든 단위인 분을 영어로는 minute이라 합니다. minute를 영어사전에서 찾아보면 '마이뉴트'와 '미니트'라는 2가지 발음이 있는데, 그에 따라 해석도 달라집니다. minute를 '마이뉴트'로 발음하게 되면 '극미한, 극히 작은, 대단히 상세한'이란 뜻을 가지게 됩니다. '미니트'라고 발음하게 되면 시(hour)를 작게 나눈 것 즉, '(시간 단위의) 분'이란 뜻이 됩니다. 결론적으로 minute에는 시간의 단위로서의 '분'보다 '작은(mini)'이란 뜻이 먼저 있었던 것입니다.

- After it was investigated **minutely**, the case was closed. 엄밀한 조사 후에, 그 사건은 종결되었다.

minute은 시간뿐만이 아니라 각도(angle)의 단위로도 쓰입니다. 각도 1도(degree)는 한 바퀴(circle)를 360등분한 것이고, 1 minute는 1도를 60등분 한 단위입니다. 각도에서 30 degrees 25 minutes는 '30도 25분'이라고 읽습니다.

마지막으로 초(秒, second)는 첫 번째(first)에 이은 두 번째란 뜻에서 나온 말입니다. hour를 첫 번째로 60등분한 것이 minute이고, 다시 두 번째로 60등분 한 것이 second입니다. minute는 첫 번째로 세세한 부분(the first minute part)이고, second는 두 번째 세세한 부분(the second minute part)입니다. second는 sequent(이어지는, 연속적인, 다음에 오는) 등의 뜻에서 나온 말입니다.

WORDS

hou- 시   astrology 점성술   horoscope 점성도   minute 분, 극미한   second 초   sequent 이어지는, 연속적인

03 자오선(meridian)은 경도와 시각의 기준

별이 보이는 밤하늘이 하나의 커다란 '공(ball, sphere)'과 같다고 상상해봅시다. '천구(天球, celestial sphere)'란 관측자를 중심으로 해서 반지름이 무한대로 펼쳐진 구면(球面)을 말합니다. 즉 지구 위의 한 점에 위치한 관측자는 하늘 위에 존재하는 커다란 공의 안쪽 면을 보는 셈입니다.

관측자가 지구에 똑바로 서서 위로 가상의 수직선을 올렸을 때 천구에 닿은 점을 **천정(zenith)** 이라고 합니다. 이제 천구의 북극(North Pole)과 남극(South Pole) 그리고 관측자의 머리 꼭대기에서 올라간 점 '천정'을 잇는 가상의 원을 생각해봅시다. 관측자가 서 있는 곳에서 정북과 정남 그리고 천정을 이은 선을 **자오선(子午線, meridian)** 이라고 합니다. 자오선을 기준으로 하여 오른쪽이 동쪽, 왼쪽이 서쪽이 되므로, '자오선'은 하늘을 동서로 양분하는 선이라고 할 수도 있습니다.

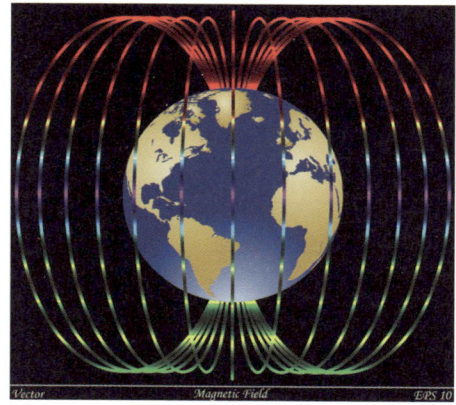

- The **zenith** is the point in the sky that appears directly above the observer. 천정은 관찰자 바로 위에 나타나 있는 하늘의 점이다.

'자오선(子午線)'은 동양에서 말하는 '12지(支, Chinese zodiac)' 중에서 쥐를 뜻하는 '子'와 말을 뜻하는 '午'로 만들어진 말입니다. '12지(支)'는 '자(子, 쥐), 축(丑, 소), 인(寅, 호랑이), 묘(卯, 토끼), 진(辰, 용), 사(巳, 뱀), 오(午, 말), 미(未, 양), 신(申, 원숭이), 유(酉, 닭), 술(戌, 개), 해(亥, 돼지)'로 12종류의 동물을 가리킵니다. 12지에는 개별적으로 방향이 정해져 있는데, 정북에 '자(子)'가 그리고 정남에 '오(午)'가 있습니다. 즉, 자오선은 정남과 정북을 이은 선이라는 뜻에서 유래한 말입니다.

- He studied Chinese zodiac signs. 그는 중국의 12지를 연구했다.

하루 동안 태양은 동쪽에서 점점 떠올라서 정점에 이르고 다시 서쪽으로 집니다. 하루 중에 태양이 가장 높이 떠오른 시점이 바로 자오선에 도달한 시간입니다. 이 시점을 '정오(正午, noon, midday)'라고 하며 낮 12시가 되는 시각입니다. 태양이 자오선에 이른 상태를 '남중(南中, culmination)'했다고 합니다.

'낮의 한가운데'를 뜻하는 '정오(正午)'에서 '午'자는 갑골문에서 찾아보면 절굿공이를 나타냈던 문자였습니다. '午'자는 12지 중에서 '말'이라는 동물이지만, 본래 '절굿공이'를 묘사한 상형문자였습니다. 지금 절굿공이를 뜻하는 한자는 '저(杵)'자인데, 나무(木)를 덧붙여 그 의미를 보다 분명히 하고 있습니다. 태양이 하늘의 정 중앙에 올라선 시점은 절굿공이가 가장 위에 오른 시점과 일치된 상황이며, 최고점에서 절굿공이를 내리 찧듯이 태양이 저물기 시작하는 시점이기도 합니다.

meridian(자오선)은 '정오, 한낮'의 뜻인 라틴어 meridiem에서 온 말입니다. meridian은 '하루의 중간'이란 뜻인데, 중간을 뜻하는 middle이나 medium과 같은 어원을 가집니다. 태양이 자오선을 넘어가기 전이면 오전(午前, morning)이고, 넘어가게 되면 오후(午後, afternoon)가 됩니다.

- The **meridian** is an imaginary line drawn from pole to pole. 자오선은 극에서 극으로 그어진 상상 속의 선이다.

227

오전을 A.M.이라고 표기하기도 하는데, 'Ante Meridiem'이라는 라틴어의 첫 글자만 따 온 것입니다. meridiem은 앞서 말한 바와 같이 '정오, noon, the middle of the day'이란 뜻입니다. ante는 'before(~전에)'를 의미하는 접두사이므로 'ante meridiem'은 before noon이란 뜻이 됩니다. antique는 '고대의, 골동품'이란 뜻이고, antecede는 '~에 앞서가다, 선행하다'라는 뜻입니다.

- In 9 **a.m.**, the abbreviation a.m. stands for **ante meridiem**, meaning 'before noon.' 9 a.m.에서 a.m.은 오전을 의미하는 ante meridiem의 줄임말이다.

오후는 P.M.으로 표기하는데, 'Post Meridiem'이라는 라틴어의 줄임 말입니다. post는 'after(~ 뒤에, 후에)'라는 의미이므로 'ante meridiem'은 afternoon과 같은 뜻이 됩니다. posterity는 '후손, 자손'이란 뜻이고, postscript는 '추신, 후기'라는 뜻입니다. '폴 세잔, 고갱, 고흐'와 같은 화가군을 '후기인상파(Post - Impressionism)'라고 합니다.

- You should have called me up at 7 **p.m.** 오후 7시에 나한테 전화를 해야 했다.
- In 9 **p.m.**, the abbreviation p.m. stands for **post meridiem**, meaning 'after noon.' 9 p.m.에서 p.m.은 오후를 의미하는 post meridiem의 줄임말이다.

영국의 그리니치(Greenwich)는 런던의 남동부 템즈 강변에 있는 도시입니다. 1675년 영국의 찰스 2세는 천문학과 항해술을 연구하기 위해 이곳에 왕립 천문대(The Royal Observatory)를 세웠습니다. 그리니치 천문대를 지나는 자오선(Greenwich meridian)을 본초자오선(本初子午線, prime meridian)이라고 합니다. 1884년 국제협정에 의해 지구의 경도 0°인 원점으로 채용되었으며, 본초자오선을 기준으로 한 시각이 세계시의 기준이 됩니다.

- The prime meridian, a line running through Greenwich, England, is marked as 0 longitude. 영국 그리니치를 관통하는 본초자오선은 경도 0도로 표시된다.

경도(longitude)는 지구상의 지점의 위치를 나타내기 위한 좌표 중 하나입니다. 경도는 한 지점을 지나는 자오선과 런던의 그리니치 천문대를 지나는 본초자오선(本初子午線)의 사이의 각도를 말합니다. 서울은 동경 126도 59분에 위치해 있습니다. 서울의 위치는 지구 중심에서 봤을 때 본초자오선을 기준으로 하여 동쪽방향으로 각도가 약 127도 가량 벌어져있다는 뜻입니다.

- **longitude(경도)**: angular distance east or west on the earth's surface

- All points on the same meridian have the same **longitude.** 같은 자오선상의 모든 점은 같은 경도 값을 갖는다.

지구는 하루에 한 번씩 스스로 도는데, 이를 자전(rotation)이라고 합니다. 지구의 자전 때문에 태양이 뜨고 지는 하루(day)에는 24시간이라는 주기(period)가 생깁니다. 하루를 놓고 어느 시점을 0으로 할 것인지 기준이 필요한데, 이 기준을 세계 표준시(GMT)라고 합니다. GMT는 'Greenwich Mean Time(그리니치 표준시)'의 약자인데, 영국의 그리니치 천문대를 기준으로 한 시간이라는 뜻입니다.

지역에 따라 태양이 뜨고 지는 시각은 달라지며, 따라서 태양이 남중하는 시각 즉, 정오도 달라집니다. 지구의 각 지역은 경도 15도마다 1시간씩 차이가 나는 지방 표준시(LST; Local Standard Time)를 사용하고 있습니다. 본초자오선을 기준으로 동쪽으로 180°까지는 15°마다 1시간씩 빨라지고, 서쪽으로 180°까지는 15°마다 1시간씩 느려집니다. 우리나라는 동경 135°를 표준경선으로 사용하는데, 영국과의 시차는 135°를 15°로 나눈 값인 9시간으로 우리나라가 영국보다 9시간이 빠릅니다. 세계 각 지역의 지방 표준시 시각 차이를 시차(time difference)라고 합니다.

- What's the **time difference** between Seoul and New York? 서울과 뉴욕의 시차가 얼마나 됩니까?

WORDS

zenith 천정   meridian 자오선   midday (=noon) 정오   culmination 정점 최고조   antique 고대의, 골동품   antecede ~에 앞서가다   posterity 후손   postscript 추신   Post-Impressionism 후기인상파   G-eenwich meridian 그리니치 자오선   longitude 경도   rotation 자전   time difference 시차

04 바다의 왕자, 마린보이(Marine Boy)

2008년 베이징 올림픽 수영종목에서 한국인 최초로 금메달을 획득한 박태환 선수의 별명은 '마린보이(Marine Boy)'입니다. marine은 '바다의, 해운업의'라는 뜻인데, 마린보이는 '바다의 소년'이란 뜻입니다. 현대상선(Hyundai Merchant Marine Co.)은 전 세계에 천연가스, 원유, 자동차 등을 선박으로 운송하는 해운업체입니다. merchant는 '상인, 상업의'라는 뜻으로 로마 신화에서 신들의 심부름을 하는 상인의 수호신인 Mercury에서 나온 말입니다. 비틀즈(The Beatles)의 히트곡 중 '노란 잠수함(Yellow Submarine)'이란 노래가 있습니다. submarine은 '바다(marine) 아래로(sub) 다니는 잠수함'이라는 뜻입니다.

- The **submarine** usually moves under the sea. 잠수함은 주로 바다 밑에서 움직인다.

미국 서북부 끝자락에 위치한 Washington 주는 태평양과 캐나다와 접해있습니다. Washington 주의 수도는 Olympia(올림피아)지만, 주에서 가장 유명한 도시는 시애틀(Seattle)입니다. 서부 개척시대 백인 정착민들에게 친절하게 대해줬던 인디언 추장의 이름 Seathl에서 유래되었다고 합니다. 태평양을 앞에 두고 솟아 있는 마천루(skyscraper)빌딩과 스페이스 니들(Space Needle) 탑이 만들어 내는 야경은 환상적입니다.

시애틀은 빌 게이츠의 마이크로소프트(Microsoft)와 미국 항공기 회사인 보잉사(Boeing Company)가 설립된 곳입니다. 세계적인 커피전문점인 스타벅스(Starbucks)가 처음으로 문을 연 곳이기도 합니다. 시애틀은 태평양에 접한 항구도시인데, 이곳을 연고지로 한 프로야구팀 이름은 선원이란 뜻의 매리너스(Mariners)입니다.

우리나라는 육군, 해군, 공군, 3군이 있지만, 미국은 5군으로 구성되어 있습니다. 육군(Army), 해군(Navy), 공군(Air Force), 해병대(Marine Corps), 해안경비대(Coast Guard) 이렇게 5군이 존재합니다. CIA가 해외에서 공작을 벌일 때 군사력이 필요하면 해병대와 함께 작전을 폅니다. 영화에서 보면 육해공군이 투입되기 전에는 항상 해병대가 먼저 투입됩니다. 그리고 이들은 해외주재 미 대사관을 보호합니다. 전 세계적으로 볼 때 상륙부대인 해병대를 가지고 있는 나라는 10여 개국밖에 없다고 합니다.

머린 룩(marine look)은 선원, 해병, 어부 등 바다와 관련되는 모티프(motif)를 활용한 패션을 말합니다. 세일러 칼라(sailor collar)가 달린 블라우스나 재킷, 요트 탈 때의 복장, 해변에서 입는 숏 팬츠 등 여름 분위기가 물씬 풍기는 의상 스타일을 가리킵니다. 세일러 칼라는 해군복에서 힌트를 얻은 것인데, 앞은 V자형으로 트여있고, 뒤쪽은 사각형으로 내려옵니다.

〈세일러문〉이라는 만화에서 여자 주인공들이 입고 있는 교복을 세라복(セーラ服) 또는 쎄라복이라고 합니다. 세라복은 해군 수병(sailor)들이 입는 유니폼 즉, 해군복(sailor suit)에서 나온 말입니다. 2차 세계대전이 터지기 직전까지 영국과 일본은 영일동맹을 맺을 정도로 우호적이었습니다. 1930년대 영국에서 유행하던 세일러복이 일본으로 넘어가는데, 지금까지 아동 단체복이나 여학생 교복으로 이어져 오고 있습니다.

마리나(marina)는 작은 모터보트, 요트, 유람선 등의 선박을 위한 항구(harbor)를 말합니다. 이곳에 배를 정박해두면서 고장 난 곳을 수리하고, 물이나 기름 등을 보충하기도 합니다. 이용자에게 편리를 제공하기 위한 호텔, 쇼핑센터, 위락 시설과 녹지공간 등 리조트 시설을 포함한 넓은 의미의 항만을 가리킵니다.

marinate는 '바닷물의 짠맛으로 절이다'라는 뜻입니다. marinade는 고기나 생선, 야채 등을 조리하기 전에 맛을 들이거나 부드럽게 하기 위해 재워두는 액상의 양념장을 말합니다. 보통 소금물이나 식초, 와인, 올리브 기름 등의 액체에 레몬 주스나 와인 같은 산과 향신료를 더해 만듭니다. 불고기를 외국인에게 설명할 때 'It's sliced beef marinated in soy sauce and spices.'라고 하면 적절합니다.

- Galbi is a grilled dish made with **marinated** beef or pork short ribs in a soy sauce. 갈비는 간장에 재운 소나 돼지의 갈비로 만든 구이 요리다.

서양의 전설(legend)에는 상반신은 여성이고 하반신은 물고기 형태를 띤 아름다운 인어 이야기가 자주 등장합니다. 인어는 mermaid라고 하는데, 바다를 뜻하는 marine과 처녀를 뜻하는 maid가 합쳐져서 만들어진 말입니다. 직역해서 풀이하면 '바다 처녀(maid of the sea)'란 뜻입니다. 우리말에서는 '사람 인(人)'과 '물고기 어(魚)'를 써서 인어(人魚)라고 부릅니다. 덴마크 코펜하겐 항구에는 안데르센의 동화 〈인어공주(The Little Mermaid)〉를 기념하기 위해 인어 동상이 세워져 있습니다.

- The legend says that the **mermaid** has a melodious voice and that her song enchants all fishermen. 전설에 따르면 인어는 듣기 좋은 목소리와 노래로 어부들의 넋을 잃게 한다고 한다.

보통의 동화 속 주인공들과는 달리 인어공주(The Little Mermaid)의 결말은 행복하지 않습니다. 인어공주는 왕자를 만나기 위해 인간이 되고 싶어 합니다. 마녀 울슐라는 인어공주에게 인간이 되게 해주는 대신 그녀의 목소리를 줘야 한다고 말합니다.

- "You have the sweetest voice of any who dwell here in the depths of the sea, and you believe that you will be able to charm the prince with it also, but this voice you must give to me."

  "너는 깊은 바다 속에 살고 있는 사람 중에 가장 달콤한 목소리를 가지고 있어. 그리고 넌 그 목소리로 왕자의 마음을 사로잡을 거라고 믿고 있겠지만, 그 목소리를 나에게 줘야 해."

비록 목소리는 사라졌지만 인어공주는 왕자를 다시 만날 수 있었습니다. 하지만 왕자는 벙어리인 인어공주가 자신을 구해준 은인이라는 사실을 모릅니다. 왕자는 이웃 나라의 공주와 결혼하게 되고, 이에 낙심한 인어공주는 슬퍼하며 바닷속으로 몸을 던져 죽게 됩니다.

WORDS

marine 바다의 merchant 상인 submarine 잠수함 marina 마리나, 항구 marinate 바닷물의 짠맛으로 절이다 marinade 고기 절임 양념 mermaid 인어

05 Aqua는 '물'이라는 뜻

접두사 aqua는 '물(water)'이라는 의미로 시원하고 상쾌한 이미지를 가집니다. aquatic은 '물의, 물속에서 자라는'이란 뜻입니다. aquatic animal은 수생동물이고, aquatic plant는 수생식물입니다. aquafarm은 물고기나 굴 등을 양식하는 기르는 양식장을 말합니다. aqualung은 '물속에 있는 폐(lung)' 즉, 스킨 스쿠버(Skin SCUBA)할 때 사용하는 '수중 호흡기'를 가리킵니다.

서울 삼성역 근처에 있는 코엑스 몰에서 가장 인기 있는 장소 중에 하나가 수족관(aquarium)입니다. aquarium이라는 단어에서 사용된 arium은 어떤 장소(location)를 나타내는 의미입니다. solarium은 '병원이나 해변의 호텔 등에서 햇볕을 즐길 수 있도록 유리로 만든 일광욕실'을 말합니다. terrarium은 '흙, 땅(terra)을 넣은 작은 용기(arium)'라는 뜻인데, '유리용기 안에 꾸며놓은 작은 정원'을 말합니다. 접미사 arium은 '동물 또는 식물을 위한 인공 환경(an artificial environment for plants or animals)'이라는 뜻입니다.

- The New York **Aquarium** has many kinds of fish. 뉴욕 수족관에는 많은 종류의 물고기가 있다.

물병자리(Aquarius)는 1월 20일과 2월 18일 사이에 태어난 사람들의 별자리입니다. aquarius는 '물(aqua)을 운반하는 사람(arius)'이란 의미에서 본래 '물 운반자(water carrier)'라는 뜻을 가집니다. 가을과 겨울밤 하늘에서 볼 수 있는 물병자리는 9월 초순 밤 10시쯤 정남쪽에 뚜렷이 보입니다. 별자리는 소년이 어깨에 메고 있는 물병에서 물을 따르고 있는 모습을 하고 있습니다. 아래쪽에 늘어서 있는 두 줄의 별은 떨어진 물방울들이고, 물고기자리의 물고기가 그것을 받아 마시고 있다고 합니다.

청춘의 여신 헤베(Hebe)는 올림포스의 신들의 연회에서 술 시중드는 일을 하고 있었습니다. 하지만 헤라클레스와 결혼을 하게 되면서 그 일을 그만두어야 했습니다. 트로이아의 왕자 가니메데(Ganymede)는 인간 중에서 가장 아름다운 몸매를 가졌다고 알려졌었습니다. 최고의 주신 제우스는 미소년 가니메데에게 완전히 매료당합니다. 제우스는 독수리로 변신하여 이다산에서 양떼를 지키고 있던 그 청년을 올림포스 산으로 데리고 갑니다. 그 후로 가니메데는 천상의 신들의 연회가 벌어질 때, 헤베 대신 술을 따랐다고 합니다. 물병자리는 술을 따르는 가니메데의 모습을 제우스가 그대로 하늘로 옮겨놓은 것이라고 합니다.

3월의 탄생석인 **아쿠아마린(aquamarine)** 은 남주석이라고 합니다. marine은 '바다'라는 뜻인데, 맑고 푸른 바닷물(light blue-green or greenish blue) 빛깔이기 때문에 붙여진 이름입니다. 녹주석을 400~450℃의 온도로 가열 처리하면 아름다운 바닷물 빛이 나는 남주석이 됩니다. 일단 청색이 되면 다시는 변하지 않게 되는데, 시중에 유통되고 있는 것은 보통 이렇게 열처리를 한 것입니다. 아쿠아마린은 에메랄드와 같은 성분인 베릴 광물로 색상만 다를 뿐입니다. 하지만, 에메랄드에 비해 산출량이 몇 배 더 많기 때문에 비교적 저렴한 가격으로 소장할 수 있는 보석입니다.

고대 선원들은 포세이돈의 마차가 새겨진 아쿠아마린을 부적처럼 몸에 지니면 바다의 풍랑을 막을 수 있다고 믿었습니다. 또, 아쿠아마린으로 만든 장신구를 착용하면 심신을 안정시켜서 편안한 수면을 취할 수 있다고 믿었다고 합니다. 한술 더 떠서 신비한 치료제로 쓰였다는 기록도 남아 있습니다. 아쿠아마린을 담근 물이 눈병을 치료한다고 믿었고, 소화제 대용으로 그 물을 마시기도 했었습니다. 주요 생산지는 브라질과 러시아의 우랄 지역, 스리랑카, 인도, 모잠비크, 탄자니아 등입니다. 브라질은 최고급 원석의 산출지로 유명하며, 마다가스카르에서는 청색의 아쿠아마린이 발견되기도 합니다.

WORDS

aquatic 물의　aquafarm 양식장　aqualung 잠수용 호흡기　aquarium 수족관　solarium 유리 일광욕실　Aquarius 물병자리　aquamarine 아쿠아마린, 남주석

06 '공수병'과 '광견병'

hydro도 aqua와 마찬가지로 '물(water)'이란 뜻이 있습니다. 수력전기(水力電氣)는 hydroelectricity 또는 hydropower라고 합니다. 소화전(消火栓, hydrant)은 화재가 발생했을 때 불을 끄기 위해 호스를 연결하여 물을 공급받을 수 있는 연결장치를 말합니다. dehydrate는 '물기(hydrate)를 제거(de=away)하다'라는 의미에서 '탈수시키다, 건조시키다'라는 뜻으로 사용됩니다. 살아있는 생물에게 물은 생명의 원천이므로, 물이 빠지면 시들시들해지고 볼품없게 됩니다.

물(water)의 분자식은 H_2O인데, 산소(oxygen)와 수소(hydrogen)가 결합하여 만들어집니다. 물을 전기분해(electrolysis)하면 산소(oxygen)와 수소(hydrogen)가 발생합니다. oxygen은 '산소'의 의미인 oxy와 '발생'을 의미하는 gen이 합쳐져서 만들어졌습니다. 빨래할 때 넣는 표백제 '옥시크린'은 산소를 이용해서 표백작용을 하도록 해주는 제품입니다.

- Water consists of **hydrogen** and **oxygen**. 물은 수소와 산소로 구성된다.

수소(水素, hydrogen)는 물(hydro)과 '발생'의 의미인 gen이 합쳐져서 만들어졌습니다. 수소는 '물을 탄생시키는 것'이라는 의미가 있는 셈입니다. gen은 '생성하다(generate)'라는 뜻의 어근입니다. generation(세대), genesis(창세기), engine(자동차 엔진)과 같은 단어에서 확인할 수 있습니다.

- **hydrogen** bomb 수소 폭탄

탄수화물(carbohydrate), 지방(fat), 단백질(protein)은 인체에 필수적인 3대 영양소입니다. 특히 탄수화물이 에너지원으로 가장 중요한 역할을 하는데, 밥이나 빵, 곡류, 시리얼에 많이 함유되어 있습니다. 탄수화물(carbohydrate)은 탄소(carbo)와 수소(hydrate)가 결합되어 만들어진 물질입니다. 식물(plant)은 잎사귀 안에 있는 엽록소(chlorophyll)에서 광합성(photosynthesis)을 통해 탄수화물을 생성해 냅니다.

- Rice and bread contain **carbohydrates**. 쌀과 빵은 탄수화물을 함유하고 있다.

공수병(恐水病)은 '물을 무서워하는 병'이란 뜻인데, aquaphobia와 hydrophobia의 2가지가 있습니다. aquaphobia는 익사에 대한 두려움 때문에 물에 들어가는 것을 매우 무서워하고 싫어하는 것으로 심리적인 증상을 가리킵니다. hydrophobia는 개, 고양이 등 다른 동물로부터 전염된 바이러스로 인해 일어나는 감염증(infection)입니다. 광견병이라고도 불리는 이 hydrophobia는 주로 개에 흔한데, 사람도 개 등의 감염원에 물려 감염되기도 합니다.

- A dog that bites a human being must be observed for symptoms of **hydrophobia**. 사람을 문 개에 대해서는 광견병의 징후를 관찰해야 한다.

광견병은 개가 미쳤다는 뜻인데, 이 병에 걸린 개는 흥분해서 돌아다니면서 쉰 목소리로 짖어댑니다. 눈동자가 깊이 함몰하여 침을 흘리며 물어뜯으려고 사람한테도 덤비게 됩니다. 감염된 사람은 물을 마시려고 할 때 목 주변의 근육에 경련이 일어나서 심한 갈증을 느끼지만 호흡이 곤란해지고 물을 삼키기 어렵게 되어 물 마시는 것을 피할 수밖에 없게 됩니다. 흥분, 불안이나 우울 증상이 나타나고, 얼굴에 바람이 스치기만 해도 목 부위에 경련이 발생하기도 합니다. 치료가 늦을 경우 호흡근육 마비로 100% 사망하게 됩니다.

- One of the symptoms of **hydrophobia** is inability to swallow water. 공수병의 증상 가운데 하나는 물을 마실 수 없다는 것이다.

헤라클레스(Hercules)는 가능성이 전혀 없는 12가지 무모한 모험을 수행해야 했습니다. 그에게 주어진 두 번째 임무는 아홉 개의 머리가 달린 괴물인 히드라를 퇴치하는 것이었습니다. 히드라(Hydra)는 아미모네 샘 근처의 늪지에 살고 있었는데, hydro(물)와 같은 어원을 가진 이름입니다. 헤라클레스는 이 거대한 괴물을 향해 활을 쏘고 다가서서 곤봉으로 머리를 내쳤으나 성과는 없었습니다. 곤봉으로 그 머리를 하나씩 쳐서 떨어뜨렸으나, 곧 두 개의 머리가 다시 솟아나왔기 때문입니다. 헤라클레스는 함께 간 부하에게 자신이 칼로 머리를 자르면, 불에 달군 쇠로 재빨리 그 자리를 지져 버리라고 시켰습니다. 그래도 아홉 번째 불사의 머리는 없어지지 않아서 커다란 바위

밑에 파묻어 버렸습니다. hydra headed(히드라의 머리를 가진)이란 말은 해결하려고 노력하는 데도 계속 악화되는 상황을 나타냅니다.

물가의 풀잎이나 물속에 떨어진 낙엽과 썩은 나뭇가지에 붙어사는 강장동물 중에 '히드라'라는 것이 있습니다. 하천이나 연안 등지에서 흔히 볼 수 있는데, 몸은 가늘고 긴 원통형으로 몸 높이가 5~15mm 정도입니다. 그리스 신화의 괴물과 마찬가지로 재생력이 강하여 몸의 1/200만 있어도 전체를 재생할 수 있습니다 '강장'이란 기관은 음식물과 물이 지나다니는 공간을 말하는데, 해파리나 산호가 강장동물에 속합니다.

(*아래의 히드라 사진은 제주도에서 직접 촬영된 것으로 〈깅이와 바당〉에서 제공해주셨습니다.)

WORDS

hydroelectricity (=hydropower) 수력전기   hydrant 소화전   dehydrate 건조시키다   oxygen 산소
hydrogen 수소   carbohydrate 탄수화물   aquaphobia 공수병(익사 두려움)   hydrophobia 동물 전염 바이러스, 감염증, 광견병   hydra headed 머리가 많은, 근절하기 어려운

'360도와 365일'이라는 숫자의 비밀

약 4,000년 전 지금의 이라크, 시리아 등에 해당하는 중동 땅에 바빌로니아(Babylonia)라는 나라가 있었습니다. 고대 바빌로니아인들은 수메르 문화를 이어받아 수준 높은 문명을 이룩하였습니다. 특히 천문학과 수학이 발달하여 수의 진법, 각도(angle), 측량 기술 등에 대한 연구가 활발했습니다. 이때 만들어진 1주일, 시간의 12진법, 60진법 등은 오늘날에도 쓰이고 있는 것들입니다. 바빌로니아인들은 1년을 12달로 보고, 다시 한 달을 30일로 나누어 1년을 360일로 정해서 사용하였습니다. 그리고 그 시간의 오차는 윤년이라는 해를 두어, 그 해는 1년을 13개월로 계산하였습니다.

원(circle)을 한 바퀴(cycle) 돌면 360도(degree)가 되는데, 왜 하필이면 360이란 숫자일까요? 지구의 공전(revolution)의 주기는 지구가 태양의 둘레를 한 바퀴(cycle)를 도는 데 걸리는 시간으로 1년(1year)에 해당합니다. 360이란 숫자는 1년을 분할하여 구성한 날(day)의 수가 됩니다. 다시 이 숫자는 원을 한 바퀴 도는 각도인 360도를 의미하게 되었습니다.

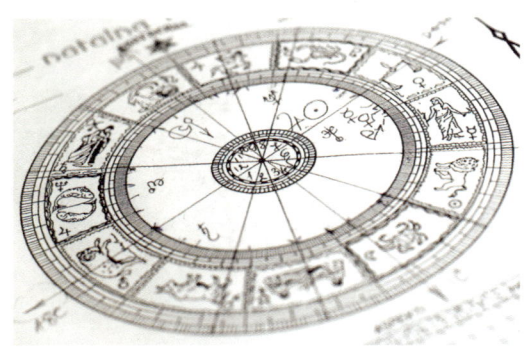

• **The handle rotates through 360 degrees.** 그 핸들은 360도까지 돌아간다.

태양의 공전주기를 통해 달력을 만든 것을 태양력(solar calendar)이라고 합니다. 태양력은 이집트(Egypt) 사람들이 처음으로 만들었다고 알려졌습니다. 이집트에서는 일찍부터 나일강이 범람할 때면 동쪽 하늘의 일정한 위치에 시리우스(Sirius)라는 별이 나타난다는 사실을 알아냈습니다. 지구가 공전하면서 특정 시점에서 보게 되는 별자리를 관측함으로써 1년의 주기를 대략 알아낼 수 있었습니다.

큰개자리의 으뜸별인 시리우스(Sirius)는 행성을 제외하고는 지구에서 볼 수 있는 밤하늘에서 가장 밝은 별입니다. 시리우스는 실제로는 태양보다 23배가량 더 밝고 크기도 두 배 이상인 청백색의 별로서, 지구에서 거리가 가장 가까운 별 중의 하나로 꼽힙니다. 매년 하지때면 먼 동이 트기 직전에 시리우스가 모습을 드러내는데, 고대 이집트인들은 이를 보고 나일강의 범람을 예상했습니다. 나일강의 범람은 상류의 비옥한 성분을 대량으로 가져다주었기 때문에 '나일강의 선물'로 불리었을 정도로 재앙이 아닌 축복이었습니다.

- The inundation of the Nile was the time of great agricultural fertility for Egypt. 나일강의 범람하던 시절은 이집트의 농경 생활이 가장 풍요로웠던 때였다.

그런데 고대 사람들은 1년이 365일이라는 것을 어떻게 알아낼 수 있었을까요? 1년 중 낮의 길이가 가장 길고, 해가 가장 높이 올라가는 날을 하지(夏至)라고 합니다. 반대로 1년 중 낮의 길이가 가장 짧고, 해가 가장 낮은 날을 동지(夏至)라고 합니다. 낮과 밤의 길이가 정확히 같은 날은 춘분과 추분이 됩니다. 막대기를 땅에 꽂아놓고, 그림자의 길이를 관찰하면 정확히 1년을 측정할 수 있습니다. 하짓(夏至)날 해가 가장 높이 올라가서 그림자가 가장 짧게 됩니다. 그림자가 가장 짧은 날로부터 다음 해 가장 짧은 날을 찾아서 날짜를 세면 365일이 됩니다.

이집트인들은 태양신을 상징하는 거석 기념비인 '오벨리스크(obelisk)'를 신전 입구 양쪽에 세웠습니다. 오벨리스크는 그리스어로 '사냥 창'이란 뜻인데, 끝이 뾰족한 기념비입니다. 오벨리스크는 태양신에 대한 믿음을 나타내기 위한 건축물이며, 해시계의 역할을 했습니다. 로마 제국 시절에는 많은 오벨리스크가 로마로 옮겨졌습니다. 1878년 영국은 나폴레옹을 무찌른 승전을 기념하기 위해 '클레오파트라의 바늘'이라는 오벨리스크를 템즈강 변에 옮겨다 세웁니다. 19세기에는 이집트에서 다량의 오벨리스크가 반출되어 파리, 바티칸, 뉴욕 등의 광장이나 공원에 세워졌습니다.

- The Washington Monument is an **obelisk** near the west end of the National Mall. 워싱턴 기념비는 내셔널 몰 서쪽 끝 근처의 오벨리스크이다.

WORDS

degree 도　obelisk 오벨리스크

08 '자전거'와 '재활용'

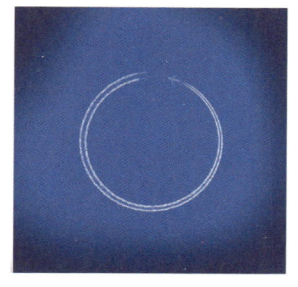

사이클(cycle)이라는 단어는 원래 동그라미를 의미하는 그리스 말 kuklos에서 유래했습니다.

cycle은 원, 한 바퀴, 순환, 주기를 가리킵니다. 어떤 상황이 끝나면 다시 처음으로 돌아가서 계속 반복되는 것을 '주기(週期, period)'하는데, 원(cycle) 운동은 대표적인 주기라고 할 수 있습니다. 자전거를 의미하는 cycle도 자전거 바퀴가 회전하여 가는 모습에서 붙여진 이름입니다. 정확히는 bicycle(bi=2)인데, 바퀴가 2개인 '이륜차(二輪車)'란 뜻입니다. 야구경기에서 사이클 히트(cycle hit)는 타자가 한 게임에서 1루타, 2루타, 3루타, 홈런을 모두 친 경우를 말합니다.

- **A cycle** is also a series of events that is repeated again and again, always in the same order. 사이클은 같은 순서로 다시 또 다시 반복되는 일련의 사건입니다.
- A year is made up of a **cycle** of winter, spring, summer and fall. 한 해는 겨울, 봄, 여름과 가을을 주기로 구성되었다.

오토바이(autobai)라는 말은 일본에서 들어온 콩글리시입니다. 일본인들은 영어의 발음이 어렵거나 까다로울 경우 자기네 식으로 이름을 아예 바꾸는 경우가 많습니다. 오토바이(オートバイ)는 페달을 밟지 않고 자동(automatic)으로 가는 자전거(bicycle)라는 의미에서 앞글자만 잘라서 만든 말입니다. 표준국어대사전에도 수록된 표준어일 정도로 흔하게 쓰이고 있는데, 정작 일본에서는 바이크(bike)라고 부르는 경우가 더 많다고 합니다. 영어권에서는 '동력으로 움직이는 자전거'라는 뜻으로 motorcycle이나 motorbike라고 부릅니다.

- Wear a helmet when you are riding a **motorcycle**. 오토바이를 탈 때는 헬멧을 쓰세요.

한 번 사용한 자원을 인공적으로 순환시켜 재생하여 이용하는 것을 자원 **재활용(recycling resources)**이라고 합니다. 분리 수거된 폐기물에서 종이나 플라스틱, 철 등의 자원을 분류하고 재가공하면 새로운 제품으로 만들어서 다시 사용할 수 있습니다. 자원의 순환이용을 통해 지구의 자원도 아껴 쓰면서 공해방지 및 환경보존을 꾀할 수 있습니다.

- **recycled** paper 재생용지
- Companies are now trying to **recycle** their wastes. 기업들은 이제 폐기물을 재생하는 것을 시도하고 있다.

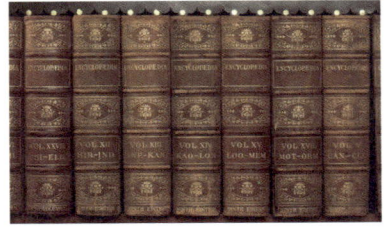

encyclopedia는 '백과사전'이란 뜻인데, 고대 그리스인들에게 교양에 필수적인 모든 과목을 뜻했습니다. encyclopedia는 '전체(cycle) 계통에 걸친(en=in) 교육(pedia)'이란 뜻에서 광범위한 교육이란 의미에서 유래했습니다. pedia라는 어근은 '어린이'라는 뜻이 있는데, '가르치다'라는 의미로 확장되어 교육과 아동을 뜻합니다.

- The **Encyclopedia** Britannica was first published in 1768. 브리태니커 백과사전은 1768년 최초로 발행되었다.
- You must be a walking **encyclopedia**. 너는 걸어 다니는 백과사전이 틀림없다.
- pediatrics 소아과
- pedagogue 교사, 교육가

사이클론(cyclone)은 인도양, 아라비아 해, 벵골 만에서 발생하는 열대성 저기압(tropical cyclone)을 말합니다. 어원 상으로 구름이 돌아가는(cycle) 모습에서 나왔는데, '빙빙 도는 바람, 큰 회오리바람, 폭풍'이라는 의미입니다. 원리적으로는 우리나라에 여름과 가을에 불어오는 태풍(颱風, typhoon)과 같습니다. 열대성 저기압은 발생지역에 따라 다른 이름으로 부르고 있습니다. **태풍(typhoon)**은 북태평양 서쪽에서 발생하여 한국을 포함한 극동아시아에 영향을 미칩니다. **허리케인(hurricane)**는 북대서양 서부, 카리브 해, 멕시코 만 등에서 발생하는 열대저기압을 말합니다. **윌리윌리(willy-willy)**는 호주 동부해안 부근에서 발생하는 열대저기압인데, 현재는 사이클론으로 통용되기도 합니다.

- Depending on its location, a tropical cyclone is referred to by names such as **hurricane**, **typhoon** and **cyclone**. 열대성저기압은 발생지역에 따라 허리케인, 태풍 그리고 사이클론으로 불립니다.

하늘의 신 우라노스(Uranus)와 땅의 여신 가이아(Gaia) 사이에서 키클롭스(Cyclops) 3형제가 태어납니다. 키클롭스 형제는 이마 한복판에 둥근 눈을 가진 외눈박이(one-eyed)들이었습니다. 키클(Cycl)은 원(cycle)이란 뜻이며, 옵스(ops)는 '눈(eye)'이란 뜻입니다. optical은 '시각적인, 광학의'라는 뜻입니다. 그들의 이름은 브론테스(Brontes), 스테로페스(Steropes), 아르게스(Arges)인데 각각 천둥, 번개, 벼락이라는 뜻입니다. 하늘에서 비가 내릴 때 천둥과 벼락이 치고, 번개가 번쩍거리는 현상을 표현합니다. 키클롭스 형제는 화산 속에서 대장장이로 일하였는데, 뛰어난 손재주를 가지고 있었습니다. 그들은 헤파이스토스와 함께 제우스에게 '불벼락'이라는 무시무시한 무기를 만들어 주었습니다.

WORDS

cycle 사이클, 원, 순환　bicycle 이륜차, 자전거　motorcycle (=motorbike) 오토바이　recycling resources 재활용　encyclopedia 백과사전　cyclone 사이클론　typhoon 태풍　hurricane 허리케인　willy-willy 윌리윌리(열대저기압)　optical 시각적인

09 돌고 도는 인생 (Circle of Life)

'작은 동그라미'를 뜻하는 서클(circle)이란 말도 cycle이나 circus에서 만들어졌습니다. cle 또는 clue는 'particle(미립자)'나 'molecule(분자)'와 같이 '작게 줄여놓은 모양'을 나타내는 접미사입니다. 단어가 만들어진 원리는 그렇지만, 지금의 'circle'은 반드시 작은 원을 의미하지는 않습니다. 접두사 en이 결합된 encircle은 '원형으로 주위를 싸다, 둘러싸다, 에워싸다'라는 뜻입니다. 접두사 en은 '~를 하게 하다(make)'의 의미를 가지는데, 주로 명사나 형용사 앞에 붙어서 동사로 만듭니다. 대표적으로 enable(~할 능력을 주다), enclose(에워싸다), enrich(부유하게 하다), encourage(격려하다) 등이 있습니다.

- A **circle** is a round shape. Every part of its edge is the same distance from the center. 서클은 둥근 모양이다. 끝의 모든 부분은 중심으로부터 같은 거리이다.

다크서클(dark circle)은 눈 아랫부분이 그늘진 것처럼 거무스름해지는 증세를 말합니다. 다크서클은 피곤하고 생기 없게 보이게 하고, 본래 나이보다 더 나이 들어 보이게 만듭니다. 눈 주변의 피부는 몸 전체의 피부 가운데에서도 가장 얇고 민감한 편입니다. 그래서 피부 바로 아래를 통과하는 혈관이 푸르스름하게 비춰 보이는 것이 다크서클입니다.  실제로 잠을 많이 자지 못해서 눈에 피로가 쌓이면 눈 주변의 혈관이 팽창하면서 다크서클이 더 진해지게 됩니다. 다크서클을 영어로는 'dark eye circles, under-eye shadows'라고 하며, 고단해 보인다고 해서 '피곤한 눈(fatigue eyes)'이라고 부르기도 합니다.

요즈음은 동아리라는 표현으로 하지만, 서클(circle)이란 말로 '동료, 동호회, 모임'을 표현한 적이 있었습니다. 동아리의 올바른 영어 표현은 circle이 아니라 club이라고 해야 합니다. club은 공식적으로 조직되어 정기적으로 만나는 모임을 나타내는 말입니다. circle은 business circle(경제계)과 같이 동일한 이해관계나 직업을 가진 사람들의 집단을 나타낼 때 사용되기도 합니다.

- academic **circle** 학계
- political **circle** 정치계

나쁜 결과가 원인이 되고 나쁜 원인 때문에 다시 나쁜 결과가 나오는 식으로 끊임없이 되풀이되는 것을 악순환(vicious circle)이라 합니다. 반대로 꼬리에 꼬리를 물어 좋은 일이 되풀이되는 현상을 선순환(virtuous circle)이라고 합니다. vicious는 '악성의, 잔인한, 포악한'이란 뜻이고, virtuous는 '도덕적인, 고결한'이란 뜻입니다.

- The new policy led the city to a **virtuous** circle of economic growth and social welfare. 그 새 정책은 그 도시의 경제 성장으로 복지환경이 좋아지는 선순환에 이르게 했다.

후진국은 소득이 적어 저축과 구매력이 낮고, 이로 인해 투자할 여력이 없게 됩니다. 낮은 투자(sluggish investments)때문에 신제품 개발이 안되고, 생산력은 저하되어 경기침체(economic slowdown) 현상이 빚어집니다. 이는 다시 소득의 감소를 가져오게 되어 악순환이 계속 반복되게 됩니다. 미국의 국제경제학자 넉시는 '빈곤의 악순환(vicious circle of poverty)'이라고 하였습니다. 빈곤의 악순환을 끊기 위해서는 개발투자의 양과 속도를 충분히 갖추어 한다는 '빅 푸시(big push) 이론'이 제시되었습니다.

- He pointed out that the **vicious circle of poverty** could come a result of the English divide. 그는 영어 양극화로 인해 빈곤의 악순환이 생길 수 있다는 점을 지적했다.

밀이나 보리와 같은 농작물(crop)이 자라고 있는 들판 한가운데에 기하학적으로 아름다운 선으로 이루어진 디자인이 밤새 만들어지곤 합니다. 곡물이 일정한 방향으로 눕혀지는데, 위에서 보면 대단히 정교하고 아름다운 기하학적인 무늬가 만들어 집니다. 곡물을 심어둔 평원에 그려져 있다고 해서 크롭서클(crop circle)이라고 합니다. 누구에 의해서 왜 만들어지는지 모른다 하여 미스터리서클(Mystery Circle)이라고도 합니다. 세계 도처에서 발견되기는 하지만 특히 고대의 거석 문명의 유적지인 스톤헨지(Stonehenge)근처나 미확인비행물체(UFO) 출몰 지역에서 자주 나타나고 있습니다. 세계 각지에서 하루 이틀 사이에 갑자기 나타나기도 하는데, 외계인이 보내는 메시지라고 주장하는 사람들도 있습니다.

1994년도에 만들어진 라이온 킹(The Lion King)이란 애니메이션의 주제곡을 기억하시나요? Elton John이 불렀던 〈Circle of Life (돌고 도는 인생)〉입니다.

circle에서 형용사형인 circular(동그라미의)와 동사형인 circulate(순환하다)와 같은 단어들이 만들어졌습니다. 서울의 지하철 2호선은 순환선(a circular railway)입니다. 심장의 수축운동을 통해 피가 인간의 몸을 돌아다니도록 하는 것을 혈액순환(blood circulation)이라고 합니다. 인간의 내부 기관 및 모든 세포는 피를 통해 영양분과 산소를 공급받습니다.

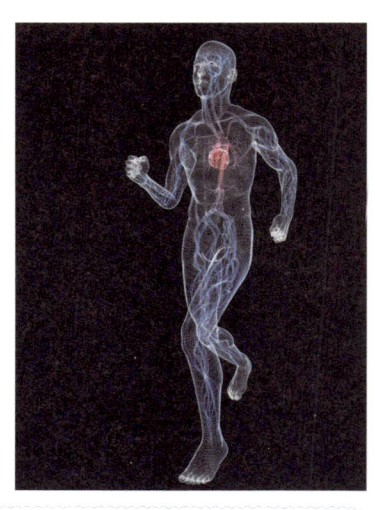

- Cooking smells can **circulate** throughout the entire house. 음식냄새가 온 집에 퍼질 수 있다.

WORDS

circle 원, ~계(집단)　encircle 둘러싸다　dark circle 다크서클　club 동호회　vicious circle 악순환 (vicious; 잔인한)　virtuous circle 선순환 (virtuous; 도덕적인)　big push 빅 푸시 이론　crop circle 크롭서클　circular 동그라미의　circulate 순환하다　blood circulation 혈액순환

10 '전기회로(circuit)'와 '서커스(circus)'

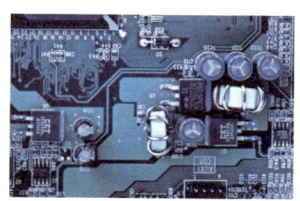

circuit는 '주위를 순환하여(circular) 가다(it)'라는 의미에서 '둘레, 순회, 회로' 등의 뜻이 된 말입니다. 'visit(보러 가다), exit(밖으로 가다)'와 같이 라틴어 계열에서 it이라는 접미사는 '가다'라는 뜻을 나타냅니다. 자동차 전용 경주장을 서킷(circuit)이라고 하는데 자동차들은 경주로를 뱅글뱅글 순환하게 되어 있습니다. 전자제품 내부를 보면 회로 기판(circuit board)이 있습니다. 회로(回路)라는 말은 전기가 양극에서 나와서 음극으로 돌아가는 길이란 뜻입니다.

- **The engineer prepared a preliminary diagram of the new circuit board.**
  그 기술자는 새로운 회로기판에 대한 준비 도표를 준비했다.

'곡마단, 곡예'를 뜻하는 서커스(circus)라는 단어도 cycle과 같은 어근에서 비롯된 것입니다. 원래 서커스는 고대 로마 시대의 전차 경주 경기장의 원형 울타리를 뜻하는 말이었습니다.

〈벤허〉라는 영화장면에서 볼 수 있었던 원형 경기장을 로마인들은 'Circus Maximus(큰 원)'이라고 불렀습니다. circus는 원형 천막을 치고 공연마당을 가운데에 두어서, 관객들이 빙 둘러서 구경할 수 있도록 만든 공연장입니다. 물론 서커스라는 말로 마술이나 여러 가지 곡예, 동물의 묘기 따위를 보여 주는 행위나 흥행 단체를 말하기도 합니다. TV나 영화 등 경쟁적인 미디어가 발달하면서 요즈음은 서커스단의 인기가 별로 없는 상태입니다.

- **A circus is a traveling show that has acrobats, clowns, and animals.** 서커스는 여기저기 이동해가면서 곡마단, 광대와 동물들이 벌이는 공연이다.

- **A clown is a performer in a circus.** 광대는 서커스에서 공연하는 사람이다.

서커스(circus)에는 몇 개의 주요 도로가 교차하는 원형 광장이라는 뜻도 있습니다. 이탈리아-프랑스 합작영화인 〈시네마 천국〉에 나오는 광장도 이에 해당하는 것으로 볼 수 있습니다. 작은 마을에서 광장은 유랑극단(traveling circus)의 공연이 늘 벌어지곤 하던 도시 문화의 꽃이었습니다.

영국 런던의 피커딜리 광장(Piccadilly Circus)은 항상 많은 사람으로 북적거리는 영국 최대의 번화가입니다. 피커딜리는 하이드 공원(Hyde Park)과 헤이마켓(Haymarket) 사이의 번화가인데, 우리나라 대학로와 같이 유명한 문화 행사의 공간입니다. 피커딜리를 중심으로 큰길들이 사방팔방으로 뻗어 나가 있는데, 런던의 모든 길이 출발하는 지점이라고 말합니다. 영국 거리에 가끔 'Circus Ahead'라고 붙여 놓은 표지판을 볼 수 있는데, 이것은 앞에 서커스 공연장이 있다는 얘기가 아니라 traffic circle(원형도로)이 있다는 말입니다.

피커딜리 서커스 한복판에는 에로스상이 세워져 있습니다. 원래 자선의 천사상으로 만들어졌지만 지나치게 관능적인 모습 때문에 에로스라는 별명을 얻게 된 이후 아예 이름이 바뀌어버렸습니다. 에로스상 주위의 계단에는 항상 젊은이들이 옹기종기 앉아서 누군가를 기다리고 있습니다. 런던의 젊은이들은 이곳에 앉아 있으면 누구나 아는 얼굴을 금방 만날 수 있다고들 합니다.

복싱경기가 펼쳐지는 시합장은 말뚝을 4개 세워서 만든 사각형인데 왜 링(ring)이라고 할까요? ring에는 반지라는 뜻도 있듯이 둥근 것을 말하는데, 서커스의 원형 곡마장을 링이라고 했었습니다. 프로복싱 초기에는 선수들이 지방으로 돌아다니면서 그 지방의 사람들과 시합을 하였습니다. 경기가 펼쳐지면 관객들을 둥글게 서게 하고, 손으로 로프를 들고 있게 하였습니다. 관객의 수가 늘어나게 되면서 손으로 들고 있기에 불편해져서 바닥에 말뚝을 박아 사각 링을 만들게 되었습니다. 호칭만은 옛날 그대로 남아 사각의 링(ring)이라는 모순적인 이름이 만들어졌습니다.

WORDS

circuit 둘레, 순회   circus 서커스, 곡마단, 광장   traffic circle 원형도로

11 원주율이란?

circumstance는 '둘레, 주위' 등을 뜻하는 circum 과 '자리, 위치' 등의 뜻인 stance의 합성어입니다. '환경'이란 말은 '둘레 환(環)'과 '장소 경(境)'이 합쳐진 말인데, 낱말이 만들어진 구성이 circumstance와 거의 같다고 볼 수 있습니다. circumstance는 일이나 사건 등을 둘러싼 환경 즉, '상황, 정황, 형편(situation, condition)' 등의 뜻입니다. 추리영화나 드라마를 보면 '심증(心證)은 가지만 결정적인 물증(物證, critical proof))이 없다'라는 표현을 자주 듣게 됩니다. 심증이란 사건 현장의 주변이나 사건 발생 시의 상황 등을 종합적으로 고려해 볼 때 잡히는 정황적으로 증거(circumstantial evidence)를 말합니다.

- Our **circumstances** now are far worse than in the past. 우리의 상황은 과거보다 훨씬 나빠진 상태이다.

'환경'을 한영사전에서 찾아보면 environment 라는 단어도 나오는데, circumstance와는 다른 말이니 구분이 되어야 합니다. circumstance는 '상황상의, 정황적인'과 같이 추상적인 뜻이지만 environment는 자연이나 도심과 같이 물리적인 환경을 말합니다. 우리나라 말로 '환경'이란 같은 말로 번역되지만, 영어에서 circumstance와 environment는 전혀 다른 말이라고 볼 수 있습니다.

- human society & **environment** 인간사회와 환경
- natural **environment** 자연환경

- work **environment** 근무환경
- **environmental** destruction 환경 파괴
- The Tae-an oil spill was a horrible **environmental** and economic tragedy. 태안 기름 유출 사건은 끔찍한 환경적 경제적 비극이었다.
- The work **environment** for non-regular employees has not been completely improved. 비정규직 고용자에 대한 근무환경이 완전히 개선되지 않고 있다.

surround는 '위쪽에서(sur=above) 둥글게(round) 감싸다'라는 의미에서, '둘러싸다, 에워싸다, 포위하다'라는 뜻입니다. 그물을 던져서 야생동물이나 물고기를 잡을 때 둥글게 펼쳐지는 장면을 떠올리면 됩니다. 분사형 surrounding은 '주위의'라는 형용사가 되고, 동명사형 surroundings는 '주변 환경'이라는 명사가 됩니다. 같은 환경이라는 뜻이지만 surroundings와 environment를 또 구분할 수 있어야 합니다. surrounding은 나의 눈으로 직접 볼 수 있는 정도의 가까운 주변(vicinity)을 말하지만, environment라고 하며, 분당이나 제주도와 같이 범위가 큰 지역을 말합니다.

- The octopus changes color according to its **surroundings**. 문어는 사는 곳에 따라 체색을 바꾼다.
- It's important that buildings should fit in with their **surroundings**. 건물이 주변 환경과 조화를 이루어야 하는 것이 중요하다.

Dolby surround(돌비 서라운드)는 돌비 스테레오(stereo)에 의해서 작동하는 L(좌), C(중앙), R(우), S(서라운드)의 4채널 음향모드를 말합니다. '서라운드(surround)'란 사방을 완전히 둘러싸듯이 소리가 울려 나오는 시스템을 말합니다. 돌비 스테레오는 35mm 광학식 영화를 위해 고안됐었던 오디오 시스템인데, 1977년의 〈스타워즈〉부터 적용되었습니다. 최근 판매되는 오디오 제품을 보면 '5.1 서라운드 채널(surround channel)'이라고 쓰여져 있는 것을 볼 수 있습니다. 돌비 디지털(Dolby Digital)이란 방식인데, 스피커가 5개(상, 하, 좌, 우, 중앙)가 있고, 저음을 내는 우퍼(woofer)하나가 더 있는 음향시스템입니다. 1992년 〈배트맨 2〉라는 영화에 최초로 적용되었습니다.

circumspect는 '둘레, 주위' 등을 뜻하는 circum과 spect의 합성어입니다. spect는 'aspect(양상, 국면, 정세), respect(존경하다), inspect(조사하다), suspect(의심하다)' 등에서 알 수 있듯이 '보다(see)'라는 뜻입니다. circumspect는 '주변을 둘러 보다'라는 의미에서 '신중한(cautious), 조심성 있는(careful), 용의주도한, 분별력이 있는(discreet)'의 뜻으로 쓰이게 되었습니다. 한 가지 조심해야 하는 것은 spect가 붙은 단어들은 대부분 동사나 명사로 쓰이는데, 그런데 circumspect만은 형용사로 활용됩니다.

- Investigation before action, she tried always to be **circumspect**. 행동하기 전에 이것저것 알아봄으로써 그녀는 늘 신중해 지려고 애썼다.

- You must be **circumspect** in drawing a conclusion. Your hasty jumping into conclusion may mess up the whole project. 당신은 결론을 이끌어내는데 신중해야 한다. 당신의 성급한 결론도출이 전체 프로젝트를 망칠 수 있다.

circumference는 '둘레(circle)에 날라져서(fer) 누워있는(cum=lie)'의 의미에서 '원주, 주변, 경계선'이란 뜻을 가집니다. 원주(圓周)는 '원의 둘레'라는 말입니다. 두루 주(周)는 주위(周圍), 주변(周邊)과 같은 말에서 볼 수 있는데, 영어로 표현하면 circle의 뜻이라고 볼 수 있습니다. 그런데 원주(圓周)라는 말보다는 원주율(圓周率)이란 말이 훨씬 더 많이 쓰입니다.

- One of the islands is only 9 miles in **circumference**. 이 섬들 중 하나는 원주가 9마일에 불과하다.

원주율(圓周率)은 원 둘레(circumference)를 지름(diameter)으로 나눈 값을 말합니다. 원의 크기에 상관없이 항상 일정한데, 수학에서 말하는 그 유명한 π(파이)로 표시하는 값입니다. 3.14159265389793…으로 규칙적으로 반복되지도 않고 끝도 없이 계속되는 무한소수입니다. 원 둘레의 길이는 $2\pi R$이라고 말하는데, 여기서 R은 반지름(radius)이고 2R은 반지름의 2배이프로 지름(diameter)이 됩니다.

- π(pi): the ratio between the **circumference** and diameter of a circle
  원주율(파이): 원의 둘레와 지름 사이의 비

지로(giro)는 원(circle)이나 회전(circulation)을 의미하는 그리스어 'GUROS'에서 유래된 말입니다. 각 은행의 지점망이 하나의 원(circle)으로 묶인 중앙집중처리센터를 통해 자금을 주고받을 수 있는 이체제도를 말합니다. 지로를 통하면 은행의 예금계좌를 이용해 수취인과 지급인이 서로 만나지 않고 돈을 주고받을 수 있습니다. 국내에서는 1977년 2월 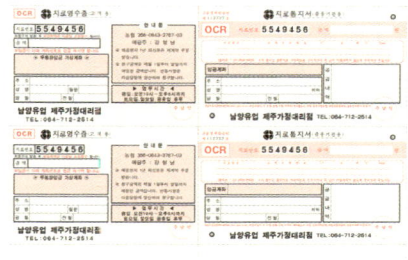 최초로 서울지역에서 99번 창구를 통해 전기요금 수납을 지로화한 바 있습니다. 지로거래의 형태로는 일반이체, 급여와 같은 정기적 계좌이체(transfer), 전기세나 전화료 같은 자동계좌이체(automatic transfer)가 있습니다.

WORDS

circumstance 환경, 상황　　environment 환경(자연)　　surround 둘러싸다　　surroundings 환경
circumspect 신중한, 조심성 있는　　circumference 원주, 경계선　　giro 지로(은행 자동 이체)

12. 여름은 참으로 위대했습니다.

가을날 (Herbsttag)

주여, 때가 되었습니다.
여름은 참으로 위대했습니다.
해시계 위에 당신의
그림자를 드리우시고
들판 위에 바람을 놓아 주십시오.

마지막 열매들이 여물도록 명하시어
그들에게 이틀만 더
남녘의 따뜻한 날을 베푸시고
완성으로 이끄시어 무거운 포도송이에
마지막 단맛을 넣어 주십시오.

지금 집이 없는 사람은 더는 짓지 않습니다.
지금 혼자인 사람은
오래도록 혼자로 남아서
깨어나 읽고 긴 편지를 쓸 것입니다.
그러다가 나뭇잎 떨어져 뒹굴면
가로수 길을 이리저리
불안스레 헤매일 겁니다.

〈라이너 마리아 릴케(Rainer Maria Rilke): 1875~1926〉

여름(summer)이라는 말은 열매가 풍성하게 열리는 시기라는 의미에서 나온 말입니다. 여름은 강렬한 햇빛을 받아 오곡백과가 왕성한 생명력을 구가하는 계절입니다. 생명의 불꽃을 화려하게 불태웠기에, 릴케는 "여름은 참으로 위대했습니다."라고 노래했습니다. 여름이 지나면 '인생의 후반부'라고 비유하는 가을이 찾아옵니다.

가을이 오면 낮의 길이가 짧아지면서 추워지면서 낮과 밤의 기온 차 또한 크게 벌어집니다. 식물의 잎들은 양분의 공급이 중단되면서 성장을 멈추고 낙엽(fallen leaves)이 되어 떨어지는 계절입니다. 울긋불긋하게 단풍이 물들지만, 마지막 절정에 이른 후에는 하나둘씩 바닥으로 떨어지게 됩니다. 가을이란 계절을 '떨어지다'라는 뜻을 가진 fall이라고 표현합니다. 서양인들은 생명을 다하여 떨어지는 낙엽을 보며 흔히 가을을 쓸쓸하고 허무한 계절로 간주합니다. 하지만 우리 조상들은 시간을 순환하는 것으로 보았기 때문에 가을에 결실과 수확의 기쁨을 노래할 수 있었습니다.

- I liked the crunching sound of the **fallen** leaves.
  낙엽의 바스락거리는 소리가 좋았어요.

fall은 가을이라는 뜻 이외에 '떨어지다, 낙하하다, (머리털이) 빠지다, (비나 눈이) 내리다' 등의 뜻이 있는데, 같은 맥락의 의미들입니다. '누구와 사랑에 빠지다'라는 표현을 fall in love with~라고 합니다. 우리 말에서 '떨어지다'는 '물건이 위에서 아래로 떨어지다'라는 말도 되지만, '시험에 불합격되다'라는 말로도 사용합니다. fail(실패하다)은 '시험에서 떨어지다'의 의미로 쓰이는데, fall에서 유래한 말입니다. fallacy는 많은 사람이 옳다고 믿지만 '틀린 생각'이나 인식 상의 '오류'를 가리킵니다.

- **fail** in an examination 시험에서 떨어지다
- **fallacious** reasoning 그릇된 추론

물이 아래로 떨어지는 폭포를 falls라고 합니다. 캐나다(Canada)의 토론토에서 미국의 버팔로에 이르는 나이아가라 폭포(Niagara Falls)는 어마어마한 규모의 장관을 연출합니다. 캐나다 쪽에 있는 말발굽 같이 생긴 The Horseshoe Falls와 미국령으로 되어 있는 The American Falls의 두 개로 이루어져 있습니다. 폭포의 경관은 미국측에 있는 것보다 캐나다 퀸 빅토리아 공원에서의 전망이 더 좋습니다. 캐나다 쪽의 폭포가 수량도 많고 경관도 훨씬 아름다워 많은 관광객이 캐나다로 건너가서 폭포를 구경한다고 합니다. 폭포 터널관광, 폭포 아래까지 가는 유람선, 타워 전망대 등 다양하게 관람할 수 있습니다. 미국 뉴욕 주 버팔로 공항에서 리무진이 있고, 암트랙(Amtrak) 기차역에서 걸어서 50분 정도 걸립니다.

- People are enjoying the magnificent spectacle of Niagara **Falls**.
  사람들이 나이아가라 폭포의 장엄한 광경을 즐기고 있다.

미국의 프로야구 메이저리그(Major League Baseball)는 내셔널 리그와 아메리칸 리그로 구성된 양대 리그 체제입니다. 각 리그 별로 지구별 선두와 와일드 카드로 포스트시즌(post-season)에 진출한 네 팀이 디비전 시리즈(division series)를 갖습니다. 거기서 살아남은 두 팀이 다시 리그 챔피언십(League Championship Series)경기를 가집니다. 월드시리즈(World Series)는 각 리그 챔피언 팀끼리 맞붙어 메이저리그 전체의 챔피언을 결정하기 위한 결승전입니다. 미국에서는 월드시리즈를 '가을의 고전(Fall Classic)'이라 부릅니다. 수준 높은 경기력을 가진 양대 리그 우승팀이 맞붙는 유서 깊은 행사이자 단연 한 해 최고의 축제라는 이유에서입니다. 올스타전은 한여름에 열린다고 해서 '미드 썸머 클래식(Mid Summer Classic)'으로 부릅니다.

'월드시리즈'는 미국 내 결승전임에도 불구하고 '세계 챔피언 대회'라고 오해를 살 수 있는 명칭을 가지고 있습니다. 많은 사람이 미국의 우월주의를 드러낸 것으로 생각하는데, 이것만큼은 부당한 오해(misunderstanding)라고 합니다. 월드시리즈라는 명칭은 1903년 결승전의 후원자였던 〈뉴욕 월드(New York World)〉라는 신문에서 따온 것이라고 합니다.

WORDS

summer 여름   fall 가을, 떨어지다   fallen leaves 낙엽   fail 실패하다   fallacy 오류   falls 폭포
misunderstanding 오해

13. 가을의 전설(Legends of the Fall)은 틀린 번역이다.

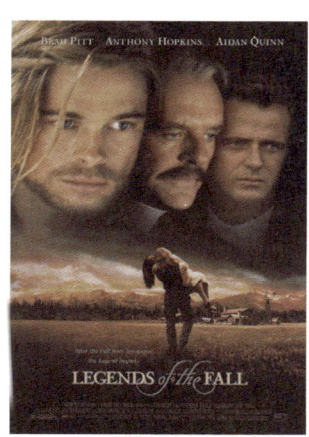

'가을의 전설(Legends of the Fall)'은 브래드 피트(Brad Pitt)의 대표작 중에서 그의 매력이 가장 돋보이는 작품입니다. 1994년에 만들어진 이 영화는 브래드 피트가 서른 즈음에 찍었는데, 그는 영화 속에서 미소년 미소와 함께 거친 남성적 기질도 보유하고 있는 둘째 아들 트리스탄 역을 연기했습니다. 마치 제임스 딘의 모습을 다시 보듯이 우울한 눈빛과 함께 강인한 성격과 반항아적 이미지가 영화 전면에 짙게 깔렸습니다. 이 작품은 몬태나(Montana) 주의 목장을 무대로 광활한 대지 위에 펼쳐지는 영상미 또한 일품인데, 1995년 아카데미 촬영상을 수상한 바 있습니다.

영화는 러들로우(Ludlows) 일가와 평생을 함께해온 지켜본 인디오 원스탑이 한 가족의 파란만장한 삶을 회상하는 형식으로 시작됩니다. 1880년대 끝부터 1960년대까지 세계 제1차 대전이라는 시대적 배경으로 아버지와 삼 형제 그리고 한 여자로 인해 벌어지는 일대기를 담고 있습니다. 대자연의 멋진 영상을 배경으로 끈끈한 형제애와 한 여자를 두고 갈등하는 삼 형제의 모습이 절묘하게 묘사되어 있습니다.

전역 후 목장을 운영하며 인디오들과 어울려 살아가는 러들로우 대령(앤터니 홉킨스)은 앨프레드, 트리스탄(브래드 피트), 새뮤얼 삼 형제와 함께 평화롭게 살아갑니다. 어느 날 도시로 유학을 갔던 막내 새뮤얼이 약혼녀 수잔나를 데리고 귀향하면서 형제의 삶은 어긋나기 시작합니다. 두 형은 동생의 여자에게 연정을 품게 되고, 수잔나 역시 첫눈에 트리스탄을 사랑하게 됩니다. 제1차 세계대전이 터지자 삼 형제는 모두 전쟁터로 향합니다. 막내 새뮤얼은 공격 중 철조망에 걸려서 빠져나오지 못하고 기관총에 맞아 숨을 거둡니다. 트리스탄은 동생을 지키지 못한 자책감 때문에 방황하게 됩니다. 새뮤얼이 전사하자 앨프레드는 수잔나와 결혼하려 하지만, 그녀는 트리스탄에게 더 끌립니다. 앨프레드가 배신감에 집을 떠나자, 트리스탄 역시 수잔나에게 이별의 편지를 보내고 다시 방랑 길을 나섭니다. 몇 년 뒤 트리스탄은 고향집에 되돌아오지만, 앨프레드와 결혼한 수잔나는 트리스탄과 이룰 수 없는 사랑에 괴로워하며 자살을 하고 맙니다. 트리스탄은 다시 집을 떠나 산속을 떠돌며 사냥꾼 생활을 하는데, 곰을 만나 싸우다 죽음을 맞이합니다.

그런데 원제 〈Legends of the Fall〉은 '가을의 전설'이 아니라 '타락의 전설'이나 '몰락의 전설' 이라고 번역되어야 한다고 합니다. 영화 제목에 대한 부제가 〈After the Fall from Innocence the Legend begins〉라고 서술되어 있습니다. '순수로부터 타락한 이후, 전설은 시작된다'라고 해석한다면 다분히 fall은 가을이 아니라 '타락'이나 '몰락'이라 해석해야 합니다. 영화는 천하를 호령하던 아버지와 삼형제들이 전쟁과 한 여인을 사이에 두고 어떻게 몰락해가는지를 그리고 있습니다.

영화의 도입부에서 다음과 같은 내레이션(narration)이 나옵니다.

'Some people hear their own inner voices with great clearness and they live by what they hear. Such people become crazy or they become legends.' (어떤 사람들은 매우 명료하게 내면의 소리를 듣고 들리는 그대로 살아간다. 그런 사람들은 미쳐버리거나 혹은 전설이 된다.)

'전쟁의 최초 희생양은 인간의 순수'라는 걸 증명이라도 하듯이 형제는 야만적으로 변해갑니다. 트리스탄은 '금단의 열매(forbidden fruit)'를 탐하듯이 넘봐서는 안 될 사랑을 갈망하다가 비극적 사건 속으로 빠져들어 버렸습니다. 영화의 결말에 이르러 트리스탄은 순수의 몰락 즉, 소중한 것을 다 잃은 후에야 비로소 전설이 됩니다.

기독교 문화권에서 the Fall은 아담과 이브의 타락에서 비롯된 '인간의 타락(the Fall of man)'을 뜻합니다. 하나님은 '아담'과 '이브'를 에덴동산에 살도록 합니다. 하나님은 열매를 따 먹을 수 있는 갖가지 나무를 나게 했으며 에덴동산 한 가운데는 생명의 나무를 심었습니다. 다른 나무의 열매는 따 먹어도 좋으나 '생명의 나무'의 열매만은 따 먹지 말도록 단단히 주의를 시켰습니

다. 아담과 이브는 뱀의 모습으로 변신한 사탄의 유혹에 넘어가 '금단의 열매(forbidden fruit)'를 따먹습니다. 하나님의 말씀을 거역한 죄에 대한 벌로 낙원에서 쫓겨나는데, 이것을 바로 '인간의 타락(the Fall of man)'이라고 합니다.

WORDS

Legends of the Fall 몰락의 전설   narration 내레이션

14. '가을(autumn)'과 '취임식'

가을은 여름 내내 가꾸어 온 땀의 결실을 수확(收穫, harvest)하는 시기입니다. 우리말 가을은 원래 '가 슬'이라 했는데, '벼 이삭을 가르어 스러(쓸어)들이다' 라는 뜻입니다. 아직도 '가실하다'는 '추수하다'는 사 투리로 쓰이고 있습니다. 고대부터 중세에 이르기까 지 가을에 대한 표현은 harvest였습니다. 16세기에 들 어서 autumn이 가을이란 의미를 대체하기 시작했고, harvest는 곡식의 수확(gathering of crops)이란 의미 로 국한되었습니다.

가을을 뜻하는 fall 이외에 'autumn'이란 단어도 있습 니다. autumn은 라틴어인 autumnus와 고대 프랑스 어 autumpne에서 유래된 말입니다. 'au(g)'이란 어근은 '새(bird)가 날다'라는 의미에 서, '늘리다, 증가하다(increase)'라는 개념을 담고 있습니다. autumn이란 단어는 여름 내내 풍성하게 자라나 결실을 맺는 '풍요의 계절'이란 의미를 담은 것입니다.

- **autumn** leaves 가을 낙엽

augment는 '늘리다, 증대시키다, 증대'라는 뜻이 있습니다. 증강현실(augmented reality)이란 말이 있 습니다. 사용자가 눈으로 보는 현실 세계와 컴퓨터를 통해 보여주는 가상세계를 합쳐 하나의 영상으로 보 여주는 가상현실의 하나입니다. 증강현실은 컴퓨터 그래픽으로 만들어진 가상환경을 사용하지만, 주역은 현실환경이고 컴퓨터 그래픽은 현실환경에 필요한 각종 부가 정보를 추가 제공하는 역할을 합니다.

네이버나 다음의 지도서비스와 같이 실사 사진 위에 도로의 방향을 표시하는 것이 증강현실의 서비스입니다. 어떤 건물을 바라보았을 때, 건물 안에 있는 식당이나 놀이시설, 각종 편의시설 등의 정보가 화면에 같이 표시되기도 합니다. 사용자가 보고 있는 실사 영상에 3차원 가상영상을 겹침(overlap)으로써 현실환경과 가상화면과의 구분이 모호해지도록 하는 기법입니다. 착용식 컴퓨터(wearable computer)에 증강현실기술을 적용하기도 합니다. 머리에 쓰는 형태의 컴퓨터 화면장치에 사용자가 보는 실제 환경과 컴퓨터 그래픽, 문자 등을 겹쳐 실시간으로 보여줍니다.

augur는 로마 시대 때 새들의 울음소리, 비행하는 모습을 관찰하여 미래를 점치는 신관이었습니다. 당시 사람들은 하늘을 나는 새를 신이 보낸 전령이라 생각하여, 새들의 행동은 하늘의 징조라고 생각했습니다. augur는 신이 허락해준 날을 받아서 지도자의 취임식이나 전쟁과 같은 큰일을 비로소 치를 수 있었습니다. inaugurate는 '취임식을 거행하다'라는 뜻과 여기에서 확장되어 '출범하다, 개시하다'라는 의미가 있습니다. inaugural은 'augur가 새를 보고 점을 쳐서 징조가 좋은 날 치를 수 있었던 의식'이라는 뜻입니다.

- An **augur** was someone who foretold the future by observing the flight of birds. augur는 새들의 비행을 관찰하여 미래를 점치는 신관들이었다.

- The new president was sworn in on **Inauguration Day**. 새 대통령은 그의 취임일에 선서했다.

- be **inaugurated** as president 대통령으로 취임하다.

WORDS ◀

harvest 수확   autumn 가을   augment 증대   augur 전조, (미래를 점치는) 신관   inaugurate 취임하다, 개시하다   inaugural 취임의   Inauguration Day 대통령 취임식

15 '가을(autumn)'과 '작가'

auction(옥션)은 '경매, 공매(public sale), 경매하다'라는 뜻입니다. auction은 augment가 변하여 생긴 말인데, 고가품의 가격을 증가(augment)시키는 행위를 말합니다. 경매는 여러 사람을 상대로 하여 낮은 가격에서 시작하여 '가장 높은 가격을 제시한 사람'에게 공개적으로 물건을 파는 제도입니다. 소더비(Sothby's)는 세계 최대의 미술품과 골동품의 세계적인 공급자이자 국제적인 경매회사입니다. 1774년 영국에서 설립되어 크리스티(Christie's)와 함께 최대의 경매회사로 알려져 있습니다. 소더비와 크리스티가 전 세계의 골동품, 미술품을 비롯한 값비싼 물품의 80% 이상을 다루고 있습니다.

- He **auctioned** off his old car. 그는 오래된 자동차를 경매로 팔았다.

author는 고대 프랑스어의 'auctor(자라게 하는 사람)'가 변형된 말인데, '저자, 작가, 조물주'라는 뜻으로 쓰입니다. authority는 '권위, 권력, 지휘권, 당국'이란 뜻이며, authorize는 '권한을 부여하다, 인가하다'라는 뜻을 가집니다.

- abuse one's **authority** 권력을 남용하다
- South Korean **authorities** selected Yi So-yeon and Ko San from more than 30,000 applicants. 한국 정부는 3만여 명의 신청자 중 이소연 씨와 고산 씨를 선발했다.

원탁의 기사들(the Knights of the Round Table)하면 떠오르는 전설적인 인물인 아더 왕을 영어로는 King Author라고 합니다.

auxiliary는 'auc'에서 변형된 말로 '옆에 자라난 것'이라는 의미에서 '추가적인, 보조의, 예비의'라는 뜻으로 쓰입니다. 컴퓨터에서 하드디스크는 주기억 장치에 기억시킬 수 없는 대량의 데이터를 저장하는 보조기억 장치(auxiliary storage)입니다. auxiliary storage는 처리 속도가 늦지만, 주기억장치에 비해 저렴하여 기억장치의 용량을 늘려주는 장치를 말합니다. 오디오 기기의 뒷면을 보면 AUX IN이나 AUX OUT이라고 적힌 단자(terminal, socket)를 흔히 볼 수 있습니다. 주입력이나 주출력 이외의 예비(auxiliary)단자로, 외부 기기와의 접속을 원활히 수행할 수 있도록 해줍니다.

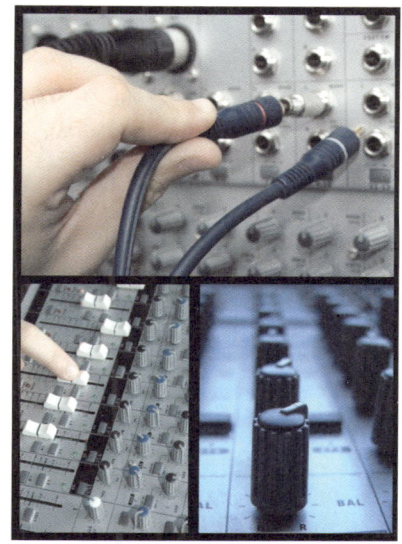

- **auxiliary** verb 조동사

- To prepare for the emergency, they built an **auxiliary** power station. 비상사태에 대비하기 위하여 그들은 보조 발전소를 세웠다.

augment에서 나온 august는 '존엄한, 위풍 있는, 위대한, 위엄 있는' 등의 뜻입니다. August는 'A'를 대문자로 쓰면 8월이라는 뜻이 되는데, 로마의 황제 아우구스투스(Augustus)를 기념하여 지어진 것입니다. 아우구스투스는 율리우스 카이사르(Caesar)의 양아들이었는데 로마제국의 1대 황제로 등극하게 됩니다. 아우구스투스 이후로 로마는 공화정 시대의 막을 내리고, 로마제국의 시대로 접어듭니다.

WORDS

auction 옥션, 경매   augment 증가   author 저자   authority 권위   authorize 권한을 부여하다
auxiliary 보조의, 예비의   august 존엄한

16 민주주의(democracy)란?

민주주의(democracy)는 그리스어로 민중을 뜻하는 데모스(demos)와 지배를 뜻하는 크라토스(kratos)의 합성어입니다. 민주주의는 국민이 주권자인 정치체제 즉, 한 사람이나 소수에 의한 지배가 아니고 국민 전체가 지배하는 국가형태를 말합니다. 모든 국민이 권력을 소유하고 행사하는 것을 의미하며 자유롭고 평등한 입장에서 통치행위에 참여하는 정치체제를 말합니다. 미국은 양당체제인데 민주당(the Democratic Party)과 공화당(the Republican Party)이 있습니다.

- **Democracy** means literally government by the people at large.
  민주주의는 글자 그대로 다수의 국민에 의한 통치 체제를 의미한다.

- He was a towering figure in South Korea's struggle for **democracy**.
  그는 한국 민주주의를 위해 투쟁했던 위대한 인물이었다.

민주주의의 기본 원칙은 국민주권, 입법-사법-행정의 삼권 분립, 다수결의 원리, 법치주의 등이 있습니다. 다수결의 원칙을 영어로 하면 majority rule입니다.

- It's three against two. **Majority rules**. 우리 의견은 3대 2이다. 다수결의 원칙에 따르자.

여기서 rules는 동사로 쓰인 것이며, '통치하다, 다스리다, 지배하다'라는 뜻입니다. 다수결의 원리에 충실한 미국 사회에서 흔하게 접할 수 있는 표현이므로 기억해두면 좋습니다.

demos는 본래 '사람이 모인 곳'을 뜻하는 district, land라는 개념이었습니다. 차츰 '그 지역에 사는 사람'에서 '시민, 평민, 민중, 대중, people'이라는 뜻으로 변화되었습니다. demography는 '사람(demo)에 대하여 그리다(graphy=draw)'라는 의미에서 인구 통계학이라는 뜻으로 쓰입니다. 데마고그(demagogue)는 대중의 감정과 편견에 호소하여 근거 없는 허위 사실을 유포하고 기만하는 선동 정치가를 말합니다. 세계사에서 아돌프 히틀러를 데마고그의 전형적 인물로 들 수 있습니다. 그는 웅변의 힘으로 나치스 정권의 세력을 확장하면서, 독일 전체 국민을 침략전쟁으로 이끌어 낼 수 있었습니다.

- The **demagogue** incited the mob to take action into its own hands. 민중 선동가는 군중을 선동해서 그들 스스로 행동을 취하도록 했다.

- He was accused of being a **demagogue** because he made promises which aroused futile hopes in his listeners. 그는 청취자들에게 헛된 희망을 품도록 하는 약속들을 했기 때문에 선동가로 비난을 받았다.

cracy는 그리스어 kratos에서 파생되었는데 '권력(power, authority), 지배하다(rule)'라는 뜻을 가집니다. cracy는 접미사로 활용되어 다양한 정부의 형태(types of government)를 나타내는 단어를 만들어냅니다. theocracy는 '신(theo=god)이 지배(cracy)하는 정치'라는 의미에서 '신권 정치, 신정'이라는 뜻으로 쓰입니다. autocracy는 '자기 혼자서(auto=self) 통치함(cracy)'이란 의미에서 '전제 정치, 독재정, monocracy'을 가리킵니다. technocracy는 과학적인 전문적인 지식이나 기술에 의해 사회 혹은 조직 전체를 관리 운영하는 제도를 말합니다.

그리스 철학자 아리스토텔레스(Aristoteles)의 이름에서 arist는 '최고의, 우수한'이란 의미입니다. aristocracy는 최상의 시민 즉 '귀족에 의한 정치'를 의미하며, 한 때 그리스 정치의 한 형태이기도 했습니다.

- In the eighteenth century, musicians wrote and presented music only for the **aristocracy** and the Church. 18세기, 음악가들은 오직 귀족층과 교회를 위해서만 곡을 쓰고 공연하였다.

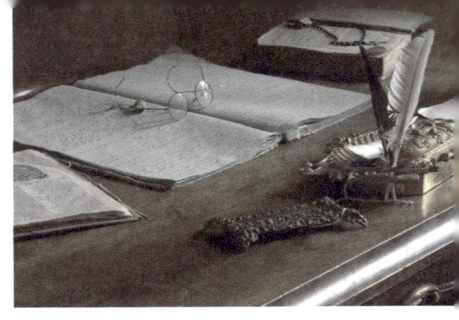

bureau는 빨간색을 뜻하는 그리스어 'purrhos'가 어원입니다. 이 말은 프랑스어로 넘어가서 bureau로 변했고, 뜻도 '짙은 갈색(dark brown)'을 의미하게 되었습니다. 사무실 책상에 짙은 갈색 천을 씌우면서 bureau는 책상 자체를 뜻하게 되었습니다.

점차 의미가 더욱더 확장되어 '사무국, 안내소, 행정단위' 등의 뜻이 되었는데, Bureau of the Mint는 '조폐국'이란 뜻입니다. 미국 영화에서 자주 나오는 미국연방수사국 FBI는 Federal Bureau of Investigation의 두문자어(acronym)입니다. bureaucracy는 '관료들에 의한 정치'라는 의미에서 '관료정치, 행정주의' 등을 뜻하는 말입니다.

- The **bureaucrats** maintain solid ties with the gigantic corporations. 관료들은 대기업과 견고한 관계를 유지하고 있다.

로마 신화에서 지하 저승의 세계를 관장하는 플루토(Pluto)는 부(wealth)를 제공하는 신으로 숭배되기도 했습니다. 지하 세계는 죽은 영혼들의 세계이지만, 금과 은 같은 보물이 산출되는 장소이기도 합니다. 금권정치(plutocracy)는 경제력이 있는 소수의 부자가 지배하는 정치를 말합니다. 부를 의미하는 pluto와 다스리는 정치체제를 의미하는 cracy가 붙어서 만들어진 말입니다.

WORDS

democracy 민주주의 the Democratic Party 민주당 the Republican Party 공화당 majority rule 다수결의 원칙 demography 인구 통계학 demagogue 선동 정치가 theocracy 신권 정치 autocracy 전제 정치 technocracy 과학 기술 위주의 정치·사회 체제 aristocracy 귀족 계층, 귀족 정치 bureau 사무국, 행정단위 bureaucracy 관료정치 plutocracy 금권정치

민주주의 반대말은 공산주의(communism)? No!

민주주의는 일본인이 메이지 유신 이후 서구 문물을 도입할 때 democracy를 번역한 용어인데 정확한 번역이 아닙니다. cracy는 kratos(권력)이란 의미에서 나온 정치체제나 제도를 가리키는 것이지 사회주의, 공산주의와 같은 '주의(主義, ism)'가 아니기 때문입니다. democracy는 '민주주의'가 아니라 '민주정(民主政), 민주제도'라고 해야 정확한 번역입니다.

- Decision by the majority is one of the most important principle of **democracy**. 다수결은 민주주의의 가장 중요한 원리이다.

우리는 흔히 기계적으로 민주주의(democracy)의 반대말이 공산주의(communism)라고 착각하고 있습니다. democracy(민주정)의 반대말은 독재(獨裁, autocracy)나 참주정(tyranny)입니다. 그리스 역사에서 보게 되는 참주(僭主, tyrant)라는 말은 스스로 임금이라고 참칭하는 임금이란 뜻입니다. 즉, 참주는 고대 그리스의 도시국가에서 비합법적인 방법으로 권력을 획득한 독재자를 가리킵니다. 참주는 공동체의 이익을 위해 일하지 않고 폭압적이고 잔인하게 정치를 펴는 전제군주, 폭군을 지칭하기도 합니다.

- He longed to escape from the **tyranny** of his aunt. 그는 고모의 폭압에서 벗어나기를 갈망했다.

대한민국 헌법 제1조에는 다음과 같은 법 조항이 나와 있습니다.
① 대한민국은 민주공화국이다.
② 대한민국의 주권은 국민에게 있고, 모든 권력은 국민으로부터 나온다

국어사전에서 민주주의(民主主義)를 찾아보면 모든 국민이 권력을 가지고 그 권력을 스스로 행사하는 제도라고 나와 있습니다. 민주주의(民主主義)를 한자로 풀이하면 '백성이 주인인 이념'이 되며, 영어 democracy는 '민중(Demos)이 권력(Kratos)을 갖는 정치체제'라는 어원을 가집니다.

- **Democracy** is the rule by the majority, respecting for the rights of the minority. 민주주의는 소수의 권리를 존중하는, 다수에 의한 지배이다.

위대한 철학자 칼 포퍼(Karl R. Popper)는 민주주의(民主主義)에 대해서 매우 색다른 개념으로 정의했습니다. 〈열린 사회와 그 적들(The Open Society and Its Enemies)〉이란 책에서 다음과 같이 적고 있습니다.
"첫 번째 정부 형태는 피통치자가 피를 흘리지 않고 교체할 수 있는 정권이다. 선거와 같은 사회제도를 통하여 통치자를 교체할 수 있는 수단이 제공되고, 이 제도가 권력을 쥔 자들에 의하여 쉽게 파괴되지 않도록 보장된다. 두 번째 형태는 피통치자가 성공적인 혁명에 의하지 않고는 통치자를 제거할 수 없는 정권으로 구성된다. 나는 첫 번째 형태의 정권에 대하여 '민주주의'라는 용어를, 두 번째 형태의 정권에 대하여 '독재정치'라는 용어를 제안한다."

러시아에서는 1차 대전이 끝날 무렵인 1917년 사회주의 혁명 첫 해에 여성들에게 선거권이 주어졌습니다. 우리는 1948년 대한민국 정부 수립 시작부터, 특이하게도 스위스는 1971년에, 아랍계 국가들은 21세기에 와서야 여성에게 선거권이 주어졌습니다. 칼 포퍼의 정의에 따르면, 스위스는 여성 선거권이 없어도 훌륭한 민주주의 국가였고, 반대로 스탈린의 러시아는 보통 선거권이 존재했어도 민주주의 국가가 아니었습니다. 스위스는 평화로운 정권 교체가 가능했고, 반면에 러시아에서는 평화로운 정권 교체가 이루어지지 않았기 때문입니다. 민주주의 헌법의 핵심은 피지배자들이 원할 때 지배자에게서 쉽게 벗어 날 수 있는가에 달려 있다는 것이 칼 포퍼의 생각이었습니다. 정권 교체에 참여한 시민이 전체인지 아니면 소수에 불과한지는 부차적으로 중요한 문제일 뿐이었습니다.

- Switzerland is a primer of the direct democracy for a confederal system. 스위스는 연방제를 위한 직접 민주주의의 지침서이다.

다시 말해 민주정(democracy)과 대립하는 개념은 독재, 전제정치, 폭정, 참주정입니다. 공산주의(communism)의 반대말은 민주정(democracy)이 아니라 자본주의(capitalism)입니다. socialism(사회주의), nationalism(민족주의), humanism(인본주의), optimism(낙관주의), pessimism(비관주의), egoism(이기주의)과 같은 표현도 기억해두도록 합시다. 보통 영어에서 접미사로 'ism'이 붙으면 '주의(doctrine), 교리, 원칙(principle), 신념, 이념'같은 것을 뜻합니다.

WORDS

democracy 민주정　tyrant 참주, 전제군주　tyranny 참주정　communism 공산주의　capitalism 자본주의

18 전염병 (epidemic)

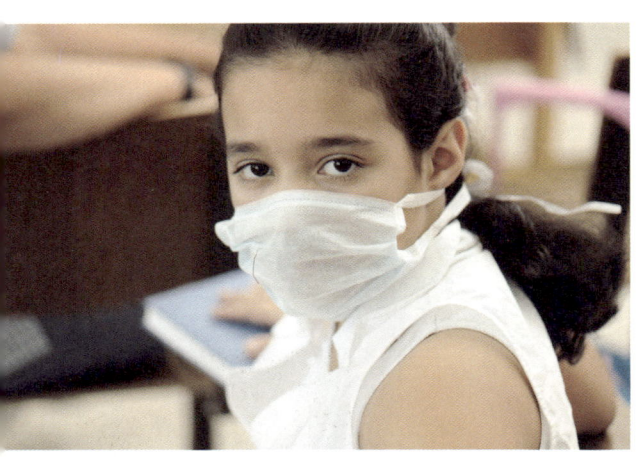

전염병(epidemic)은 같은 시기에 많은 사람에게 널리 퍼지는 유행병을 의미합니다. epidemic은 '사람(demo)에 달라붙어 (epi) 있는'이라는 의미에서 '사람을 넘나드는, 전염되는, 널리 퍼져 있는'이란 뜻이 되었습니다. 똑같은 시기에 어떤 지역에 많은 사람에게 유행하는 것을 뜻하는데, 새로운 사상 등이 퍼지는 경우에도 사용합니다. 뉴스 프로그램에서 전염병이 발생하면 역학조사를 한다는 표현이 나옵니다. epidemiology는 '역학(疫學)'의 뜻으로 유행하는 전염병을 탐구하는 학문을 뜻합니다.

- **epidemic** eye disease 유행성 눈병
- An **epidemic** of influenza swept the school. 유행성 감기가 삽시간에 학교 전체로 퍼졌다.

epidemic의 상태에서 감염 지역이 점점 늘어나 대륙적이거나 전 세계적으로 퍼지게 되면 pandemic의 상태가 됩니다. 판(pan)은 그리스어로 '모든 것(all)'이라는 뜻입니다. 판도라(Pandora)는 '모든(pan) 것을 선물 받은 (dora) 사람'이라는 뜻으로, 제우스가 인간을 벌하기 위해 내려보낸 여자입니다. 파노라마(panorama)는 '한 바퀴 빙 둘러서 모든 (pano) 것을 보다(rama)'라는 의미에서 '회전그림, 광대한 조망, 전체 풍경'의 뜻으로

쓰입니다. pandemic은 '모든(pan) 사람들(demic)에게 가 있는'이란 의미에서 '전국적(세계적)으로 유행하는(병)'을 뜻합니다. 역사적인 pandemic의 예로 14세기 유럽 인구의 1/3을 몰살시킨 흑사병, 1918년 유럽대륙에서 5천만 명의 사망자를 낸 스페인 독감, 1968년 100만 명의 목숨을 앗아간 홍콩 독감 등이 있습니다.

- Millions died in the Spanish influenza **pandemic**.
  스페인 독감으로 수백만 명이 죽었다.

- They feared the AIDS epidemic would soon reach **pandemic** proportions.
  그들은 에이즈가 한 지역에서 유행하는 병에서 곧 전 세계적으로 유행하는 병이 될까 두려웠다.

풍토병(endemic)은 어떤 특정한 지역 또는 종족 특유의 병을 말합니다. endemic은 '사람들(demo) 안(en=inside)에 있다'라는 의미에서 '한 지방에 특유한, (동물이나 식물이) 특정 땅에 한정된, 풍토병'이라는 뜻을 가집니다. 옛날에는 한 종족은 오랫동안에 걸쳐서 같은 지방에 모여 살았습니다. 그래서 특정의 사람들 사이에서 생기는 것은 특정 지방에서 생기는 것과 같은 개념을 전달하기도 합니다. endemic은 특정 지역이나 집단에 있어서 '고유의, 고질적인, 풍토적인'이라는 뜻을 가지게 됩니다.

- Edelweiss is **endemic** in the Alps. 에델바이스는 알프스의 고유종이다.

WORDS

epidemic 전염병   pandemic 세계적인 유행병   endemic 풍토병

19 땅과 습기로부터 만들어진 인간

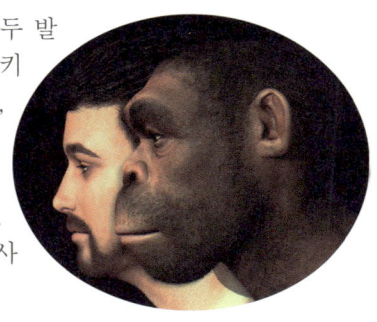

호모 에렉투스(Homo erectus)는 인류 역사상 최초로 두 발로 서서 직립 보행을 했던 인류입니다. erect는 '직립시키다, 건립하다, 바로잡다'라는 뜻과 함께, '직립한, 곤두선, 긴장한' 등의 뜻으로도 쓰입니다. 현생 인류를 **호모 사피엔스(Homo sapiens)**라고 하는데 '생각하는 인간, 지혜를 가지고 있는 사람'이란 뜻에서 붙여진 이름입니다. sapiens는 지혜(sophia)와 같은 어원의 말로 '슬기로운 사람, 영리한 사람'이란 뜻입니다.

- Cro-Magnon man is believed to have been a predecessor of **Homo sapiens**. 크로마뇽인은 호모사피엔스의 전신이었다고 믿어진다.

homo는 본래 '흙, 땅(earth, soil)'이라는 뜻의 라틴어 humus에서 나온 말입니다. 그리스의 유명한 서사시인 호메로스(Homeros)는 하늘에 사는 신이 아니라 '땅에 있는 사람'이란 뜻입니다. 인간(human)은 흙에서 나고, 흙으로 되돌아간다고 하는데 human은 homo와 같은 어원을 가집니다. human은 흙(earth) 위에 사는 '인간(人間)의, 사람의'라는 뜻이고, human being은 인류라는 뜻입니다. humane은 '짐승과는 다른 인간 같은'이라는 뜻에서 '인간적인, 인도적인, 자비로운'의 뜻이고, humanism는 '인간주의, 인본주의'라는 뜻입니다.

- **human** nature: 인간의 본성/인성
- **human** rights: 인권
- It's only **human** nature to want a comfortable life.
  안락한 삶을 원하는 것은 인간의 본성이다.

기독교에서는 하나님이 인간을 만드는 과정을 다음과 같이 설명합니다. 천지창조 때에 천지 만물을 창조한 하나님은 마지막으로 자신의 모양을 본떠서 인간을 만들기로 하였습니다. 흙으로 사람을 만들고 코에다 생기를 불어넣으니 산 사람이 되었으며 하나님은 그를 아담(Adam)이라고 불렀습니다. 여기서 흙이란 육체요, 숨을 불어넣는 것은 영혼을 의미합니다. 인간의 육체는 죽어서 흙으로 돌아가지만, 하나님께서 숨을 통해 생명을 주셨으니 영혼은 언젠가 하느님께로 되돌아가리라는 믿음이 담겨 있습니다.

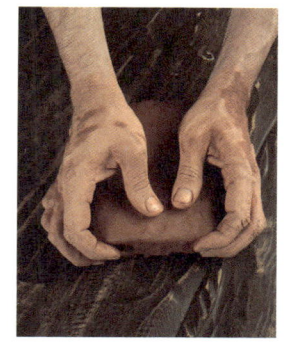

인간은 흙(earth, soil)에 씨를 뿌려서 이를 가꾸어 먹고 삽니다. 흙은 인간존재의 근본이자 생명의 기반입니다. 히브리어로 Adam은 human처럼 '검고 붉은 땅으로부터 만들어진 자'의 뜻입니다. 아담은 다른 모든 생물에게 이름을 지어주었고 이들을 다스리는 권한을 하나님에게서 부여받게 됩니다. 이브(Eve)는 영어의 live와 같은 어원을 가진 말로, 우리말의 사람도 '살다'에서 온 말처럼 '살아 있음'의 뜻을 가진 이름입니다.

'눅눅한, 습기 있는' 등의 뜻인 humid도 흙 속이 습기 있는 곳이기 때문에 나온 말입니다. 습기(humid)를 가진 땅(humus)과 땅으로부터 태어난 인간(human)의 뜻이 서로 연관된 말입니다. 인간(human)만이 유머(humor)를 즐길 수 있다고 합니다. 지금은 humid의 명사형이 humidity이지만, 원래 humor가 humid의 명사형이고, '습기, 체액'을 뜻하는 단어였습니다.

- humidifier 가습기
- dehumidification 제습

WORDS

Homo erectus 호모 에렉투스, 직립 보행 인류   Homo sapiens 호모 사피엔스, 현생 인류   human 인간의   human being 인류   humane 인도적인   humanism 인본주의   humid 습기 있는   humidity 습도, 습함

20 피에로(Pierrot)의 유머(humor)

인간(human)만이 가지는 특권, 다른 동물과 달리 인간만이 누리는 것이 '유머(humor)'입니다. humor는 '습기(humid), 땅(humus), 인간(human)'이란 단어들과 뜻이 서로 연관된 말입니다. 유머의 원 뜻은 우리 몸 속을 흐르는 '체액, 분비물' 등의 뜻의 라틴어 umor에서 나온 말입니다. 고대 그리스에서는 인간의 기질, 성질, 체질이나
기분을 결정하는 4대 체액(four cardinal humors)이 있다고 믿었습니다. 그것은 혈액(blood), 점액(phlegm), 담즙(choler), 흑담즙(melancholy)입니다.

- **Humor** is by far the most significant activity of the human brain. 유머는 가장 중요한 인간 두뇌 활동입니다.

이들 체액의 배합 정도가 사람의 체질이나 성격, 성질 등을 결정한다고 믿었습니다. 체액이 균형 있게 배합되면 좋은 기질을, 그렇지 않으면 나쁜 기질을 가지게 된다고 생각했습니다. 서양에 Every man has his humor란 속담이 있는데, 이것은 '모든 사람은 다 유머가 있다'는 뜻이 아니라 '사람마다 다 기질이 다르다'는 뜻입니다. out of humor는 '불쾌해서, 성이 나서'란 뜻인데, 여기서는 humor는 '기분'으로 해석해야 됩니다.

남을 웃기는 기질을 가진 인물이 희극에 등장하면 풍자적 행동으로 관객의 웃음을 자아냅니다. 인간의 기질이란 뜻에서 '성질을 만족시키다'의 뜻으로, 지금의 '익살, 해학, 농담, 우스개, 유머' 등의 뜻이 되었습니다. 유머에 '인간의 행동, 언어 등이 갖는 웃음'이란 뜻과 '웃음을 표현하는 능력'이란 뜻까지 붙게 되었습니다.

- The professor's lecture was full of wit and **humor**. 그 교수의 강의는 기지와 유머가 넘쳤다.

체코의 작곡가 드보르작(Dvorak. A)은 〈신세계 교향곡〉으로 널리 알려졌으며 스메타나와 함께 체코 국민음악을 수립한 국민주의 음악의 선구자입니다. 드보르작의 작품 중에서 유머레스크(humoresque)라는 유명한 피아노 연주곡이 있는데, 발랄하면서 가볍게 뛰는 듯한 리듬이 재미있습니다. humor라는 단어의 발음은 원어민 사이에서도 두 가지로 나뉩니다. 첫소리 h음을 그대로 발성하여 '휴-머'로 발음(pronunciation)하는 미국인이 95%이고, '유-머'로 발음하는 사람은 3% 정도 된다고 합니다. 절대다수의 영국인과 미국인 모두 h음을 발성하는데 우리말 표기에서는 대부분 '유머'로 표기하고 있어 원음과는 거리가 먼 상태입니다.

남을 웃기는 재주를 가리키는 단어로 유머(humor)와 위트(wit)가 있는데, 서로 다른 때에 사용해야 합니다. 위트(wit)는 '재치, 기지'라는 뜻으로 어떤 상황이나 현상에 재치있게 대처하는 반응을 말합니다. 유머(humor)는 '익살, 해학'이라 번역하는데, 품격 있고 지적인 농담을 일컫는 말입니다. 유머는 깊고 철학적인 분위기를 풍기기도 하고, 때로는 웃음의 대상에 동정을 수반하기도 합니다. 인간이 지닌 어리석음에 대해 일종의 페이소스(pathos)가 있는 웃음을 유머라고 할 수 있습니다.

영어에서 사람 이름으로 많이 쓰이는 Peter는 바위(rock)를 의미합니다. 요르단의 고대 유적 페트라(Petra)도 peter와 같은 어원입니다. 나라마다 그 표기와 발음이 조금씩 바뀌는데, 대부분 우리에게도 익숙한 이름들입니다. 스페인어에서는 페드로(Pedro), 프랑스어에서는 피에르(Pierre), 러시아어로는 표트르(Pyotr) 등입니다.

서커스의 어릿광대(clown) 피에로(Pierrot)는 전통 프랑스 극에 나오는 슬픈 얼굴을 한 남자를 가리키는 말입니다. 피에로(Pierrot)는 프랑스어 이름인 Pierre에서 나온 말입니다. 피에로는 아는 것 없이 아둔하며, 천박하고 품위 없는 모습으로 그려집니다. 하얗게 칠한 얼굴의 한줄기 눈물 자국은 만만치 않은 세상살이의 어려움을 보여줍니다. 눈물을 흘리는 현실은 슬프지만 웃는 분장으로 공연하는 피에로의 모습에서 깊은 페이소스를 느낄 수 있다고 합니다.

앵무새나 구관조와 같은 새는 사람이나 다른 새의 목소리를 흉내 내는 능력이 있습니다. 앵무새(parrot)는 '광대처럼 사람 말을 따라 하는 새'라는 의미에서 나왔는데, 피에로(Pierrot)에서 만들어진 말입니다.

WORDS

humor 유머, 해학   out of humor 불쾌해서   wit 위트, 재치   pathos 페이소스 (연극에서) 비애를 느끼는
Pierrot 피에로   clown 어릿광대   parrot 앵무새

21 카노사의 굴욕

humble은 '땅에 다다를 때까지 자신을 한껏 낮추는' 이란 의미에서 '검소한, 겸손한, 주제넘지 않은, 조심성이 있는'의 뜻도 만들어냅니다. 이러한 의미가 있는 humble은 어느 정도 긍정적인 의미를 가진다고 볼 수 있습니다.

- **Humble** men are very fortunate, for the Kingdom of heaven is given to them.
  겸손한 사람들은 행복하다. 천국이 그들에게 주어지기 때문이다.

- **Humble** attitude is the first essential to success. 성공에는 겸손이 가장 먼저이다.

humble은 의미가 한 단계 더 나아가서 '(신분이) 천한, 비천한, 시시한, 물건이 변변치 않은, 하찮은'이란 부정적인 뜻도 있습니다. 여기에서 humble은 '하늘보다 낮은 땅'이라는 의미에서 나온 것입니다. 권위 있는 자는 하늘에 가깝지만, 땅에 가까운 자는 '태생이 비천하고(of low birth) 신분이 낮은 (of low rank)' 사람들입니다.

- **humble** occupation 미천한 직업

'자신을 낮추다'라는 뜻인 humble에서 나온 humiliate는 '수치심을 주다, 굴욕감을 느끼게 하다, 창피를 주다'의 뜻입니다. 'humble하게 만들다(ate)'라는 의미인데, 다른 사람을 땅에 내동댕이치면서 경멸하거나 멸시하는 모습입니다. humiliating은 '면목없는, 굴욕적인'이라는 뜻으로, humiliation은 '굴욕, 수치'라는 뜻으로 쓰입니다. 중세 시대에 무릎을 땅에 꿇는다는 것은 절대적 복종과 항복을 뜻하는 것입니다. humiliation은 마음에 들지 않는 상대에게 무릎을 꿇는 모습의 굴욕적인 느낌을 전달합니다.

- This punishment is a form of public **humiliation**.
  이 벌은 공개적인 창피를 주는 형태이다.

- They suffered the ultimate **humiliation** of defeat by their oldest enemies. 그들은 오래된 적들로부터 패배의 굴욕의 극치를 겪었다.

중세 봉건주의 시대에 장원마다 가톨릭 교회가 세워졌고, 교회에는 성직자들이 필요했습니다. 성직자들은 지휘계통상 로마 교회의 명을 받아야 했지만 정작 성직자의 임명권은 세속군주가 가지고 있었습니다. 교황 그레고리우스(Gregorius) 7세는 당시 교회의 극심한 부정부패와 타락의 원인이 군주의 서임권 때문이라고 생각했습니다. 그는 성직자의 결혼과 성직 매매를 금지하고, 성직임명권을 교회가 갖겠다고 공포합니다.

이에 신성 로마제국의 황제 하인리히(Heinrich) 4세가 반발하면서 교황과 황제의 일대 결전이 벌어지게 됩니다. 하인리히 4세는 보름스에서 제국국회를 소집, 교황 그레고리우스 7세를 폐위한다고 선언합니다. 교황은 이에 맞서 하인리히 4세를 파문해 버립니다. 가톨릭 세계에서 파문은 완전 추방을 뜻하는 것으로 매우 치명적인 조치입니다. 성직자들은 물론 제후와 신하들까지도 교황과 손잡고 황제를 퇴위시키고자 들고 일어나게 됩니다. 이에 당황한 하인리히 4세는 굴복을 인정하고 이탈리아 북부의 카노사(Canossa) 성에서 휴양 중이던 교황을 찾아갔습니다. 성 밖의 앞 눈 속에 맨발로 꿇어앉아 3일 밤낮을 빌어 겨우 교황의 용서를 받게 됩니다. 카노사의 굴욕(Humiliation at Canossa, 1077년)이라 불리는 이 사건은 중세 가톨릭과 교황의 힘을 상징적으로 보여주는 사건이었습니다. 교황은 황제보다도 우월한 정도의 막강한 권위를 바탕으로 중세 말기에 2세기에 걸친 십자군 운동을 주도할 수 있었습니다.

inhume은 '땅(humus) 안으로(in)'라는 뜻이 되어 '매장하다, 묻다(bury)'라는 뜻입니다. 반대로 exhume은 '땅(humus)에서 밖으로(ex)'라는 뜻이 되어 '(특히 시체를) 발굴하다, 폭로하다, (숨은 인재를) 찾아내다'라는 뜻으로 쓰입니다. posthumous는 '땅(humus)에 묻힌 후에(post)'라는 뜻에서 '사후의, 유복자로 태어난, 사후에 출판된'이라는 뜻으로 쓰이게 됩니다. 위의 단어들을 그냥 외우려 하면 감이 잡히질 않을 정도로 어려운 단어라고 할 수 있습니다. 흔하지 않은 단어임에도 불구하고, 어근의 뜻을 잘 알고 있으면 대략적인 의미를 유추할 수 있습니다.

WORDS

humble 검소한, 겸손한, 미천한　humiliate 수치심을 주다　humiliating 면목없는　humiliation 굴욕
inhume 매장하다　exhume 발굴하다, 폭로하다　posthumous 사후의

22. 1월은 야누스(Janus)의 달

야누스(Janus)는 문을 지키는 '수호신'으로, 그리스 신화에 대응하는 신이 없는 유일한 로마의 신입니다. 문의 이쪽을 '안', 저쪽을 '밖'이라고 하듯이, 한쪽의 끝과 동시에 다른 한쪽의 시작을 나타냅니다. Janus는 흔히 한쪽은 앞을 보고, 다른 쪽은 뒤를 바라보는 2개의 얼굴을 가진 모습으로 뒤통수가 없습니다.

과거와 미래를 동시에 볼 수 있었기 때문에, 시작과 끝을 주재하는 신이기도 했습니다. 야누스는 모든 사물과 일출, 일몰, 계절의 시초를 주관하는 신으로 숭배를 받았습니다. 문은 모든 행동의 시초를 상징하므로, 모든 종교의식에서 여러 신 가운데 가장 먼저 제물을 받았습니다.

1월(January)은 지난해를 마감하면서 새로운 한 해를 시작하므로 두 얼굴을 가진 달입니다. 새해 첫날은 지난 한 해를 돌아보고 반성하며 자신이 이룬 것들과 아직 이루지 못한 목표들을 생각하는 날입니다. 1월을 뜻하는 January는 'Janus 신에 속하는(ary)' 이라는 의미에서 '야누스의 달'이란 뜻이 있습니다.

- **The month of January was named after a Roman god Janus.** January는 로마의 신 야누스의 이름에서 유래했다.

세계 3대 미항(美港)으로 이탈리아의 나폴리, 호주의 시드니 브라질의 리우데자네이루를 꼽습니다. 리우데자네이루(Rio de Janeiro)는 '1월(Janeiro)의(de) 강(Rio)'이란 의미입니다. 이곳을 최초로 발견한 포르투갈의 항해사가 바다 만의 입구를 강어귀로 착각하였고, 시기적으로도 1월에 발견해서 이런 이름이 붙었다고 합니다. 동쪽은 대서양에 면해 있고, 서쪽은 해발고도 700m가 넘는 가파른 산지가 시의 배경을 이루고 있습니다. 시가는 눈 부신 태양과 모래 해변을 끼고 있는 코파카바나 비치와 이파네마 해안을 따라 좁고 길게 뻗어 있습니다. 높이 약 700m의 코르코바도 산의 꼭대기에 세워져 있는 거대한 그리스도상은 리우의 상징입니다.

'리우 카니발(carnival)'은 독일 뮌헨의 맥주 축제인 옥토버페스트, 일본의 삿포로 눈 축제와 함께 세계 3대 축제로 불립니다. 해마다 기독교도들이 육식을 금지하는 사순절 직전인 2월 말부터 3월 초 사이의 열리는 대중적 축제로 4일간 계속됩니다. '리우 카니발'은 리우데자네이루 시민들의 축제일뿐만 아니라 전 세계 관광객이 참여하는 세계적으로 인기 있는 축제입니다. 리우데자네이루는 삼바 춤과 보사노바 음악이 탄생된 도시이기도 합니다.

Rio는 스페인 말로 강(river)이란 뜻입니다. 미국 사람들이 말하는 리오 그란데(Rio Grande) 강을 멕시코 사람들은 'Rio Bravo'라고 합니다. Rio Bravo는 '용기의 강, 용기가 필요한 강, 목숨을 걸어야 할 강'이란 뜻입니다. 많은 멕시코 사람들이 목숨 걸고 이 강을 건너서 미국으로 밀입국합니다.

January와 같은 영어에 같은 어원을 가진 단어로는 janitor가 있습니다. janitor는 건물 입구에서 그 건물을 지키는 사람으로 '수위, 건물관리인, 문지기(doorkeeper)'란 뜻입니다. 이들은 건물의 청소뿐만 아니라 여러 가지 간단한 수리를 하기도 합니다.

- Before he became the king of rock, he had worked as a **janitor** of an apartment building. 록의 황제가 되기 전에 그는 아파트 수위로 일하였다.

Janus-faced(야누스의 얼굴을 가진)이란 말은 '사람을 속이는, 변덕스러운, 겉과 속이 다른' 등의 의미를 가집니다. 앞면과 뒷면이 각각 다른 두 얼굴을 지닌 모습에 빗대어 행동과 말이 다른 '이중인격자'라는 나쁜 의미의 비유로도 쓰입니다. 인류는 평화를 주장하면서도 끊임없이 전쟁을 일으키듯이, 두 가지의 서로 모순되는 태도나 양면성을 보이기도 합니다.

WORDS

Janus 야누스, 두 얼굴의 문을 지키는 수호신 January 1월 river 강 janitor 수위, 관리인 Janus-faced 야누스의 얼굴을 가진, 겉과 속이 다른

23 Master의 어원은 5월(May)

5월이란 뜻의 May는 로마 신화의 '성장과 번식의 신 (goddess of increase)'인 Maia에서 나온 말입니다. May는 꽃들이 만발하고, 모든 식물이 잘 자라는 달이며, '청춘, 한창'을 뜻하는 말로도 쓰입니다. Maia라는 여신의 이름은 라틴어에서 '크다, 위대하다 (great, large, more, growth)'라는 뜻의 magnus라는 개념을 만들어 냅니다. 형용사 magnus의 비교급은 maior이고 최상급은 maximus입니다. 여기서 파생한 단어로 magnify(확대하다), major(주요한), mayor(시장, 읍장), maximum(최대), maxim(금언) 등이 있습니다.

master는 '내 옆에 서 있는(st=stand) 큰(ma) 사람(er)'이라는 의미에서 '고용주, 군주, 지배자'와 같은 우두머리나, '교장, 선장이나 장군'처럼 어떠한 일에 권한을 가진 사람을 가리킵니다. master의 어원은 앞에서 설명했듯이 '위대한'이란 뜻의 라틴어 magnus에 바탕을 두고 있습니다. 노예제가 행해지던 시대에서 master는 절대적으로 받들어 모셔야 할 '주인'을 의미했습니다.

- Dogs are faithful to their **masters**. 개들은 주인에게 충직하다.

master는 특정한 기술이나 능력을 자유롭게 사용하는 사람이란 의미에서 '달인, 명인, 정통한 사람'의 의미로도 쓰입니다. 흔히 어떤 것에 완전히 숙달하여 자신의 것으로 만들었을 때 '마스터했다'라고 표현합니다. 어떤 기술을 통달하여 그 기술에 대한 지배권을 가진 '주인'이라는 뜻입니다.

- The best way to **master** a foreign language is to go to the country where it is spoken. 외국어를 마스터하는 가장 좋은 방법은 그 언어가 통용되는 나라에 가는 것이다.

중세(medieval) 도시의 상인들과 수공업자들은 활동의 규모가 커지자 길드(guild)라는 조합을 만들었습니다. 도시에는 금세공인, 대장장이, 재봉사, 비단상인, 포목상, 생선장수, 모피상, 소금상인, 잡화상인, 채소상인, 가구업 등과 같은 조합이 있었습니다. 수공업자 조합은 동업자 간의 경쟁을 피하고, 다른 도시의 수공업자와의 경쟁으로부터 자신들을 보호하려는 것이었습니다. 동업 조합은 생산에 대한 독점권을 가지고 생산과 판매를 엄격하게 통제하였습니다.

- After his apprenticeship, he was able to join the blacksmiths' **guild**. 견습 과정 후에 그는 대장장이 단체에 가입할 수 있었다.

당시 수공업자들은 장인(master), 직인(journeyman), 도제(apprentice)라는 직분으로 구분되었습니다. 장인은 그 직종에 있어서는 최고의 기술자를 뜻했으며, 한 두 명의 직인과 도제를 거느렸습니다. 수공업자 길드에는 장인만이 가입할 수 있었습니다. 길드에 속하지 않은 사람은 물건을 만들지도 시장에 제품을 판매할 수도 없었습니다.

- His book reveals him to be an **apprentice** rather than a mature artist. 그의 책은 그가 숙달된 작가이기 보다는 견습생임을 드러냈다.

당시 장인과 도제나 직인의 관계는 고용자와 피고용자의 관계가 아니라 스승과 수제자의 관계였습니다. 도제는 장인의 집에서 숙식을 하며, 보수도 없이 평균 7년 정도는 수련을 쌓아야 직인이 될 수 있었습니다. 직인이 되어 본격적인 기술은 연마한 후, 손수 만든 제품을 길드에 제출하여 심사에 합격하면 장인으로 인정받게 됩니다. 이 작품을 마스터피스(masterpiece)라고 하였는데 이후 '걸작, 명작'이라는 뜻으로 쓰이게 되었습니다.

- The chef's cake was a **masterpiece**. 그 요리사의 케이크는 걸작이었다.

결혼식이나 TV 예능 프로그램에서 행사(ceremonies)를 진행하는 사회자를 MC라고 하는데, master of ceremonies의 약자입니다.

- **MC(master of ceremonies)**: The person who introduces the performers in a TV show. (TV쇼에서 출연자를 소개하는 사람)

- The **master** of ceremonies dragged her onto the stage for another bow.
  사회자는 다시 한 번 인사를 위해 그녀를 무대 위로 끌어올렸다.

관현악단의 맨 앞줄 중에서도 지휘자의 바로 왼쪽 자리에 위치하며, 연주에서 주도적인 역할을 하는 제1바이올린 수석 주자를 콘서트 마스터(concert master, 악장)라고 합니다. 전 단원을 대표하면서 지휘자를 보좌하고, 지휘자와 악단 사이의 의사소통을 도모하는 역할을 합니다. 연주가 끝나면 지휘자는 악장과 악수를 나누는데, 관현악단 전체와 인사하는 것으로 간주됩니다. 특별한 지정이 없는 한 보통 관현악곡 중의 바이올린 독주부는 보통 콘서트 마스터가 연주합니다. 악장을 이탈리아에서는 'spalla d'orchestra'라고 부르는데, '관현악단의 어깨'라는 뜻입니다. 뛰어난 독주 기량은 물론 앙상블을 잘 이끌어가는 리더십이 필수적인 만큼 책임이 무겁다는 뜻입니다.

대학에서 학사는 bachelor, 석사는 master, 박사는 doctor 라고 합니다. 석사(master)는 대학원의 석사 과정을 마치고 규정된 절차를 밟은 사람에게 수여하는 학위이며, 영어로 master's degree 또는 줄여서 master라고 합니다.

르네상스 시대의 이탈리아인들은 예술의 '대가, 거장, 명인'을 maestro(마에스트로)라고 불렀습니다. 이탈리아어 maestro는 영어의 master에 해당하는데, '배울게 많은 위인, 대 음악가, 위대한 작곡가, 교사, 연주자, 지휘자'라는 뜻을 담고 있습니다.

- At that time, nearly all classical musicians and critics considered Toscanini the greatest living **maestro**. 그때 당시에 거의 모든 클래식 음악가들과 비평가들은 토스카니니를 현존하는 살아있는 최고의 명 연주자라고 여겼다.

Mister는 master에서 파생되었는데, '(호칭) ~씨, ~군, 남편' 등을 뜻하며 축약해서 Mr.라고 씁니다. Mrs.(미세스)는 기혼여성에게 붙이는 말로 '부인, 여사' 등의 뜻입니다. Mrs.의 어원을 살펴보면 '남편(Mr.)의 것, 남편(Mr.)의 소유'라는 의미입니다. 서양도 오래전부터 남성 중심의 사회였음을 이 호칭에서 확인할 수 있습니다.

Miss는 미혼여성의 이름 앞에 붙이는 것으로 '(호칭) ~양, 아가씨' 등의 뜻이 되었습니다. Miss는 mister의 여성형인 mistress(여사, 여주인)의 준말입니다. Miss의 어미인 -ess는 여러 단어에 붙어 여성형을 나타내는 말이 됩니다. 스튜어디스(stewardess)나 여배우를 뜻하는 actress 등이 있습니다. 요즘은 여권신장 운동의 하나로 미혼, 기혼의 차별 없이 여성의 호칭을 Ms(미즈)로 통일하자는 붐이 일었고, 유엔에서도 이를 공식적으로 인정했습니다.

WORDS

May 5월   magnus 큰, 위대한   master 지배자, 주인, 장인, 석사   guild 길드, 조합   apprentice 도제   masterpiece 마스터피스, 명작   MC (=master of ceremonies) 진행자   concert master 악장   bachelor (대학) 학사   doctor 박사   maestro 마에스트로, 대가, 지휘자   Mister (=Mr.) (남자) ~씨, ~군   Mrs. (기혼여성) ~부인   Miss (미혼여성) ~양, 아가씨

보스(boss)는 미국에서 만들어졌다.

18세기 내내 미국과 영국은 사이가 나빴습니다. 거대한 식민지 땅을 놓친 영국이나 힘겹게 독립을 쟁취한 미국이나 서로 감정이 좋지 않았습니다. 미국인들은 차(tea) 대신에 커피를 즐긴다든지 영국식 문화를 배척하는 경향이 강했습니다. 미국인들은 새로운 희망을 찾아 고향 땅인 유럽을 등지고 미대륙으로 이주한 사람들입니다. 지구의 반대편에 있는 땅으로까지 떠나고 싶었다면 그들은 분명 보통사람들은 아니었을 것입니다.

사실 미국인들은 구대륙의 귀족제도나 봉건적인 질서에 크게 반발했던 사람들이었습니다. 봉건적인 주종관계로부터 압박받는 신분에서 벗어나 자유를 갈구했던 사람들이었습니다. 그들은 영국을 주인으로 섬겨온 데 따른 반발감으로 '주인님'이라고 해석할 수 있는 master와 같은 말은 꺼렸습니다. master라는 말의 저변에 남의 집에서 시중을 드는 노예(slave)라는 뉘앙스를 담고 있기 때문입니다.

- A servant is only as honest as his **master**.
  종은 주인만큼만 정직하다. (윗물이 맑아야 아랫물이 맑다.)

그러나 master라는 말이 달갑지 않더라도 실제 생활에서는 같은 의미로 사용할 수 있는 말이 필요했습니다. 그러던 중 같은 의미로 네덜란드 이주민들이 쓰던 말 baas를 빌어와서 boss라는 미국식 영어를 만듭니다. boss는 미국에서 만들어져서 널리 쓰이는 단어로, 가장 미국적인 영어표현 중 하나가 되었습니다. 회사에서 얼마간의 급여를 지불함으로써 충성과 복종을 이끌어는 '직속상관, 상사, 사장님, 감독'이라는 의미로 많이 쓰이고 있습니다. 참고로 master는 남성에게만 쓰지만, boss는 남녀 구별 없이 모두에게 쓸 수 있습니다.

- Her **boss** humiliated her in front of all her colleagues. 사장님은 그녀의 동료들 앞에서 그녀에게 굴욕감을 주었다.

처음에는 나쁜 의미는 없었으나, 19세기 들어 약간 부정적인 의미의 '우두머리'를 가리키게 되었습니다. 특히 마피아가 극성을 부린 20세기 초에는 아예 마피아 두목을 가리키는 말로 사용되었습니다. 지금은 정치계의 거물이나 암흑가의 실력자를 boss라 말하는 경향이 짙어졌습니다. 어쨌든 boss는 구대륙에 대한 미국적 반항의 흔적을 가지고 있는 미국 국적의 단어라고 할 수 있습니다.

- The difference between a **boss** and a leader 보스와 리더의 차이점
- A **boss** says, 'Go!' - a leader says, 'Let's go!' 보스는 '가라'라고 말하지만, 리더는 '같이 가자!'라고 말한다.

bossy는 '우두머리 행세를 하는, 다른 사람을 쥐고 흔드는'이라는 뜻입니다.

- Stop **bossing** me around. 이래라저래라 하지 마.

남자친구가 여자친구 하는 일에 사사건건 간섭할 때 쓸 수 있는 표현입니다.

- Okay, you are the **boss**. 뭐든지 다 할 테니 분부만 내리십시오.

직설적인 의미는 상대방에게 '형님'이라 부르며 '시키는 건 뭐든지 할게요.'라는 말입니다.

실제로는 반어적으로 '너한테 기대를 포기한다. 잘 되는지 한 번 두고 보자'라는 뜻을 표현하기도 합니다.

WORDS

master 주인   boss 상사, 감독   bossy 우두머리 행세를 하는

'깡패'는 원래 영어에서 온 말?

깡패(gangster)는 폭력을 쓰면서 못된 짓을 하는 싸움패나 불량배들을 가리킵니다. '깡패'는 원래 우리 말이 아니라 영어와 한자의 합성어입니다. '행패를 일삼는 범죄집단'이란 뜻의 갱(gang)과 '무리'를 뜻하는 '패(牌)'가 합쳐진 말입니다. 갱(gang)이라는 말은 노예, 죄수, 막벌이꾼 등과 같이 단순히 패를 지어 다니는 집단을 일컬을 때도 쓰입니다. 불량배나 범죄자에 해당하는 정확한 영어는 갱스터(gangster)입니다.

- The **gangsters** would punch the guy with his fist. 갱 무리는 주먹으로 한 사내를 쳤다.

지중해가 표시된 지도를 펴보면 유럽대륙에서 지중해(Mediterranean Sea)로 삐죽 튀어나와 있는 반도(peninsula)가 이탈리아와 그리스입니다. 지중해 중앙에는 마피아의 고향이라고 알려진 작은 섬 시칠리아(Sicily)가 있습니다. 이탈리아 반도는 장화 모양이라고 하고, 시칠리아 섬은 장화로 걷어차기 직전의 축구공 모양을 하고 있다고 합니다.

시칠리아 섬은 19세기 후반 이탈리아에 합병되기까지 무수한 외침과 타민족의 지배를 받으며 살아왔습니다. 유럽 최고의 전략적 요충지이기 때문에 고대에서 근대에 이르기까지 로마제국, 터키제국, 스페인, 게르만 등 여러 강국의 침략이 빈번했습니다. 외부 세계를 배타적으로 경원시하고 내부 결속을 중시하는 분위기는 마피아에도 그대로 이어집니다. 마피아(Mafia)는 시칠리아 섬을 지배하던 외세에 맞서 싸우던 소규모 비밀 조직에서 비롯되었다고 합니다. 외세의 지배에 반항하던 토종 깡패에서 출발하여 현재의 세계적 범죄조직으로 성장하게 되었다는 것입니다.

1882년 시칠리아 섬의 가난한 농민들이 압제자들에 대항해 일어나는 사건이 발생합니다. 오페라로도 만들어졌던 〈시칠리아의 만종〉이라는 반란입니다. 한 프랑스 병사가 결혼을 앞둔 신부를 폭행한 사건이 발생하자, 이에 항의하기 위해 저항운동을 벌입니다. 프랑스군 막사를 습격하는 일이 곳곳에서 벌어졌고 수천 명의 프랑스 병사가 살해당했습니다.

'Morte Alla Francia, Italia Anela!(프랑스인을 죽여라, 이것은 이탈리아인의 절규다!)'라는 슬로건(slogan)이 만들어졌습니다. 마피아(MAFIA)는 이 슬로건의 머리글자를 모은 것입니다. 마피아는 가난한 시칠리아 인을 보호하고 외국인 배척하는 비밀조직이란 뜻에서 비롯되었습니다.

반면 미국 마피아는 19세기 무렵부터 시카고, 뉴욕, 뉴올리언스 등지에 이탈리아 농민의 대량이주로 생겨났습니다. 1920년대의 마피아를 급성장할 수 있게 한 배경은 바로 금주령이었는데, 술의 밀조·밀매로 막대한 이익을 얻습니다. 암살, 마약, 밀수, 도박, 살인 등으로 번 돈을 술집, 레스토랑, 흥행, 도박사업 등에 다시 투자하여 기업 형태의 조직을 이루어 활동하기도 합니다. 미국 전체에 24개의 커다란 '패밀리'가 있으며 그 주요한 대표자들로 이루어지는 커미션(전국위원회)은 조직 간의 분쟁을 조정한다고 합니다.

- The **Mafia boss** ordered his enemies murdered.
  그 마피아 두목은 그의 적들을 살해하라고 명령했다.

WORDS

gangster 깡패. 불량배   gang 갱. 패거리   Mafia 마피아

우리의 뇌는 정보를 어떻게 저장할까요?

암기(memorization)라는 말을 사전에서 찾아보면 '외워 잊지 아니함'이라고 설명되어 있습니다. 영단어를 암기한다는 것은 영어 단어에 대한 정보를 두뇌의 어딘가에 기록해두는 일입니다.

무엇을? 영어 단어에 대한 정보를
어디에? 두뇌의 어딘가에

두 가지 포인트를 잘 따져보아야 효과적으로 영단어를 암기할 수 있습니다. '무엇을'에 해당하는 것은 잠시 뒤로 미루고, '어디에'에 해당하는 것, 두뇌에서 벌어지는 기억 메커니즘(mechanism)을 생각해봅시다. 효과적인 단어학습법을 찾기 위해 먼저 우리의 뇌가 어떻게 정보를 처리하는지부터 살펴봐야 합니다. 심리학에서 두뇌의 기억장치는 감각기억, 단기기억, 장기기억의 세 가지 공간으로 이루어져 있다고 봅니다.

기억이라는 단계에 들어가기 전에 먼저 대상을 시각과 청각을 통해 인지합니다. 감각기억(sensory memory)은 시각이나 청각을 통해 들어오는 정보를 아주 짧은 시간 동안 저장하는 장소입니다. 인간의 눈에는 최소 7700만 개 이상의 시감각 세포가 있는데, 초당 24개의 이미지를 인식합니다. 이런 이유로 영화의 프레임 수가 초당 24컷입니다. 정지된 사진을 초당 24컷 이상 보여주면 인간은 끊어짐을 느끼지 못하고 연속된 동작으로 착각하게 됩니다. 하지만 감각기억은 스틸 컷 사진을 계속해서 찍어 대는 과정과 같습니다. 휘발성이 높아 금세 사라지기 때문에 기억이라고 하기에는 송구스러울 정도입니다.

감각기억에 있는 정보에 우리가 주의를 기울이면 단기기억(short-term memory)으로 넘어가게 됩니다. 하지만 단기기억도 5~9개 정도의 정보만 유지할 정도로 저장용량이 매우 제한적입니다. 감각기억보다는 우수하지만, 지속시간이 겨우 20초에 지나지 않는 매우 성능이 낮은 기억시스템이다. 단기기억에 있는 정보를 장기기억으로 옮겨내지 못하면 새로 입력되는 정보로 대체되어 기억에서 사라지게 됩니다.

단기기억에 있는 정보를 반복해서 학습하게 되면 장기기억(long-term memory)으로 옮겨낼 수 있습니다. 우리가 단어를 외운다는 것은 결국 이 과정을 말하는데, 매우 힘든 작업입니다. 장기기억은 인간이 살아가면서 다 담을 수 없을 정도로 무한대에 가까운 기억용량을 가지고 있습니다. 그리고 한번 장기기억으로 넘어간 정보는 대뇌(cerebrum)라는 영역에 비교적 영속적으로 저장됩니다. 대뇌는 뇌 대부분을 차지하는 중추신경계의 중추로 운동, 감각, 언어, 기억 기능을 수행하는 기관입니다. 인간이 다른 동물과 다르게 고등한 정신활동을 할 수 있는 것은 유일하게 대뇌가 발달되어 있기 때문입니다.

컴퓨터에는 RAM이란 기억장치가 있는데, 이것은 처리속도가 매우 빠른 장점이 있습니다. 하지만 전원을 끄게 되면 모든 기억이 사라져 버리는 치명적인 단점이 있습니다. 그래서 컴퓨터에는 영속적으로 정보를 저장하기 위해서 CD-ROM이나 하드디스크와 같은 저장장치가 필요합니다.

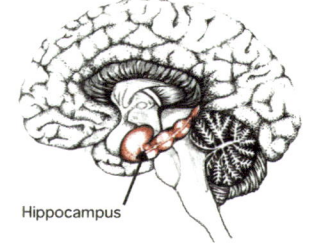

단기기억은 두뇌 내에서 소위 말하는 해마(hippocampus)라는 곳에서 처리합니다. 해마는 측두엽 안쪽 깊숙한 곳에 자리한 영역입니다. 해부학적인 생김새가 긴 꼬리를 가진 바닷물고기 해마(海馬)와 비슷하게 생겼기 때문에 붙여진 이름입니다. 해마에 저장된 기억은 순식간에 사라져 버리고, 다시 꺼낼 수 없습니다. 우리가 기억한다는 것은 머릿속에 차곡차곡 담기 위해서가 아니라 필요할 때 꺼내 쓰기 위함입니다. 해마에 저장된 정보는 꺼낼 수 없습니다.

단순히 영어와 한글을 초당 수십 회씩 반복해서 보여주는 학습법은 원리적으로 감각기억만을 이용하는 것입니다. 해마 영역만을 이용해서 학습하는 방법도 장기기억이 불가능합니다. 언뜻 들으면 기가 막힌 학습법이라 생각될 수 있지만, 외우고 나서 돌아서면 금세 무엇을 외웠지 하고 오히려 절망감을 안겨주게 됩니다. 인간의 고등한 사고능력을 활용하여 단어를 학습해야 언제든지 정보를 빼 쓸 수 있게 됩니다. 그래서 이를테면 책을 읽는다든지 해서 문화를 습득하듯 단어의 개념을 쌓아가야 한다고 많은 언어학자가 이야기합니다. 이 과정을 보다 효율적이고 본인에게 더 적합한 방법으로 하는 것이 경쟁력입니다.

단어의 의미를 깊이 처리해야 합니다

앞에서 설명한 두뇌가 정보를 처리하는 메커니즘을 바탕으로 다음과 같은 단어학습 원리를 발견할 수 있습니다. 첫째, 단어의 의미를 깊이 처리해야 합니다. 단어 하나를 안다는 것은 세상에 대한 관점이 하나 생기는 것입니다. 동시대를 살아가는 많은 사람이 함께 참여해서 단어 하나에 어떤 의미를 담아냅니다. 또 그 단어는 이전 사람들이 경험했던 지식이나 느꼈던 감정이 켜켜이 쌓여서 만들어진 결정체이기도 합니다. 하나의 단어는 역사적, 사회적, 문화적 배경을 가지고 있기에 단순히 사전적 의미만을 외운다고 알 수 있는 것이 아닙니다. 더군다나 영어 단어는 우리의 것이 아니라 외국 사람의 것이기 때문에 더욱더 어려운 것입니다.

많은 사람들이 영어단어는 자투리 시간에 대충 혼자 외우는 거라고 합니다. 한 아이가 학원에서 숙제를 받아왔는데, 5살짜리 어린아이가 처리하기에는 몹시 어려운 단어들이었습니다. 그중의 하나가 string instrument(현악기)이었습니다. string instrument도 어려운 단어이지만, 정작 그 해석인 현악기도 어려운 한국말입니다. 정작 그 아이에게 string이 무엇인지, 현(絃)이 무엇인지 가르쳐주는 사람은 없고 달달 기계적으로 외우라고만 합니다. 이 포인트가 바로 영어가 무너지는 접점입니다. 영어는 결국 말인데, 말의 기본이 되는 단어의 뜻을 정교하게 이해하지 않고 진행하고 있습니다. 이런 상황이 누적되면 문장이나 문법에 가서 더욱더 어려운 고비가 오고 결국에는 영어가 싫어지게 됩니다.

string은 '끈, 실, 줄, (악기의) 현, 힘줄, 묶다'라는 뜻인데, 한자로는 '현(絃)'에 해당합니다. 바이올린이나 첼로와 같이 줄로 된 악기를 string instrument 즉, 현악기라고 합니다. '현(絃)'이란 뜻은 그냥 느슨하게 늘어져 있는 선(線)이 아니라 팽팽하게 당겨진 상태, 즉 장력이 있는 상태의 줄입니다. 원을 가로 지르는 직선이 있을 때, 두 교점의 곡선 부분을 호(arc)라고 하고 직선 부분을 현이라고 합니다.

- He put new strings on his guitar. 그는 기타에 새 줄들을 달았다.

'강한'이란 뜻의 strong은 원래 '단단히 묶인'이란 뜻에서 시작되었으며, string에서 유래되었습니다. 스트레스(stress)는 만병의 근원이라고 합니다. stress는 'string에 strong하게 묶여 있다'라는 의미에서 '긴장, 압박, 강제, ~에 강세를 붙이다'라는 뜻으로 쓰입니다. strangle은 '줄(string)로 강하게 묶다'라는 의미에서 '목을 졸라 죽이다, 교살하다, 질식시키다'의 뜻으로 쓰입니다.

- Getting enough rest is the best way to get rid of stress. 충분한 휴식이 스트레스 해소에 가장 좋은 방법입니다.

- He strangled her to death with a nylon stocking. 그는 그녀를 나일론 스타킹으로 교살시켰다.

string이란 단어 하나를 정교하게 이해하면서 암기를 해봅시다. 전혀 상관없어 보이는 strong, stress와 매우 어려운 수준의 단어인 strangle까지 외워지게 됩니다. 더군다나 이들 단어가 내 머릿속에서 서로 뿔뿔이 흩어져 있는 것이 아니라, 서로 긴밀하게 연결되는 느낌이 오는지요? 단언컨대, 단어를 반복 암송하는 것만으로는 기억에 그다지 도움이 되지 않습니다.

크레이크와 록하트(Craik & Lockhart, 1972)는 기억에 있어서 중요한 것은 정보의 암송 기간이 아니라 그 정보가 처리되는 깊이라고 주장하였습니다. 이 이론을 정보 처리의 깊이(depth of processing)라고 부르는데, 재료를 심도 있고 의미 있는 방식으로 암송해야만 기억을 증진시킬 수 있다는 설명입니다. 언어학자들이 '단어는 문장이나 문맥을 통해서 외워라'하는 이유가 바로 여기에 있습니다. 문장을 통해 단어의 의미를 깊이 생각하는 과정이 바로 기억의 가능성을 결정합니다. 앞서 설명한 string의 예와 같이 의미상으로 연결된 단어들을 함께 공부하는 방식으로 단어를 깊이 처리하는 것이 매우 효과적입니다.

03 다양한 감각을 활용해야 합니다.

• A human being has five senses.

인간은 오감(五感)을 가지고 있다고 합니다. 오감(五感)이란 인간이 느끼는 '사물을 분별하는 다섯 가지 감각'을 말합니다. 귀로는 소리를, 코로는 향기를, 눈으로는 모양을, 입으로는 맛을, 손으로는 감촉을 느낍니다. '감각, 느낌'을 영어로 센스(sense)라고 합니다. sense는 '느낌, 감각'을 뇌로 보내지는 것으로 생각하여 '보내다'의 뜻인 send에서 만들어진 말입니다.

잠깐만요! 한가지 짚고 넘어갈게요. sense를 '감각, 느낌'이라고 기계적으로 외우는 것보다, send와 연관시키니까 훨씬 기억에 많이 남지 않으신지요?

인간은 정보를 입력할 때 다양한 수단을 활용할 수 있습니다. 글자를 읽고, 소리를 듣고, 사진을 볼 수 있습니다.
또 있나요? 영화 같은 경우는 정지된 사진이 아니라 보고 들을 수 있는 동영상입니다.
또 있나요? 인간은 스스로 말할 수 있습니다.
또? 인간은 말하고 행동할 수 있습니다.

심리학자들이 여러 가지 수단을 동원하여 사람들에게 정보를 기억시키는 실험을 했습니다. 2주 후 기억하는 경향을 분석한 결과 다음과 같은 결론을 얻었습니다.

- 우리가 말하고 행동하는 것의 90%
- 우리가 말한 것의 70%
- 우리가 보고 들은 것의 50%
- 우리가 본 것의 30%
- 우리가 들은 것의 20%
- 우리가 읽은 것의 10%

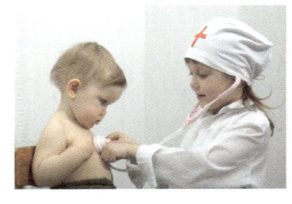

말하고 행동하면서 배우는 학습방식을 몰입형(immersion)이라고 합니다. 도국어를 습득하는 방식으로 자연스럽게 배워나가는 것이 몰입형 학습입니다. 왜 한국인은 한국어는 쉽게 배우는데, 영어는 배우기 어려울까요? 우리가 한국이라는 문화적 환경 안에서 살고 있기 때문입니다. 언어라는 것은 역사적, 사회적, 문화적 배경을 가지고 있습니다. 아이에게 단어는 문화로 들어가는 첫걸음입니다. 이해와 공감이라는 과정을 통해 문화를 흡수하듯 단어를 학습하도록 해야 합니다.

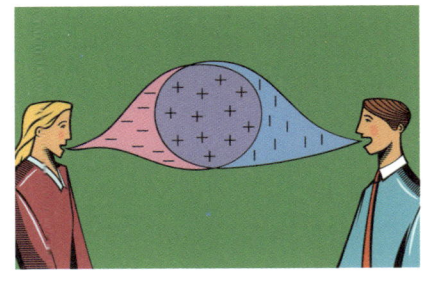

실질적으로 우리가 말하고 행동하면서 배우기에는 많은 제약이 따릅니다. 그렇다고 단순히 영어와 한글 뜻을 반복해가면서 읽는 방식을 고수하는 것은 미련한 짓이라고 할 수 있습니다. 가능하면 글자를 읽고, 소리를 듣고, 감각적인 사진을 보고, 동영상을 시청하고, 소리 내어 말하는 방식을 동원해야 합니다. 문자로 된 단어는 언어정보만을 활용하지만, 사진과 함께라면 시각정보, 소리가 더해지면 청각 정보가 함께 처리되어 더 기억이 잘 됩니다. 발음을 스스로 따라 한다면 자기가 말한 것을 듣게 되고, 또 행동하면서 익히는 활동이라 할 수 있습니다. 아직도 기본영어나 종합영어 방식으로 무조건 반복적이고 기계적으로 외우고 있는 것은 미련한 방식입니다.

04 단어와 관련된 많은 기억 단서를 만들어야 합니다.

'배운다는 것은 당신이 이미 아는 것을 찾아내는 것이다. 행한다는 것은 당신이 알고 있다는 것을 증명하는 것이다.' 〈갈매기의 꿈 Jonathan Livingston Seagull〉을 발표함으로써 세계적인 작가로 이름을 떨친 리처드 바크 (Richard Bach)의 말입니다.

인간은 과거의 경험을 바탕으로 하여 자신의 행동양식을 변화시킴으로써 항상 발전시켜 나가는 능력을 갖추고 있습니다. 이 과정을 학습(學習)이라 하는데, 외부 세계에 대해 적응해 가면서 새로운 지식을 획득하는 과정입니다. 인간은 과거의 경험을 바탕으로 새로운 지식을 학습하고, 새로 획득한 지식을 자기 경험으로 쌓아갑니다. 새로운 경험을 통해 획득한 지식을 잊지 않고 외어 두는 과정을 기억(記憶)이라고 합니다. 정리하자면 학습이란 새로운 지식을 획득하는 것이고, 기억이란 획득한 지식을 유지하는 과정입니다. 학습과 기억은 상호 의존적이며, 변증법적인 통합을 통해 인간의 지적 활동이 형성됩니다.

학습이란 새로 배우게 된 지식과 과거에 알고 있던 기억 단서를 연결하는 과정이라고 할 수 있습니다. 기억이란 저장해둔 기억단서를 끄집어내는 과정입니다. 우리가 머리에서 정보를 찾을 때 하나씩 차례대로 찾는 것이 아니라 정보를 찾는 데 도움이 되는 기억단서를 이용하여 먼저 찾게 됩니다. 무엇을 떠올릴 때 막연하게 떠올리는 것보다 실마리가 있다면 그것을 통해 전체를 쉽게 떠올리게 되는 것은 누구나 경험하는 사실입니다. 따라서 학습을 할 때 다양한 방법을 사용하여, 가능한 좋은 기억단서를 만드는 것이 최선의 전략입니다. 마찬가지로 기억을 되살려 낼 때도 기억단서를 잘 만들어 두어야 합니다.

예를 하나 들어 보겠습니다. support를 사전에서 찾아보면 '지지하다, 지원하다, (금전적으로) 후원하다'라는 뜻이 나옵니다. 물론 이 단어 한 개만 외우는 것이 아니라, 이와 비슷한 수준의 단어 30개를 외우는 과정이라고 가정해봅시다. 기억 단서를 만들어 볼까요? 한국 축구팀은 12명이라고 합니다. 그라운드 밖에 1명의 선수가 더 있기 때문입니다. 12번째 선수가 바로 '붉은 악마(Red Devils)'입니다. 붉은 악마는 한국 축구 국가대표팀을 응원하기 위해 1995년 12월에 축구팬들에 의해 자발적으로 결성된 서포터들(supporters)입니다. support와 붉은 악마를 연결함으로써 초등학생도 쉽게 기억할 수 있는 단어가 됩니다.

절대로 'support=지지하다'식이나 의미파악이 어렵게 구성된 단순한 그림으로 단어 암기를 하시면 안됩니다. 더군다나 양질의 기억 단서가 아니라 한국말을 이러 저리 꼬아서 만든 학습법은 시간이 갈수록 학습자를 망치게 합니다. 처음 한두 개이면 모르겠는데, 기억해야 될 학습량이 많아지게 되면 기억 단서들끼리 충돌을 일으키게 되고 혼란스럽게 됩니다. 원할 때 마음대로 머릿속에서 찾아낼 수 없게 됩니다. 결국, 한국 사람은 순간적으로 인출해내는 활동인 말하기(speaking)와 쓰기(writing)에서 취약하다는 오명을 받게 되는 것입니다.

〈논어(論語)〉의 爲政篇(위정편)에는 다음과 같은 글이 나옵니다.

學而不思則罔 思而不學則殆 (학이블사즉망 사이불학즉태)
(배우기만 하고 스스로 생각하지 않으면 헛되고, 스스로 생각만 하고 배우지 않으면 위태롭다.)
배운다는 것은 옛것의 자기화 과정인데 생각하지 않으면 껍데기 지식에 불과하며, 실천의 과정이 더해져야 비로소 지식은 자신의 것이 됩니다. 지식은 배움이라는 '보편적 지식의 수용 과정'과 생각이라는 '자기 견해의 형성 과정'이 어우러져야 건강하고 생산적인 것이 됩니다. 학원에 다니면서 다양한 지식을 머릿속에 넣기만(學) 하고, 그것을 익히거나(習) 스스로 생각하지(思) 않으면 아무런 소용이 없습니다. 배우고 익히는 과정이 학습(學習)이며, 스스로 생각하는 과정이 기억(記憶)이라고 볼 수 있습니다.

05 나누어서 외우고 단잠을 자세요.

하루에 10끼를, 더 과장해서 100끼의 식사를 한꺼번에 먹을 수 있을까요? 물론 인간은 배가 터져서 죽기 전에 더는 먹는 것을 거부하게 마련입니다. 인간은 소화를 처리할 수 있는 용량에 한계가 있고, 소화시간도 절대적으로 필요합니다. 기계든 인간이든 용량 이상의 과부하는 문제를 일으킬 수밖에 없습니다.

누구든지 시험 전날에 공부해야 할 내용을 한꺼번에 외우는 벼락치기식 공부를 한 경험이 있을 것입니다. 실천하기 어렵겠지만, 공부해야 할 내용을 일정 분량으로 나누어서 공부하는 방식이 훨씬 더 효과적입니다. 수업시간에 배우는 교과 내용은 의미상으로 서로 연관되어 있으므로 벼락치기식 공부를 해도 어느 정도 기억을 되살려내는 데 도움을 줍니다. 하지만 영어 단어들끼리는 서로 독립적이어서 연관성이 없습니다.

한꺼번에 수백 단어를 외운다고 해도 절대 그 많은 내용을 다 기억할 수는 없습니다. 단어는 한 번에 많이 외우기보다는 조금씩 분산해서 꾸준하게 외워야 합니다. 꾸준하게 다양한 방식으로 반복하면서 외우는 것이 너무나도 당연한 비법입니다. 사실 실천하기 어려운 것인데요, 바로 이것을 실천하느냐 못하느냐가 영어 실력을 판가름하게 됩니다.

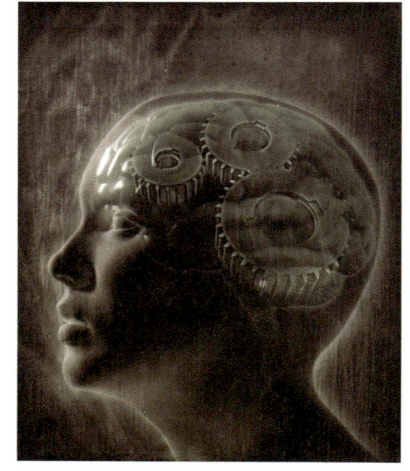

단기간에 수백 단어 식으로 마구잡이로 외우고 싶은 욕심도 나고, 또 많은 사람이 이 방식대로 학습하라고 현혹합니다. 하지만 한번에 수백 단어씩 암기가 가능하다는 주장은 전혀 과학적이지도 않고 마술에서나 가능한 얘기입니다. 마술은 불가사의한 일이 가능한 것처럼 보이지만, 재빠른 손놀림을 통한 속임수입니다. 한꺼번에 수백 단어씩 입력시키면 공부를 많이 했다는 만족감은 줄지 몰라도 그 기억이 오래 남지 않습니다. 단기기억에도 남지 않을뿐더러 대뇌에서는 잠을 자는 동안에 이뤄지는 장기기억화를 포기해버립니다. 결국 '공부를 해도 나는 안 되는구나!'하고 포기하게 하는 몹시 나쁜 방법입니다.

낮 동안에 한참 고민하고 있던 문제를 해결하지 못하다가 깨어나면서 답이 생각나는 경험을 하게 됩니다. 과학자들은 잠이란 것을 학습의 연장으로 봅니다. 사람은 낮에 경험하고 학습을 하는데, 이 과정으로 기억이 완성되는 것이 아닙니다. 잠을 자는 동안 두뇌에서는 기억 기능을 가동해 배운 것을 확실히 자신의 것으로 만들어 갑니다. 학습한 내용을 복습하면서 이것을 이해하기 쉬운 형태로 재구성하고, 뇌의 여러 가지 화학물질은 장기기억의 형성을 돕습니다.

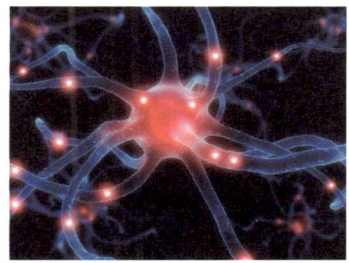

공부를 잘하는 학생은 공부도 많이 하지만, 잠도 아주 잘 잡니다. 우리가 정신 없이 자는 동안 두뇌는 깨어 있을 때만큼 중요한 일을 하게 됩니다. 잠이란 몸의 피로를 풀어주는 역할을 하지만 아주 중요한 학습의 도구이기도 한 셈입니다. 학습 뒤에 충분한 수면을 취한 사람들은 그렇지 않은 사람들보다 학습한 내용을 더 오래, 더 잘 기억합니다.

A

accompaniment	58
accompany	58
achieve	44
achievement	44
acknowledge	107
acquaint	113
acquaintance	113
acquainted	113
agnostic	114
amateur	64
antecede	228
antique	228
apply	99
apprentice	286
aquafarm	234
aqualung	234
aquamarine	235
aquaphobia	238
aquarium	129, 234
Aquarius	235
aquatic	234
aristocracy	67
arrow	206
assassination	217
astrology	224
auction	264
augment	262, 264
augur	263
august	265
author	264
authority	264
authorize	264
autocracy	267
autumn	262
auxiliary	265

B

baccalaureate	208
bachelor	208, 288
bait	190
bake	60, 200
bakery	60
ball	160, 177
ball	181
ballad	181
ballast	23
ballerina	183
ballet	183
balloon	161
ballot	179
ballroom	181
baseball	160
basketball	160
bathroom	172
bear market	192
bellow	165
belly button	163
belly dance	163
belly laughing	163
belly	163
bellyache	163
bi-	25
bicycle (=bike)	26
biennale	25
big push	247
bilingual	25
billow	165
binary (system)	25
binocular	25
biscuit	27
Black Friday Sales	100
blacksmith	149
blood circulation	248
Bohemian	79
boil	176, 197
bold	193
bon ami	64
bonus	64
borrow (=take)	65
boss	289
bossy	291
bow	206
bowl	171

bowling	103, 171	circus	249
bread	60	clang	165
breakfast	83	clapper	166
bromide	124	cleanse	203
bubble gum	205	clog	172
bubble	202, 204	clown	278
buffet	156	club	247
bulk	192	cognition	113
bull market	192	communism	269
bull	192	company	58
bulldog	190	compose	128
bulldozer	188	composer	128
bullet	177	compost	128
bulletin	177	composure	128
bullshit	192	compress	70
bullwhip	188	compressor	70
bully	194	concert master	287
bullying	194	consist of	128
bureau	268	cook	27
bureaucracy	268	cookie	28
		county	109
C		crack	28
calorie	32	cracker	28
capitalism	271	crop circle	248
captain	43	cuisine	27
carbohydrate	238	culmination	227
cast a ballot	179	cycle	243
cast	179	cyclone	244
caterpillar	216		
CEO (=Chief Executive Officer)	43	**D**	
chaos	223	dark circle	246
chauvinism	86	decompose	129
chef	43	decomposer	130
chieftain	43	deficit	100
cinnamon	210	degree	225, 240
circle	246	dehydrate	237
circuit	51, 249	deja vu	47
circular	248	demagogue	267
circulate	248	democracy	266, 269
circumference	254	Democratic Party, the	266
circumspect	254	demography	267
circumstance	252	deposit	133

depositary	133
depot	136
depress	72
depression	72
diagnosis	108
dis	19
dish	171
disrespect	19
doctor	288
dormant	149
downhill	35
duplicate	99
DVD (=Digital Video Disc)	50

E

ecosystem	129
edit	51
encircle	246
encyclopedia	244
endemic	272
enemy	64
engage	121
engaged	121
engaging	121
envious	49
environment	252
envy	49
epidemic	272
erupt	149
evidence	48
evident	48
exhibition	132
exhume	281
exit	51
Expo	131
expose	131
exposition	131
exposure	131
express	70
express mail	70
express train	70
expressway	71

F

fail	257
fair	48
fall	257, 259
fallacy	257
fallen leaves	257
falls	258
fast food	30
fast friendship	83
fast	30, 83
fasten	82
father	84
feast	105
feminism	57
first impression	71
fix	82
fixed	82
fjord	154
flame	74
flamenco	74, 78
flamingo	74
foam	202
football (=soccer)	160
free	64
fried egg	199
friend	63
friendship	65
fry	199

G

gang	292
gangster	292
gate	14
genre	182
giro	255
glide	35
glider	35
gnosis	107
go belly-up	164
goldsmith	149
Great Depression, the	72
Greenwich meridian	228

guild	286	immortal	120
gum	204	impose	146
gut	193	impostor	147
guts	193	impress	71
gutsy	193	impressionism	72
gypsy (=gipsy)	75, 77	inaugural	263
		inaugurate	263
H		Inauguration Day	263
halo effect	71	Indian Reservation	90
handkerchief	44	Indian	91
hang-glider	35	inhume	281
hang	35	instant food	33
hard boiled	198	instant	33
hard tack	28		
harvest	262	**J**	
Homo erectus	274	janitor	284
Homo sapiens	274	January	282
horoscope	224	Janus-faced	284
hour	224	Janus	282
human being	274	jet	16
human	274	jingoism	86
humane	274	jingoist	86
humanism	274	junk (=junk food)	32
humble	279	Jupiter	87
humid	275		
humidity	275	**K**	
humiliate	279	kitchen	27
humiliating	279	know	107
humiliation	279	knowledge	107
humor	276		
hurricane	245	**L**	
hydra headed	239	landslide	36
hydrant	237	laurel wreath	207
hydroelectricity (=hydropower)	237	laurel	207
hydrogen	237	lava	149
hydrophobia	238	lease	116
		Legends of the Fall	259
I		lend (=give)	116
ignoble	111	lethal dose	214
ignorance	111	lethal	214
ignorant	111	lethargic	214
ignore	111	lethargy	214

lethonomia	214
lifelong friend	65
longitude	229
Lord's Player, the	85

M

maestro	288
Mafia	292
magnus	285
majority rule	266
marina	232
marinade	232
marinate	232
marine	230
master	285, 289
masterpiece	287
May	285
Mayday	80
MC (=master of ceremonies)	287
merchant	230
meridian	226
mermaid	232
microscope	38
midday (=noon)	227
minute	225
mischief	43
mischievous	43
Miss	288
Mister (=Mr.)	288
misunderstanding	258
mon ami	264
Monday morning quarterback	174
mono	25
Morse code	81
mortal	120
mortality	120
mortgage	117, 119
mortgage loan	119
mortician	120
mortify	120
mortuary	120
motorcycle (=motorbike)	243

Mrs.	288
MTB (=mountain bike)	26
multiple	99
murder	120
MVP (=most valuable player)	170

N

narration	261
neckerchief	44
Netherlands	54
New Deal	73
noble	109
noblesse oblige	110
Norman	155
nutrient	32

O

obelisk	242
obesity	32
omelet	201
on purpose	146
opponent	145
oppose	145
opposite	145
optical	245
out of humor	276
outcast	195
outsider	196
oxygen	237

P

pandemic	272
panic	59
pantry	59
parrot	278
pater	84
paternal love	84
paternal	84
pathos	277
patriot	86
patron saint	85
patron	84

patronize	84
patter	85
pattern	85
pay back	135
philanthropy	63
philosophy	63
Pierrot	278
Pilgrim	97
pink slip	41
Pluto	213
plutocracy	214
Plymouth Rock	98
poet laureate	208
poison gas	218
poly-	25
Pompeii	152
pose	125
position	125
positive	125
Post – Impressionism	228
post	122
poster	123
posterity	228
posthumous	281
postscript	228
PowerPoint	39
preposition	139
press	67
pressure	67
prognosis	108
project	38
projector	39
proponent	145
propose	144
Protestant	96
pure	97
purge	97
Puritan	96
purpose	146

Q

qua nt	113

quarterback	174

R

Ramp Return	14
ramp	15
raw egg, a (=a fresh egg)	199
recognize	113
recycling resources	244
Reformation	96
regular customers	84
rent	117
Republican Party, the	266
rescue	81
respect	19
restroom	172
ride	37
river	283
rotation	229
Rubber Vulcanization	150

S

scarf	46
science	108
scramble	200
scrambled egg	200
second	225
sense of achievement	44
sequent	225
shamanism	84
shell	199
shield	186
shuttle bus	194
shuttle	194
silversmith	149
sleeve	41
sleeveless	42
slide show	39
slide	38
slip	36
slip down	40
slip	41
slipper	40

slippery	40
slope	35
solar system	214
solarium	234
SOS	81
spice	90
spill the beans	180
spill	180
Styrofoam	203
submarine	230
summer	258
sunny-side up	199
Super Bowl	169
suppose	146
suppository	146
surplus	100
surround	253
surroundings	253
survey	49
swim bladder	164

T

tank	217
technocracy	267
television	50
Thanksgiving Day	104
theocracy	267
Thor	211
thrust	17
thunder	212
Thursday	212
tide	222
time difference	229
time	222
toilet (bowl)	172
traffic circle	250
transcript	68
trench warfare	217
tri-	25
tulip	55
turban	55
turkey	103

Turkey	55, 102
typhoon	245
tyranny	269
tyrant	269

V

valet parking	184
valet	184
vibration mode	185
vicious circle	247
video	50
view	47
viewer	47
viewfinder	47
viewpoint	47
Viking	154
virtuous circle	247
visa	51
visible light	52
vision	52
visit	51
visor	51
vista	52
visual	52
vocation	94
volcano	149
volley	160
volleyball	160
voyeur	49
voyeurism	49
vulcan automatic cannon	151
vulcanize	150

W

wage	121
weave	186
web	186
well being	32
whip	185
whipping boy	187
willy-willy	245
windmill	55

wipe	186
wit	277
withdraw (=take out)	135

zenith	116

사진으로 배우는 포토 영단어 리도보카

POINT 01 장기 기억방식으로 설계되었습니다.
풍부한 컨텐츠를 바탕으로 기억단서의 연결을 통한 장기기억방식으로 설계되어 오래 기억할 수 있습니다.

POINT 02 영단어-우리말 뜻을 단순연결시킨 방식이 아닙니다.
사진, 동영상, 애니메이션 등을 통해 공감각적으로 이해하면서 학습할 수 있습니다. 단어의 의미를 깊게 생각하도록 하여 한번에 완전하게 학습할 수 있습니다. 모국어를 습득하듯이 단어에 대한 개념을 스스로 정립해나가는 방식입니다.

POINT 03 지루하지 않고 재미있게 학습할 수 있습니다.
단어의 개념을 시각, 청각, 이야기를 통해 감각적으로 학습하므로 많은 양의 단어를 지루하지 않고 재미있게 학습할 수 있습니다.

POINT 04 무턱대고 외워야 하는 영단어 학습이 질색이신 분에게는 최고의 선택입니다!

TED를 직청직해(直聽直解) 하자! *

쿠폰 번호 : 2XFurJjq7j
등록가능기한 : 2017.04.30

「보카 콘서트 2」 구매자께 드리는 leedovoca 수강쿠폰!!

HOW TO USE

01 www.leedovoca.com 홈페이지에 접속합니다.

02 간단한 회원가입 후 로그인해 주세요.

03 내공부방 페이지에서 쿠폰/구매내역으로 이동, 쿠폰번호를 등록해 주세요.

04 원하시는 강좌를 선택 후 지급된 캐시로 결제 하실 수 있습니다.

쿠폰을 등록하시면 결제가능한 캐시 10,000원이 즉시 지급됩니다.

2017년 4월 30일 이내로 쿠폰 등록을 해주시기 바랍니다.

www.LEEDOVOCA.com   📞 070.4353.0064